"十三五"职业教育规划教材

职业教育汽车类专业互联网＋多媒体融合创新示范教材

汽车底盘构造与维修

QICHE DIPAN GOUZAO YU WEIXIU

杨光明　李永辉　陶金忠　主　编
江　滔　储　骏　李自建　副主编

化学工业出版社

·北京·

内容简介

《汽车底盘构造与维修》以专业教学标准为依据，按照汽车传动系统、汽车行驶系统、汽车转向系统、汽车制动系统分类，讲解了离合器、手动变速器、自动变速器、万向传动装置、驱动桥、车架与车桥、车轮与轮胎、悬架、机械转向系统、动力转向系统、制动器、气压制动传动装置、液压制动传动装置、防抱死制动系统等内容。书中内容通过项目、任务的形式展开，每个任务有学习目标、任务描述、知识链接、任务实施、任务评价、任务测评。全彩色印刷，实物图片清晰美观。

本书配套了丰富的课程资源。运用"互联网+"形式，通过二维码嵌入动画、高清微视频、微课；配套多媒体PPT，与纸质教材无缝对接。

本书可作为高职高专院校、中等职业学校汽车类专业的教材，也可作为汽车维修技术人员培训用书，并可供相关技术人员参考使用。

图书在版编目（CIP）数据

汽车底盘构造与维修 / 杨光明，李永辉，陶金忠主编. —北京：化学工业出版社，2020.9

"十三五"职业教育规划教材　职业教育汽车类专业互联网+多媒体融合创新示范教材

ISBN 978-7-122-37278-9

Ⅰ.①汽⋯　Ⅱ.①杨⋯ ②李⋯ ③陶⋯　Ⅲ.①汽车-底盘-结构-高等职业教育-教材 ②汽车-底盘-车辆修理-高等职业教育-教材　Ⅳ.①U463.103 ②U472.41

中国版本图书馆CIP数据核字（2020）第113273号

责任编辑：韩庆利　　　　　　　　　　　装帧设计：刘丽华
责任校对：王鹏飞

出版发行：化学工业出版社（北京市东城区青年湖南街13号　邮政编码100011）
印　　装：北京瑞禾彩色印刷有限公司
889mm×1194mm　1/16　印张16¼　字数450千字　2021年1月北京第1版第1次印刷

购书咨询：010-64518888　　　　　　　　售后服务：010-64518899
网　　址：http://www.cip.com.cn
凡购买本书，如有缺损质量问题，本社销售中心负责调换。

定　价：59.80元　　　　　　　　　　　　　　　　　版权所有　违者必究

前言

为了适应我国高等职业教育教材建设和信息化教学改革的需要，在深入分析汽车维修行业实际需求的基础上，根据高等职业教育培养高技能型、应用型人才的要求和最新的专业教学标准，编写了"职业教育汽车类专业互联网+多媒体融合创新示范教材"。

教材在编写过程中，紧紧围绕课程标准，书中内容以完成工作任务为目标，注重理实一体教学；通过理论知识的介绍和相关视频、动画，了解汽车相关知识和操作技能；通过现场实操，熟悉并掌握汽车必备技能的使用。本系列教材具有以下特点：

1. 编写理念先进。以就业为导向，以学生为主体，注重职业核心能力的培养，注重做中学、做中教，教学做合一，理实一体。

2. 教学内容科学。按照岗位需求、课程目标选择教学内容，体现"四新"、必须和够用。将国内外新知识、新技术引入教材，以体现内容上的先进性和前瞻性。

3. 教材结构合理。按照职业领域工作过程的逻辑确定教学单元；以项目、任务等为载体组织教学单元，体现模块化、系列化。

4. 编写队伍强大。编写人员构成合理，行业企业深度参与；编写团队汇聚职教汽车专业名校名师、全国大赛金牌教练、行业知名职教专家。

5. 课程资源丰富。以课程开发为理念，运用互联网+形式，通过二维码嵌入高清微视频、微课；开发多媒体PPT、电子教案，与纸质教材无缝对接。

《汽车底盘构造与维修》按照汽车传动系统、汽车行驶系统、汽车转向系统、汽车制动系统编写，包括离合器、手动变速器、自动变速器、万向传动装置、驱动桥、车架与车桥、车轮与轮胎、悬架、机械转向系统、动力转向系统、制动器、气压制动传动装置、液压制动传动装置、防抱死制动系统。可作为高职高专院校、中等职业学校汽车类专业的教材，也可作为汽车维修技术人员培训用书，并可供相关技术人员的参考使用。

《汽车底盘构造与维修》由合肥职业技术学院杨光明教授、周口职业技术学院李永辉副教授、江苏航运职业技术学院陶金忠副教授主编，副主编为合肥职业技术学院江滔、储骏和中原工学院李自建，参加编写的还有伍东升、杨林蔚、姜萌、李自建、张彬、赵永杰、徐皓、龚博，在教材编写的过程中受到安徽省风之星汽车服务有限公司、南京四惠变速箱维修中心、郑州市公共交通总公司、中原工学院、南阳理工大学、安徽经贸旅游学院的大力支持，在此一并表示感谢！

由于编者水平所限，书中难免有不妥之处，恳请广大读者批评指正。

编　者

目录

单元一 汽车传动系统

项目一 离合器
- 任务一 离合器结构认知……………………………………002
- 任务二 离合器的拆装与检修………………………………007
- 任务三 离合器踏板行程的检查与调整……………………010

项目二 手动变速器
- 任务一 手动变速器结构认知………………………………014
- 任务二 手动变速器的拆装与检修…………………………023
- 任务三 手动变速器油的检查与更换………………………029

项目三 自动变速器
- 任务一 自动变速器结构认知………………………………033
- 任务二 自动变速器的拆装与检修…………………………044
- 任务三 自动变速器油的检查与更换………………………054

项目四 万向传动装置
- 任务一 万向传动装置结构认知……………………………060
- 任务二 十字轴式万向传动装置的拆装与检修……………066
- 任务三 球笼式万向传动装置的拆装与检修………………072

项目五 驱动桥
- 任务一 驱动桥结构认知……………………………………079
- 任务二 主减速器的拆装与检修……………………………085
- 任务三 差速器的拆装与检修………………………………093

单元二 汽车行驶系统

项目一 车架与车桥
- 任务一 车架结构认知………………………………………099
- 任务二 车桥结构认知………………………………………102

项目二 车轮与轮胎
- 任务一 车轮与轮胎结构认知………………………………106
- 任务二 车轮和轮胎的拆装与检修…………………………114
- 任务三 轮胎换位与动平衡…………………………………117

项目三　悬架

- 任务一　悬架结构认知 …………………………………………… 123
- 任务二　非独立悬架的拆装与检修 ……………………………… 129
- 任务三　独立悬架的拆装与检修 ………………………………… 135

单元三　汽车转向系统

项目一　机械转向系统

- 任务一　机械转向系统结构认知 ………………………………… 143
- 任务二　机械转向系统的基本检查 ……………………………… 147
- 任务三　转向操纵机构的拆装与调整 …………………………… 152
- 任务四　转向传动机构的拆装与调整 …………………………… 160
- 任务五　转向器的拆装与调整 …………………………………… 166

项目二　动力转向系统

- 任务一　液压助力转向系统结构认知 …………………………… 171
- 任务二　转向助力油的检查与更换 ……………………………… 175
- 任务三　电动助力转向系统结构认知 …………………………… 182
- 任务四　电动助力转向系统的检查与诊断 ……………………… 186

单元四　汽车制动系统

项目一　制动器

- 任务一　盘式车轮制动器的拆装与检修 ………………………… 196
- 任务二　鼓式车轮制动器的拆装与检修 ………………………… 201
- 任务三　驻车制动器的检查与调整 ……………………………… 208

项目二　气压制动传动装置

- 任务一　气压制动传动装置结构认知 …………………………… 215
- 任务二　气压制动传动装置的拆装与检修 ……………………… 219

项目三　液压制动传动装置

- 任务一　液压制动传动装置的拆装与检修 ……………………… 227
- 任务二　制动液的检查与更换 …………………………………… 238

项目四　防抱死制动系统

- 任务一　ABS 结构认知 …………………………………………… 245
- 任务二　ABS 轮速传感器的检查与更换 ………………………… 251

参考文献 …………………………………………………………… 254

单元一　汽车传动系统

汽车发动机与驱动轮之间的动力传递装置称为汽车的传动系统。它应保证汽车具有在各种行驶条件下所必需的牵引力、车速，以及保证牵引力与车速之间协调变化等功能，使汽车具有良好的动力性和燃油经济性；还应保证汽车能倒车，以及左、右驱动轮能适应差速要求，并使动力传递能根据需要而平稳地结合或彻底、迅速地分离。传动系统包括离合器、变速器、传动轴、主减速器、差速器及半轴等部分。

发动机前置后驱

指发动机放置在车的前部，并采用后轮作为驱动轮。后轮驱动车辆的前后重量比较均衡，拥有较好的操控性能和行驶稳定性。不过传动部件多，传动系统质量大，贯穿乘坐舱的传动轴占据了舱内的地台空间。

动力流：离合器→变速器→万向传动装置（包括万向节和传动轴）→主减速器→差速器→半轴→驱动轮。

发动机前置前驱

指发动机放置在车的前部，并采用前轮作为驱动轮。前驱形式的汽车动力传递距离最短，且传动效率最高。整车的传动系统零部件较少，重量较轻，提高了车辆的加速性、制动性和燃油经济性。

动力流：离合器→变速器→主减速器→差速器→万向传动装置（含半轴和万向节）→驱动轮。

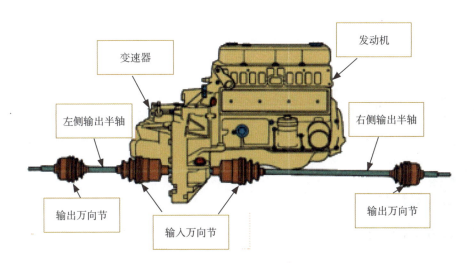

项目一　离合器

项目导入

汽车起步时离合器已经抬得很慢了，汽车动一下然后发动机就直接熄火了，请问是不是应该等到汽车开始行驶了以后才能把离合器踏板抬起来，还是汽车一动就抬呢？还有，为什么有些汽车有离合器踏板，有些汽车没有离合器踏板？这就需要我们来学习离合器的作用、类型、结构及工作原理。

任务一　离合器结构认知

知识目标：
1. 了解离合器的功用、要求和类型。
2. 熟悉离合器的基本组成与工作原理。
3. 掌握典型离合器的构造。
4. 熟悉离合器操纵机构的类型、结构特点。

能力目标：
1. 能正确识别离合器的元器件。
2. 描述典型离合器结构及工作原理。

情感目标：
1. 激发、满足学生的求知欲和好奇心，培养学生学习的兴趣。
2. 鼓励学生积极参与教学活动，使学生获得成功的体验，建立和增强学生学习专业知识的信心。

对离合器的元器件进行认知，并能识记；学会分析典型离合器具体的工作过程；掌握动力传递路线。

一、离合器的功用、要求及分类

离合器是汽车传动系统的重要组成部分，安装在发动机与变速器之间，是发动机与汽车传动系统之间切断和传递动力的部件。

1. 离合器的功用

（1）使发动机与传动系统逐渐接合，保证汽车平稳起步。

汽车起步时，驾驶员缓慢抬起离合器踏板，使离合器的主、从动部分逐渐接合，与此同时，逐渐踩下加速踏板，以增加发动机的输出转矩，这样发动机的转矩便可由小到大传给传动系统。当牵引力足以克服汽车起步时的行驶阻力时，汽车便由静止开始缓慢逐渐加速，实现平稳起步。

（2）暂时切断发动机的动力传递，保证变速器平顺换挡。

汽车在行驶过程中，由于行驶条件的变换，需要不断变换挡位。对于普通齿轮变速器，换挡时不同的齿轮副要退出啮合或进入啮合，这就要求换挡前踩下离合器踏板，中断发动机的动力传动，便于退出原有齿轮副的啮合、进入新齿轮副的啮合。如果没有离合器或离合器分离不彻底使动力不能完全中断，原有齿轮副之间会因压力大而难以脱开，而待啮合齿轮副之间因圆周速度不同而难以进入啮合，勉强啮合也会产生很大的冲击和噪声，甚至会打断轮齿。

（3）限制所传递的转矩，防止传动系统过载。

汽车紧急制动时，如果发动机与传动系统刚性连接，发动机转速将急剧下降，其所有零件将产生很大的惯性力矩，这一力矩作用于传动系，会造成传动系统过载而使其机件损坏。有了离合器，当传动系统承受载荷超过离合器所能传递的最大转矩时，离合器会通过主、从动部分之间的打滑来消除这一危险，从而起到过载保护的目的。

2. 对离合器的要求

根据离合器的功用，它应满足下列主要要求：

（1）保证可靠地传递发动机的最大转矩又能防止传动系统过载。

（2）接合时应平顺柔和，保证汽车平稳起步，减少冲击。

（3）分离时应迅速彻底，保证变速器换挡平顺。

（4）旋转部分的平衡性好，且从动部分的转动惯量小。

（5）具有良好的通风散热能力，防止离合器温度过高。

（6）操纵轻便，以减轻驾驶员的劳动强度。

3. 离合器的分类

离合器的主要类型有摩擦式、液力式、电磁式等。在汽车上，与手动变速器配套的是摩擦式离合器；液力式（液力变矩器）通常与自动变速器配套使用；本项目中的"离合器"专指"摩擦式离合器"。摩擦式离合器根据从动盘的数目、压紧弹簧的形式不同，又可进行如下分类。

（1）根据压紧弹簧的形式及布置位置不同，分为周布螺旋弹簧离合器（图1-1-1）、中央弹簧离合器、斜置弹簧离合器和膜片弹簧离合器（图1-1-2）等，其中膜片弹簧离合器在轿车、轻型车和中型车上应用较多。

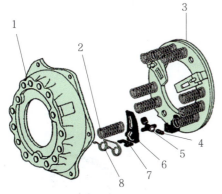

图1-1-1 周布螺旋弹簧离合器

1-离合器盖；2-压紧弹簧；3-压盘；
4-浮动销；5-调整螺栓；6-分离杠杆；
7-摆动片；8-分离杠杆弹簧

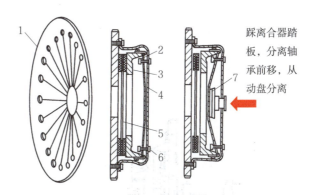

图1-1-2 膜片弹簧离合器

1-膜片弹簧；2-支承环；3-压盘；4-离合器盖；
5-从动盘；6-支承环定位铆钉；7-分离轴承

踩离合器踏板，分离轴承前移，从动盘分离

（2）根据从动盘的数目不同，分为单片离合器（图1-1-3）和双片离合器。单片干式离合器对应一般车辆已经足够了，但是对于动力更强的载货车或者轨道车辆，还需要双片干式离合器，它多了一套离合器摩擦片，扭矩容量也更大，如图1-1-4所示。

二、离合器的工作原理

图1-1-5所示为摩擦式离合器的工作原理。当离合器压盘3固定到飞轮1上之后，从动盘2和压盘3迫使膜片弹簧4以外侧支承环为支点发生弹性变形，这时，膜片弹簧的反弹力使其外缘对压盘和从动盘产生压紧力，此时离合器处于结合状态。分离时，分离轴承推动膜片弹簧内缘前移，膜片弹簧便以内侧支承环为质点，其外缘通过分离钩将压盘向后拉动，使离合器分离。图1-1-6为摩擦式离合器工作原理图。

离合器工作原理

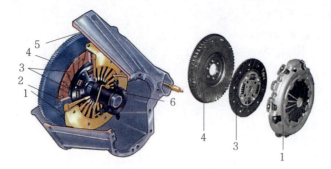

图 1-1-3　单片离合器
1- 离合器盖；2- 压盘；3- 从动盘总成；
4- 飞轮；5- 离合器壳；6- 分离轴承

图 1-1-4　双片离合器
1- 离合器盖；2- 压盘；3- 从动盘总成；
4- 飞轮；5- 中间压盘

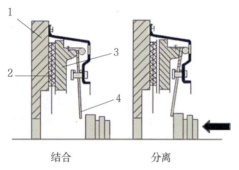
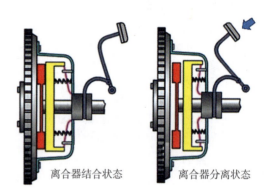

图 1-1-5　摩擦式离合器工作原理
1- 飞轮；2- 从动盘；3- 压盘；4- 膜片弹簧

图 1-1-6　摩擦式离合器工作原理图

三、离合器的结构组成

离合器主要由主动部分、从动部分、压紧机构和操纵机构四部分组成，如图 1-1-7 所示。

1. 主动部分

主动部分包括飞轮、离合器盖、压盘等，它们与发动机曲轴连在一起，并始终与曲轴一起转动。

2. 从动部分

从动部分由减振弹簧、花键轴套、波形片、摩擦片等组成，如图 1-1-8 所示。

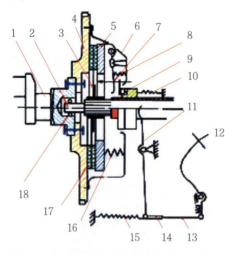
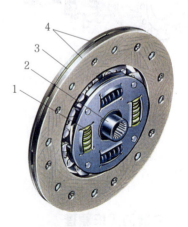

图 1-1-7　摩擦离合器的基本组成示意图
1- 曲轴；2- 从动轴；3,17- 从动盘；4- 飞轮；5- 压盘；
6- 离合器盖；7- 分离杠杆；8- 弹簧；9- 分离轴承；
10,15- 复位弹簧；11- 分离叉；12- 踏板；13- 拉杆；
14- 拉杆调节叉；16- 压紧弹簧；18- 轴承

图 1-1-8　从动盘总成
1- 减振弹簧；2- 花键轴套；
3- 波形片；4- 摩擦片

3. 压紧机构

压紧机构主要是螺旋弹簧或膜片弹簧，以离合器盖为依托，将压盘压向飞轮，从而将从动盘压紧。

4. 操纵机构

操纵机构是控制离合器结合与分离的装置，它起始于离合器踏板，终止于离合器壳内的分离轴承。按传动方式划分，离合器操纵机构有机械、液压两种。

（1）机械式操纵机构有两种类型：机械杆系操纵机构（图1-1-9）和机械绳索操纵机构（图1-1-10）。

（2）液压式操纵机构主要由离合器主缸（也称总泵）、液压管路和离合器工作缸（也称分泵）等组成，如图1-1-11所示。

当抬起离合器踏板时，复位弹簧使主缸和工作缸的活塞复位，整个系统中无压力，离合器处于结合状态。当踩下离合器踏板时，主缸活塞右移系统压力上升，液压油推动工作缸活塞右移，工作缸活塞推杆推动分离叉，分离叉推动分离轴承，分离轴承推动离合器分离杠杆，使离合器处于分离状态。

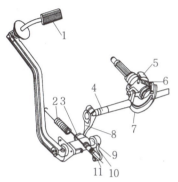

图1-1-9 离合器机械杆系操纵机构
1-踏板；2-回位弹簧；3-调整螺母；4-分离叉轴；5-分离轴承；6-分离套筒；7-分离叉；8-分离叉臂；9-踏板轴；10-拉臂；11-分离拉杆

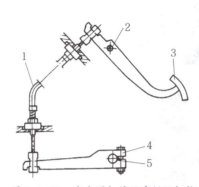

图1-1-10 离合器机械绳索操纵机构
1-拉绳组件；2-踏板轴；3-踏板；4-分离叉臂；5-分离叉

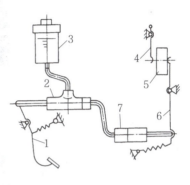

图1-1-11 离合器液压式操纵机构
1-离合器踏板；2-主缸；3-贮液室；4-分离杠杆；5-分离轴承；6-分离叉；7-工作缸

任务实施

一、任务准备

（1）工作场景：实训工厂、膜片弹簧离合器、螺旋弹簧离合器、PPT。

（2）主要设备：解体的离合器、工具车、工作台、常用工具。

二、实施步骤

作业内容	图解	具体操作方法及要求	完成确认
1.离合器盖		能正确识别离合器盖，了解离合器盖的结构、作用及技术要求	
2.压盘		能正确识别膜片弹簧离合器压盘总成，了解压盘总成的结构、作用及技术要求	
3.飞轮		能正确识别飞轮，了解飞轮的结构、作用及技术要求	

续表

作业内容	图解	具体操作方法及要求	完成确认
4.从动盘		能正确识别从动盘总成，了解从动盘的结构、作用及技术要求	
5.膜片弹簧		能正确识别膜片弹簧，了解膜片弹簧的结构、作用及技术要求	
6.离合器总成		能正确识别离合器总成，了解离合器总成的组成、各组成部件的装配关系、作用及技术要求	
7.离合器总成		总体认识东风汽车的螺旋弹簧离合器压盘总成、从动盘总成、飞轮，分析三者之间的相互装配关系	

任务评价表

评价内容	赋分	序号	具体指标	分值	得分		
					自评	组评	师评
仪容仪表	15	1	工作服、鞋、胸卡穿戴整洁	5			
		2	发型、指甲等符合工作要求	5			
		3	不佩戴首饰、钥匙、手表等	5			
教学过程	60	4	离合器各零部件结构认知	15			
		5	各零部件相互安装关系认知	15			
		6	离合器操纵机构认知	15			
		7	离合器工作原理认知	15			
职业素养	25	8	出勤情况	10			
		9	服从安排，积极参加组内活动	5			
		10	认真执行 6S 工作	10			
			综合得分	100			

 任务测评

1. 汽车传动系统的功用是什么?
2. 机械式传动系统一般由哪些总成部件组成?
3. 汽车传动系统根据汽车的使用要求,可以有哪些布置形式?
4. 汽车离合器的功用是什么?
5. 根据离合器的功用,它应满足哪些主要要求?
6. 简述离合器的工作过程。
7. 简述离合器的结构组成。

任务二 离合器的拆装与检修

 学习目标

知识目标:
1. 学会熟练拆、装膜片弹簧离合器。
2. 了解离合器检修的内容、方法。

能力目标:
1. 能正确使用工具、量具,操作规范。
2. 会正确检查离合器主、从动部分。

情感目标:
1. 鼓励学生积极参与教学活动,使学生获得成功的体验,建立和增强学生学习专业知识的信心。
2. 引导学生学会倾听、主动交流、相互合作、尊重他人,掌握科学的学习方法和养成良好的学习习惯。

 任务描述

离合器从动盘总成(摩擦片)是通过摩擦力来传递动力的,工作中会发生正常的损耗,具有一定的使用寿命。对达到使用寿命的离合器摩擦片,需要进行更换,这就需要将离合器总成从车上拆下。另外,离合器出现异响、抖动、分离不彻底、打滑等故障,也需要将离合器总成从车上拆下,对离合器的零件进行检修。

 知识链接

离合器技术状态的好坏,将直接影响到发动机的动力传递,同时对变速器挡位的操纵也有影响,这就要求离合器处于良好的技术状态,即达到结合平顺可靠、分离迅速彻底、传动平稳无异响的要求,因此需要对离合器的零部件进行检查。

一、从动盘的检查

先目视检查，看从动盘摩擦片是否有裂纹、铆钉外露、减振器弹簧断裂等情况，如果有则更换从动盘。

再检查从动盘的端面圆跳动。在距从动盘外边缘 2.5mm 处测量，离合器从动盘最大端面圆跳动为 0.4mm，测量方法如图 1-1-12 所示。

最后检查从动盘摩擦片的磨损程度。摩擦片的磨损程度可用游标卡尺进行测量，如图 1-1-13 所示。铆钉头埋入深度应不小于 0.20mm。如果检查结果不符合要求，则应更换从动盘。

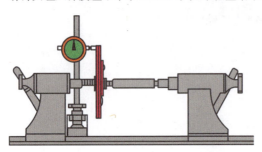

图 1-1-12　从动盘端面圆跳动的检查

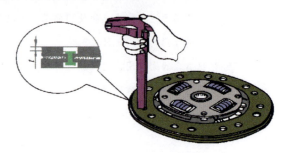

图 1-1-13　摩擦片磨损的检查

二、压盘平面度的检查

离合器压盘平面度不应超过 0.2mm，检查方法是用钢直尺压在压盘上，然后用塞尺测量，如图 1-1-14 所示。

三、离合器分离轴承的检修

分离轴承在离合器分离时参与工作。由于它的工作条件差，分离轴承容易产生烧蚀和磨损。检验时，用一只手拿住分离轴承，用另一只手转动外圈，聆听是否有沙沙声，如有则需更换。当转动感到阻力很大时也要更换。检修方法如图 1-1-15 所示。

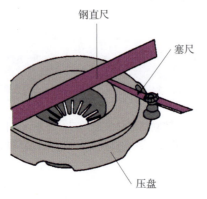

图 1-1-14　压盘平面度的检查

图 1-1-15　检查分离轴承

一、任务准备

（1）工作场景：实训工厂、装备膜片弹簧离合器整车。
（2）主要设备：工具车、工作台、世达工具。

离合器的拆装与检修

二、实施步骤

作业内容	图解	具体操作方法及要求	完成确认
1.拆下变速器		按照拆卸变速器的步骤，拆下变速器（详细步骤略）	
2.做记号		在飞轮与离合器压盘上做好位置记号	
3.拆下离合器压盘		分次2~3次，对角旋松离合器与飞轮的连接螺栓，取下离合器压盘总成	
4.取下压盘及从动盘总成		依次取下离合器压盘总成、从动盘总成并检修	
5.清洁飞轮表面		清洁飞轮表面，飞轮表面必须干净无油污	
6.清洁、润滑变速器一轴		清洁、润滑变速器一轴，润滑脂适量，润滑脂不能碰到飞轮及从动盘摩擦片表面	
7.检查分离轴承		检查分离轴承，如发现有卡滞或明显间隙，则应更换分离轴承。注意：分离轴承中填充有润滑脂，因此，请勿用油类清洗	
8.装配离合器从动盘		装上离合器从动盘，注意从动盘的正反，短毂应朝向飞轮	
9.安装离合器压盘总成		用专用工具将离合器从动盘定位在飞轮和压盘的中心，对准装配记号，对角分2~3次拧紧离合器的固定螺栓，并以25N·m的力矩对角逐渐拧紧	

笔 记

任务评价表

评价内容	赋分	序号	具体指标	分值	得分		
					自评	组评	师评
仪容仪表	15	1	工作服、鞋、胸卡穿戴整洁	5			
		2	发型、指甲等符合工作要求	5			
		3	不佩戴首饰、钥匙、手表等	5			
教学过程	60	4	离合器总成拆卸	15			
		5	离合器从动盘检查	10			
		6	离合器压盘检查	10			
		7	零部件清洁润滑	10			
		8	离合器总成安装	15			
职业素养	25	9	出勤情况	10			
		10	服从安排，积极参加组内活动	5			
		11	认真执行6S工作	10			
			综合得分	100			

1. 简述离合器从动盘的检查内容及方法。
2. 简述离合器压盘平面度的检查方法。
3. 简述离合器分离轴承的检查内容及方法。
4. 离合器的拆装应注意哪些事项？

任务三　离合器踏板行程的检查与调整

知识目标：
1. 掌握离合器踏板工作状况的检查方法。
2. 掌握离合器踏板高度、踏板自由行程的检查方法。
3. 了解离合器踏板高度、踏板自由行程的调整方法。

单元一 汽车传动系统

能力目标：
1. 会正确使用工、量具，操作规范。
2. 会正确检查离合器踏板工作状况。
3. 会正确检查离合器踏板高度、自由行程。

情感目标：
1. 引导学生学会倾听、主动交流、相互合作、尊重他人，掌握科学的学习方法和养成良好的学习习惯。
2. 结合课程，培养学生正确的价值观，养成良好的道德素养。

对离合器的操纵机构进行认知，并能识记。会正确检查离合器踏板的工作状况，正确检查离合器踏板高度、自由行程，了解离合器踏板高度、自由行程的调整方法。

离合器踏板是离合器操纵机构的组成部件之一，其作用是将驾驶员施加的踏板力转化成离合器分离或结合的控制力。对于机械式离合器操纵机构，离合器踏板一般通过拉索或机械杆件与分离叉臂相连；液压式或气压式离合器操纵机构，离合器踏板则与离合器总泵相连。

一、离合器踏板自由行程的作用

离合器踏板自由行程，是指为了消除离合器的自由间隙和分离机构、操纵机构零件的弹性变形所需要的离合器踏板的行程。

在车辆的使用过程中，如果离合器踏板位置不正常，即离合器踏板高度、总行程、自由行程不符合规定要求，则会导致离合器分离不彻底、换挡困难、离合器打滑等故障。因此，正确地检查、调整离合器踏板位置，对提高车辆使用性能和减轻驾驶员劳动强度具有十分重要的意义。

二、离合器踏板自由行程的参数

一般轿车的离合器踏板自由行程为5~15mm；离合器踏板高度为（150±5）mm；离合器总泵与推杆间隙为0~1mm；离合器踏板总行程为130~140mm；离合器踏板最大踏板力不超过122.2N。图1-1-16为离合器踏板自由行程调整，请扫对应的二维码观看动画。

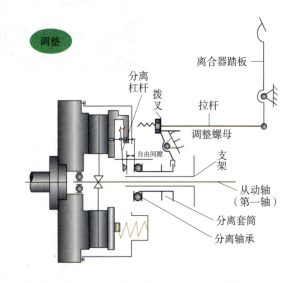

图1-1-16 离合器踏板自由行程调整

离合器踏板自由行程的调整

一、任务准备

（1）工作场景：实训工厂、整车。
（2）主要设备：工具车、工作台、世达工具。

离合器踏板行程的检查与调整

二、实施步骤

作业内容	图解	具体操作方法及要求	完成确认
1.车辆停放周正		车辆停放周正、安放车轮挡块、三件套等 检查离合器总泵有无液体渗漏，如有渗漏，应及时修理	
2.踏板工作状况检查	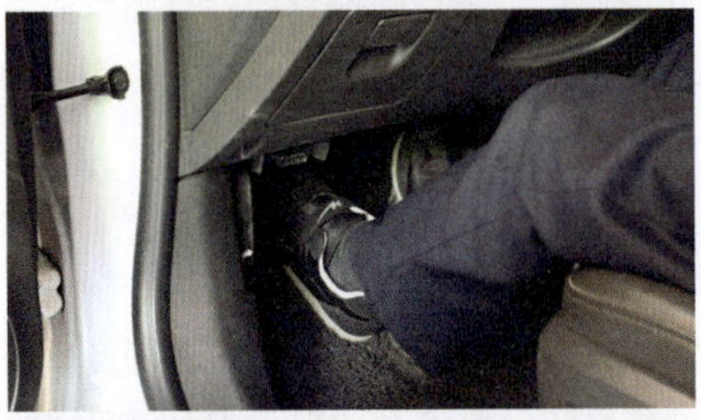	踩踏离合器踏板，检查踏板踩踏是否轻便、回弹是否有力、踩踏过程中有无异常噪声及过度松动等，如图所示。如有异常，应及时修理	
3.离合器踏板高度检查		使用一把测量标尺检查离合器踏板高度是否处于131.6～141.6mm之间，如图所示。如果超出标准范围，调整踏板高度	
4.踏板自由行程的检查	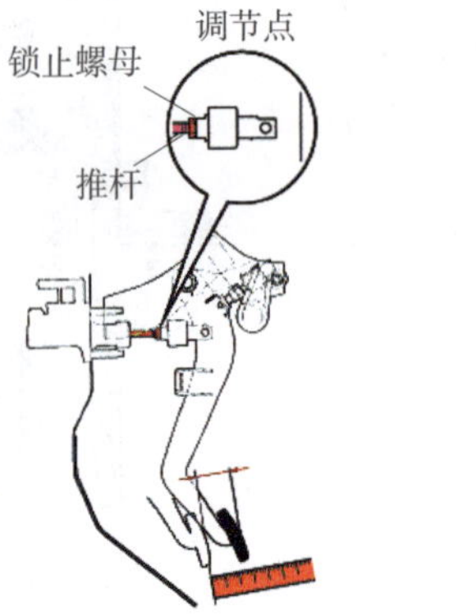	如图所示，用手指按压踏板并使用一把测量标尺测量踏板的自由行程量。检查踏板自由行程是否处于5～15mm之间。如果超出标准范围，调整踏板高度 提示： 用手指按压踏板时，感觉踏板逐渐变重的过程分两步，如下： 第一步：踏板运动直到踏板推杆接触总泵活塞 第二步：踏板运动直到总泵引起液压上升 离合器分离轴承推动膜片弹簧以前，随着踏板发生一定量的移动，踏板自由行程也就被确定	
5.离合器踏板高度调整	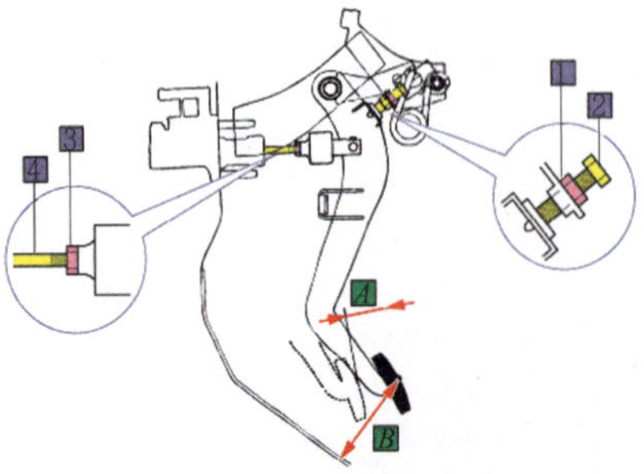	如图所示，松开限位螺栓锁止螺母 1，转动限位螺栓 2，直到踏板高度正确；上紧限位螺栓锁止螺母 1	
6.踏板自由行程调整	A 踏板高度；B 踏板自由行程 1 限位螺栓锁止螺母；2 限位螺栓；3 推杆锁止螺母；4 踏板推杆	松开推杆锁止螺母 3；转动踏板推杆 4，直到踏板自由行程正确。上紧推杆锁止螺母 3。调整好踏板自由行程之后，需再检查踏板高度	

任务评价表

评价内容	赋分	序号	具体指标	分值	得分		
					自评	组评	师评
准备工作	15	1	工作服、鞋等人员安全防护	5			
		2	车辆停放	5			
		3	车辆安全防护	5			
教学过程	60	4	离合器踏板工作状况检查	10			
		5	离合器踏板高度检查	10			
		6	离合器踏板自由行程检查	10			
		7	离合器踏板高度调整	15			
		8	离合器踏板自由行程调整	15			
职业素养	25	9	出勤情况	10			
		10	服从安排，积极参加组内活动	5			
		11	认真执行 6S 工作	10			
			综合得分	100			

1. 离合器的操纵机构有哪几种？各有何特点？
2. 什么是离合器踏板自由行程？其过大或过小对离合器的性能有什么影响？
3. 简述离合器踏板高度的检查调整方法。

项目二 手动变速器

项目导入

有个朋友告诉我，汽车起步开始就要换二挡，然后轰油门换三挡，保持发动机转速2000r/min左右效率最高。可有的朋友说起步要把速度上去点再换二挡，这样车子才比较稳，不会发冲，等速度到一定时候再换挡，把转速保持在1500r/min左右就最好。那么不同挡位、不同车速，发动机转速放在多少比较好？换挡时机如何掌握？这就需要我们来学习手动变速器的结构与工作原理了。

任务一 手动变速器结构认知

学习目标

知识目标：
1. 了解手动变速器的功用、类型及齿轮机构的变速、变向原理。
2. 熟悉两轴、三轴式变速器的构造组成、传动路线及特点。
3. 掌握同步器的功用与工作原理。
4. 掌握变速器操纵机构的功用、构造、类型及要求。

能力目标：
1. 识记手动变速器的元器件。
2. 描述手动变速器结构及工作原理。

情感目标：
1. 激发、满足学生的求知欲和好奇心，培养学生学习的兴趣。
2. 鼓励学生积极参与教学活动，使学生获得成功的体验，建立和增强学生学习专业知识的信心。

任务描述

对手动变速器的元器件进行认知，并能识记。学会分析手动变速器具体的工作过程。能分析各挡位的动力传递路线。

知识链接

汽车上广泛使用的活塞式发动机，其输出的转矩和转速变化范围很小，而汽车在行驶时所遇到的复杂的道路条件和使用条件要求汽车的驱动力和车速能在相当大的范围内变化。为此，在汽车的传动系中设置了变速器。

一、变速器的功用及分类

1. 变速器的功用

（1）在较大的范围内改变汽车的行驶速度和汽车驱动轮上转矩的数值。
（2）在汽车发动机旋转方向不变的前提下，利用倒挡实现汽车倒向行驶。

（3）在发动机不熄火的情况下，利用空挡中断动力传递，可以使驾驶员松开离合器踏板离开驾驶位置，且便于汽车起动、急速、换挡和动力输出。

（4）作为动力输出装置驱动其他机构，如自卸车的液压举升装置，汽车吊车的工作装置等。

2. 变速器的分类

（1）按传动比的级数进行分类

① 有级式变速器。有级式变速器采用齿轮传动，具有若干个定值传动比。轿车和轻、中型货车变速器多采用3～5个前进挡和1个倒挡（每个挡位对应一个传动比）。重型汽车变速器的挡位较多，有的重型车还装有副变速器。

② 无级式变速器。无级式变速器，英文缩写为CVT。它的传动比在一定的数值范围内可连续变化，多采用液力变矩器以及锥形轮带传动来完成。目前高级轿车上已得到了普遍推广。

③ 综合式变速器。它是由液力变矩器和有级齿轮式变速器组成的液力机械式变速器，其传动比可在最大值与最小值之间的几个阶段的范围内作无级变化，目前应用较多。

（2）按操纵方式进行分类

① 手动变速器，英文缩写为MT。它是通过驾驶员用手操纵变速杆来选定挡位，并直接操纵变速器的换挡机构进行挡位变换。齿轮式有级变速器大多数都采用强制操纵的换挡方式。

② 自动变速器，英文缩写为AT。这种变速器的自动控制系统能根据发动机的负荷和车速的变化情况自动地选定挡位，并进行挡位变换，即自动地改变传动比。驾驶员只需要操纵加速踏板就可以控制车速。

③ 手动/自动一体变速器。可以手动换挡，也可以自动换挡，比较典型的如奥迪A6的Tiptronic，上海帕萨特1.8T等都装有手动/自动一体变速器。

二、变速器的工作原理

普通齿轮变速器也叫定轴式变速器，它由变速器箱体、轴线固定的几根轴和若干对齿轮组成，可实现变速、变矩和改变旋转方向。

1. 变速原理

一对齿数相同的齿轮啮合传动时，主动齿轮带动从动齿轮，从动齿轮输出转速没有变化，如图1-2-1（a）所示；一对齿数不同的齿轮啮合传动时，若小齿轮为主动齿轮，带动大齿轮转动时，输出转速降低，如图1-2-1（b）所示；若大齿轮驱动小齿轮时，输出转速升高，如图1-2-1（c）所示，这就是齿轮传动的变速原理。汽车变速器就是根据这一原理利用若干大小不同的齿轮副传动而实现变速的。设主动齿轮转速为n_1，齿数为Z_1；从动齿轮转速为n_2，齿数为Z_2。主动齿轮（即输入轴）转速与从动轮（即输出轴）转速之比值称为传动比。传动比用字母用$i_{1,2}$表示，即：

$$i_{1,2}=n_1/n_2=Z_2/Z_1$$

因而

$$n_2=n_1(Z_1/Z_2)$$

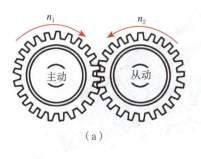
(a)

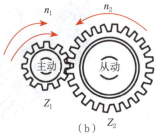
(b)

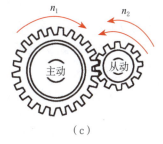
(c)

图1-2-1 齿轮传动

2. 换挡原理

一对齿轮传动只能得到一个固定的传动比，从而得到一种输出转速，并构成一个挡位。为了扩大变速器输出转速的变化范围，普通齿轮式变速器通常采用多组大小不同的齿轮啮合传动，这样就构成了多个不同的挡位。

如图1-2-2所示，将图中的齿轮3与4脱开，再将齿轮6与5啮合，传动比即发生变化，输出轴Ⅱ的转速、转矩也发生变化，即挡位改变。当齿轮4、6都不与中间轴上的齿轮3、5啮合时，动力不能传到输出轴，中断动力传递，这就是变速器的空挡。

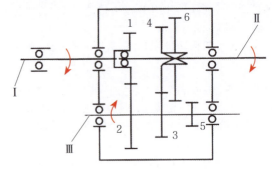

图 1-2-2 两级齿轮传动简图

3. 变向原理

如图 1-2-3 所示，一对外啮合齿轮传动的特点之一是两齿轮旋向相反，每经过一对齿轮传动，其输出轴改变一次转向，如图 1-2-3（a）所示，两对齿轮传动（1 和 2，3 和 4），其输出轴与输入轴转向相同，这是普通三轴式变速器前进挡的传动情况。如图 1-2-3（b）所示，齿轮 5 装在中间轴与输出轴之间的倒挡轴上，三对传动副（1 和 2，3 和 5，5 和 4）传递动力，输出轴与输入轴的转向相反，这是三轴式变速器倒挡的传动情况。齿轮 5 称为倒挡齿轮或惰轮。

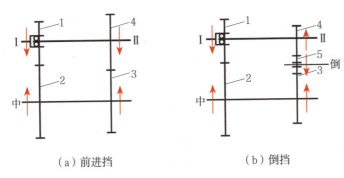

(a) 前进挡　　　　　　(b) 倒挡

图 1-2-3　齿轮传动的变向关系

三、变速传动机构

普通齿轮变速器主要分为两轴式变速器和三轴式变速器，它们的组成均包括变速传动机构和操纵机构两部分。变速传动机构的主要作用是改变转矩的大小和方向；操纵机构的作用是实现换挡。

（一）两轴式变速器

1. 结构组成

在发动机前置前轮驱动（FF 方式）或发动机后置后轮驱动（RR 方式）的中级和普通级轿车上，由于总体布置的需要，采用了两轴式变速器。这种变速器的特点是输入轴与输出轴平行，且无中间轴，各前进挡的动力分别经一对齿轮传递，图 1-2-4 是桑塔纳 2000GSi 采用的二轴式变速器。

2. 各挡位动力传递分析

桑塔纳 2000GSi 型轿车采用发动机前置前轮驱动，主减速器齿轮和差速器齿轮布置在离合器和变速器之间，主减速器齿

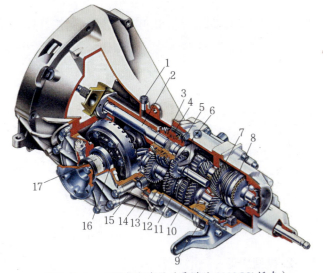

图 1-2-4　二轴式变速器（桑塔纳 2000GSi 轿车）

1-通气塞；2-主动轴；3-主动轴四挡齿；4-三/四挡同步器；
5-主动轴三挡齿；6-倒挡齿轮组；7-主动轴五挡齿；8-五挡同步器；
9-从动轴五挡齿；10-从动轴一挡齿；11-一/二挡同步器；
12-从动轴二挡齿；13-从动轴三挡齿；14-从动轴；
15-从动轴四挡齿；16-差速器组件；17-车速里程表齿

轮为一对圆锥齿轮，如图 1-2-5 所示，工作原理动画，请扫二维码。

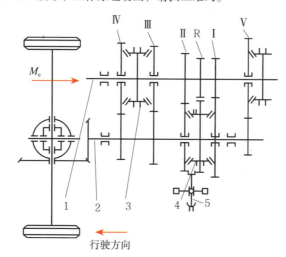

图 1-2-5　桑塔纳 2000GSi 型变速器传动机构示意图

1- 输入轴；2- 输出轴；3- 三／四挡同步器；4- 一／二挡同步器；5- 倒挡轴倒挡齿轮；
Ⅰ－一挡齿轮；Ⅱ－二挡齿轮；Ⅲ－三挡齿轮；Ⅳ－四挡齿轮；Ⅴ－五挡齿轮；R- 倒挡齿轮

（1）一挡时，变速杆从空挡向左、向前移动，1/2 同步器的滑套位于右侧位置，动力传递线路如图 1-2-6 所示：输入轴→输入轴 1 挡齿轮→输出轴 1 挡齿轮→输出轴 1/2 挡同步器（结合套右移）→输出轴。一挡传动比为 $i=3.455$。

（2）二挡时，变速杆从空挡向左、向后移动，1/2 同步器的滑套位于左侧位置，动力传递线路如图 1-2-7 所示：输入轴→输入轴 2 齿轮→输出轴 2 齿轮→输出轴 1/2 挡同步器（结合套左移）→输出轴。二挡传动比为 $i=1.944$。

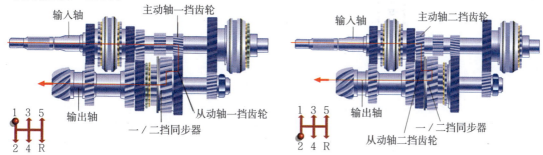

图 1-2-6　变速器一挡时动力传动路线　　　图 1-2-7　变速器二挡时动力传动路线

（3）三挡时，变速杆从空挡向前移动，3/4 同步器的滑套位于右侧位置，动力传递线路如图 1-2-8 所示：输入轴→输入轴 3/4 挡同步器（结合套右移）→输入轴 3 挡齿轮→输出轴 3 挡齿轮→输出轴。三挡传动比为 $i=1.286$。

（4）四挡时，变速杆从空挡向后移动，3/4 同步器的滑套位于左侧位置，动力传递线路如图 1-2-9 所示：输入轴→输入轴 3/4 挡同步器（结合套左移）→输入轴 4 挡齿轮→输出轴 4 挡齿轮→输出轴。四挡传动比为 $i=0.969$。

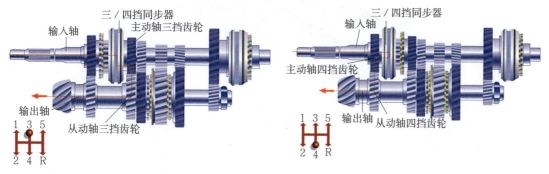

图 1-2-8　变速器三挡时动力传动路线　　　图 1-2-9　变速器四挡时动力传动路线

（5）五挡时，变速杆从空挡向右、向前移动，5挡同步器的滑套位于右侧位置，动力传递线路如图1-2-10所示：输入轴→输入轴5挡同步器（结合套右移）→输入轴5齿轮→输出轴5齿轮→输出轴。五挡传动比为 $i=0.800$。

（6）倒挡时，变速杆从空挡向右、向后移动，倒挡轴倒挡齿轮与输入轴倒挡齿轮及输出轴倒挡齿轮同时啮合，动力传递线路如图1-2-11所示：输入轴→输入轴倒挡齿轮→倒挡轴上倒挡齿轮→输出轴倒挡齿轮→输出轴。倒挡传动比为 $i=3.167$。

（7）空挡时，各同步器的滑套均位于中间位置，不传递动力，如图1-2-12所示。

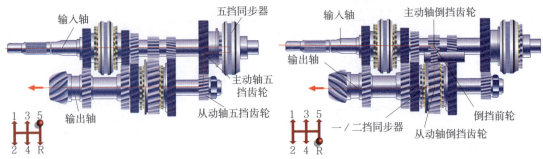

图1-2-10 变速器五挡时动力传动路线　　　　图1-2-11 变速器倒挡时动力传动路线

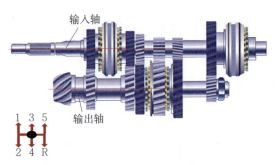

图1-2-12 变速器空挡时各零件位置

（二）三轴式变速器

三轴式变速器是指齿轮传动机构中有输入轴、输出轴及中间轴的变速器。它通常广泛用于发动机前置后轮驱动（FR方式）的车辆上，如EQ1092、CA1092型货车，其结构如图1-2-13所示。

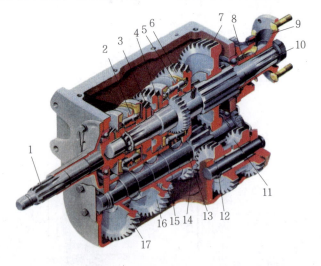

图1-2-13 三轴式变速器

1-第一轴；2-四/五挡同步器；3-四挡齿；4-三挡齿；5-二/三挡同步器；6-二挡齿；7-一/倒挡齿；
8-里程表主动齿；9-手制动器凸缘；10-第二轴；11-倒挡齿；12-倒挡齿轮轴；13-中间轴；
14-中间轴二挡齿轮；15-中间轴三挡齿轮；16-中间轴四挡齿轮；17-常啮合齿轮

四、同步器结构

当采用直齿滑动式或结合套式换时，必须使所选挡位的一对待啮合齿轮或结合齿圈的圆周速度相等（即同步），才能使之平顺地进入啮合而挂上挡。如果两齿轮不同步即强制挂挡，势必因两齿轮间存在速度差而发生冲击和噪声。为了达到“同步”这一要求，早期装备汽车的手动变速器没有“同步器”，驾驶员在换挡时必须采取合理的换挡操作步骤，才能顺利换挡；现代汽车的手动变速器则都采用了“同步器”换挡。

1. 同步器的功用

变速器中同步器的功用是使结合套与待啮合的齿轮迅速同步，缩短换挡时间，且防止在同步之前啮合而产生结合齿的冲击。

2. 同步器的类型及结构

同步器由同步装置（包括推动件、摩擦件）、锁止装置和结合装置组成。目前所用的同步器几乎都是摩擦惯性式同步装置，分为锁环式和锁销式两种同步器，如图 1-2-14 和图 1-2-15 所示。

笔记

锁环式同步器工作原理

锁销式同步器工作原理

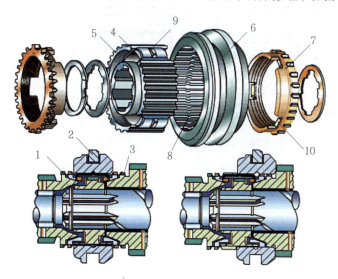

图 1-2-14 惯性锁环式同步器

1，3- 齿轮；2- 拨叉；4- 弹簧圈；5- 花键毂；6- 接合套；7- 锁环；8- 结合齿；9- 滑块；10- 锁环缺口

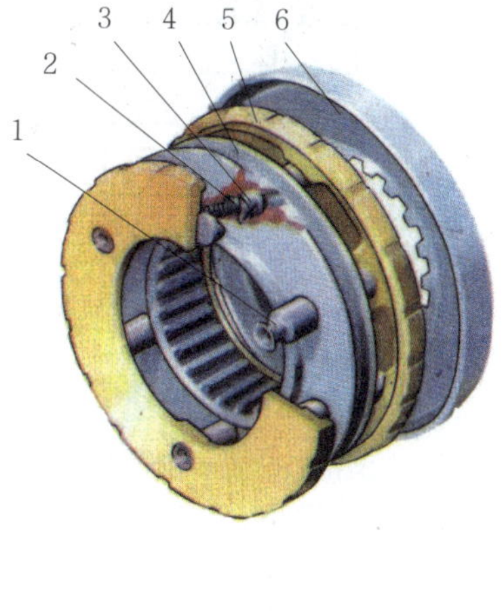

图 1-2-15 惯性锁销式同步器

1- 同步器锁销；2- 定位销钢球及弹簧；3- 定位销；4- 滑动齿套；5- 同步器锥环；6- 锥盘

五、操纵机构

1. 变速器操纵机构的功用

变速器操纵机构可保证驾驶员根据使用条件，准确可靠地使变速器挂入所需要的挡位，并可随时使之退入空挡。

2. 对变速器操纵机构的要求

（1）能防止变速器自动换挡和自动脱挡，为此，操纵机构中应设有自锁装置。

（2）能保证变速器不会同时挂入两个挡位，为此，操纵机构中应设有互锁装置。

（3）能防止误挂入倒挡，为此，操纵机构中应设有倒挡锁装置。

3. 变速器操纵机构的类型

变速器操纵机构根据其变速操纵杆（简称变速杆）与变速器的相互位置的不同，可分为直接操纵式和远距离操纵式（图 1-2-16）两种类型。

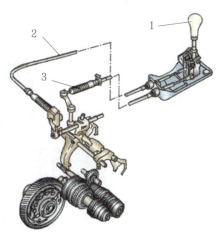

图 1-2-16 远距离操纵式

1- 变速杆；2- 纵向拉线；3- 横向拉线

4. 定位锁止机构

（1）自锁装置。自锁装置可以对各拨叉轴进行轴向定位锁止，以防止其产生轴向移动而造成自动挂挡或自动脱挡，并保证各传动齿轮以全齿长啮合，其结构如图1-2-17所示。

（2）互锁装置。互锁装置可以阻止两个拨叉轴同时移动，防止同时挂入两个挡位，避免因同时啮合的两齿轮其传动比不同而卡住，造成运动干涉甚至造成零件损坏，其结构原理如图1-2-18所示。

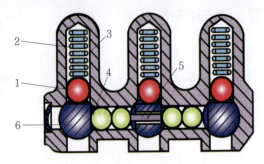

图1-2-17　自锁装置

1-自锁钢球；2-自锁弹簧；3-变速器盖；4-互锁钢球；5-互锁销；6-拨叉轴

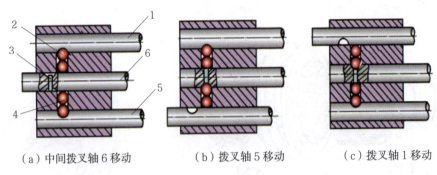

（a）中间拨叉轴6移动　　（b）拨叉轴5移动　　（c）拨叉轴1移动

图1-2-18　互锁装置

1,5,6-拨叉轴；2,4-互锁钢球；3-互锁销

（3）倒挡锁装置。倒挡锁装置可以防止汽车在前进中因误入倒挡而造成极大的冲击，使零件损坏，并防止汽车在起步时误挂入倒挡而造成安全事故。它要求驾驶员必须进行与挂前进挡不同的操纵方式或对变速杆施加更大的力，才能挂入倒挡，起到提醒作用，从而防止汽车行进过程中误挂入倒挡，其结构原理如图1-2-19所示。

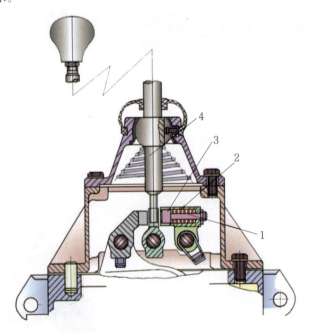

图1-2-19　弹簧锁销式倒挡锁装置

1-倒挡锁销；2-倒挡锁弹簧；3-倒挡拨叉；4-变速杆

一、任务准备

（1）工作场景：实训工厂、整车。
（2）主要设备：工具车、工作台、世达工具。

二、实施步骤

作业内容	图解	具体操作方法及要求	完成确认
1.整体认知		能正确识别变速器的类型，了解变速器的作用、分类和工作原理	
2.变速器盖		能正确识别变速器盖，了解变速器操纵机构的结构、作用及技术要求	
3.分离轴承		能正确识别分离轴承，了解分离轴承的结构、作用及技术要求	
4.第一轴、第二轴总成		能正确识别第一轴，了解第一轴的结构、作用及技术要求。能正确识别第二轴，了解第二轴的结构、作用及技术要求	
5.第一轴、第二轴零件		能正确识别变速器第一轴、第二轴分解后的各零件名称	

手动变速器
结构认知

笔记

续表

作业内容	图解	具体操作方法及要求	完成确认
6.壳体		能正确识别壳体，了解壳体的结构、作用及技术要求 识别变速器中间轴、倒挡轴	

任务评价

任务评价表

评价内容	赋分	序号	具体指标	分值	得分		
					自评	组评	师评
仪容仪表	15	1	工作服、鞋、胸卡穿戴整洁	5			
		2	发型、指甲等符合工作要求	5			
		3	不佩戴首饰、钥匙、手表等	5			
教学过程	60	4	手动变速器总体结构认知	15			
		5	变速器齿轮系统动力传递线路认知	15			
		6	变速器操纵系统认知	15			
		7	同步器结构原理认知	15			
职业素养	25	8	出勤情况	10			
		9	服从安排，积极参加组内活动	5			
		10	认真执行 6S 工作	10			
			综合得分	100			

任务测评

1. 变速器的功用是什么？
2. 变速器是如何分类的？
3. 简述二轴式变速器的结构特点。
4. 简述三轴式变速器的结构特点。
5. 变速器同步器的功用是什么？
6. 简述常见变速器同步器的类型及相应的结构。
7. 简述变速器操纵机构的功用及基本类型。
8. 变速器操纵机构中有哪些定位锁止机构？相应的作用是什么？

任务二　手动变速器的拆装与检修

知识目标：
1. 掌握变速器的拆装要求，符合行业要求。
2. 掌握变速器的拆装方法。
3. 了解变速器检修、试验的内容。

能力目标：
1. 能熟练进行手动变速器拆装。
2. 了解变速器检修、试验的操作方法。

情感目标：
1. 鼓励学生积极参与教学活动，使学生获得成功的体验，建立和增强学生学习专业知识的信心。
2. 引导学生学会倾听、主动交流、相互合作、尊重他人，掌握科学的学习方法和养成良好的学习习惯。

变速器在工作中由于负荷的作用，随着行驶里程的增加，内部零件的磨损、变形也随之增加，引起各零件间的配合关系变坏，从而引起一系列的故障，例如：跳挡、乱挡、异响、漏油等。出现了上述问题后，需要将变速器总成从车上拆下，对变速器的零件进行检修。

知识链接

一、变速器的检修

1. 齿轮的检修

（1）若齿面有轻微斑点，或边缘有破损，在不影响质量情况下可用油石修磨。当齿厚磨损超过 0.2mm，齿长磨损超过原齿长的 15%，或斑点超过齿面 15% 以上的，则应更换。

（2）装好滚针轴承和内座圈后，用百分表检查齿轮和内座圈之间的间隙，如图 1-2-20 所示。标准游隙为 0.009～0.060mm，间隙为 0.15mm，若超过极限，则应修整或更换。

图 1-2-20　检查齿轮的游隙

2. 主动轴和从动轴的检修

（1）轴不应有裂纹，各轴颈及花键不应有严重磨损，轴上的固定齿轮不应有断齿和严重磨损，否则应更换或涂镀（磨损轴颈）修理。

（2）轴的径向圆跳动不得超过 0.05mm，如图 1-2-21 所示，否则应校正或更换。

3. 同步器的检查

将同步环压到换齿锥面上，按压转动：同步环时要有阻力，用塞尺测量环齿与轮齿之间的间隙，如图 1-2-22 所示，若不符合规定，必须更换同步环。滑块弹簧不应失效或折断。

 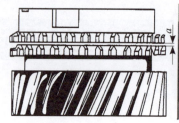 

图 1-2-21 检查轴的径向圆跳动　　　　　　　图 1-2-22 检查同步器间隙

4. 变速器壳体的检修

（1）变速器壳体如有裂纹、砂眼均应更换，如砂眼较小可用密封剂填补。
（2）变速器轴承孔磨损过大应予更换，不宜采用镶套修理。
（3）壳体接合面翘曲变形，平面度误差不应大于 0.15/100mm；如超过，应用刨、铲、铣等方法修复或更换。

5. 操纵机构的检修

（1）变速叉：变速叉弯曲可用敲击法校正。导动块和叉下端面磨损严重应焊修或更换新件。
（2）拨叉轴：拨叉轴弯曲应校正或更换。定位销孔磨损应更换新件。
（3）自锁及互锁装置：定位球、锁销磨损严重，弹簧变软或折断，均应更换。

二、变速器装配主要技术要求

（1）变速器壳的结合平面，平面度使用极限不得大于 0.20mm。
（2）变速器第一、二轴公共轴线与中间轴轴线的平行度误差不大于 0.20mm。
（3）变速器壳体前端面对第一、二轴公共轴线的端面圆跳动，在直径 50～120mm 处大于 0.08mm；在直径 120～250mm 处不大于 0.10mm；在直径 250～500mm 处不大于 0.12mm。壳体上与盖的结合面对第一、二轴公共轴线平行度误差不大于 0.20mm。
（4）第一、二轴及中间轴后轴承与轴承座孔配合间隙一般为 0.00～0.05mm，使用极限 0.085mm。
（5）中间轴前轴承与轴承座孔配合间一般为 -0.04～+0.005 mm，使用极限 0.025mm。
（6）变速杆下端与导块槽接触的球头磨损不大于 0.40mm。
（7）变速叉轴与轴孔的配合间隙一般为 0.04～0.10mm，使用极限 0.30mm。
（8）变速叉轴上的定位凹坑要求轴向磨损不大于 0.50mm，径向磨损不大于 0.70mm。
（9）变速叉与滑动齿套环形槽的配合间隙不得大于 1.0mm。
（10）齿面呈阶梯状磨损或齿厚磨损大于 0.5mm。
（11）变速器轴的直线度误差不得大于 0.03mm；轴颈磨损不得大于 0.04mm。
（12）常啮合齿轮衬套孔与衬套的配合间隙及齿轮装配后滚针轴承的间隙一般均为 0.025～0.09mm，使用极限 0.20mm。
（13）常啮合齿轮的轴向间隙应严格要求，一般为 0.1～0.3mm。

三、变速器的装配与调整

1. 装配注意事项

变速器装配质量的好坏，对变速器的工作质量影响很大。在变速器装配时，应注意以下几个方面：
（1）装配前，必须对零件进行认真清洗，除去污物、毛刺和铁屑等。尤其要注意第二轴齿轮上的径向润滑油孔的畅通。
（2）装配各部轴承及键槽时，应涂质量优良的润滑油进行预润滑。总成修理时，应更换所有的滚针轴承。
（3）对零件的工作表面不得用硬金属直接锤击，避免齿轮出现运转噪声。
（4）注意同步器锁环或锥环的装配位置。装配过程中，如有旧件时应原位装复，以保证两元件的接触面积。因此，在变速器解体时，应对同步器各元件做好装配记号，以免装错。
（5）组装中间轴和第二轴时，应注意各齿轮、同步器固定齿座、推力垫圈的方向及位置，以保证齿轮的正确啮合位置。
（6）安装第一轴、第二轴及中间轴的轴承时，只许用压套垂直压在内圈上，禁止施加冲击载荷，轴承内圈圆角较大的一侧必须朝向齿轮。

（7）装入油封前，需在油封的刃口涂少量润滑脂，要垂直压入，并注意安装方向。

（8）变速器装配后，要检查各齿轮的轴向间隙和各齿轮副的啮合间隙及啮合印痕。常啮齿轮的啮合间隙为 0.15～0.40mm；滑动齿轮的啮合间隙为 0.15～0.50mm。第一轴的轴向间隙≤0.15mm，其他各轴的轴向间隙≤0.30mm，各齿轮的轴向间隙≤0.40mm。

（9）装配密封衬垫时，应在密封衬垫的两侧涂以密封胶，确保密封效果。

（10）安装变速器盖时，各齿轮和拨叉均应处于空挡位置。必要时，可分别检查各个常用的齿轮副是否处于全齿长接合位置。按规定的力矩拧紧全部螺栓。

2. 操纵机构性能检验

（1）自锁性能检验：装配好的变速器盖各变速叉轴均在空挡位置，然后任一变速叉轴挂挡试验。若变速叉轴猛用力推拨叉方能挂挡，说明该变速叉轴自锁装置良好；若用力较小就能挂挡，说明自锁性能欠佳。

（2）互锁性能检验：若某一变速叉轴挂入挡后，再将另一变速叉轴进行挂挡，不管用多大力，均不能挂挡，说明互锁装置良好；若另一拨叉轴也能挂入一个挡位，说明互锁失效。

（3）倒挡锁性能检验：变速器盖扣合在变速器壳体并紧固螺钉后，若挂倒挡时，用较大力将变速杆压入一侧，才能挂倒挡，说明倒挡锁装置性能良好。否则，说明倒挡锁性能欠佳。

一、任务准备

（1）工作场景：实训工厂、二轴式手动变速器。

（2）主要设备：工具车、工作台、世达工具。

二、实施步骤

以普通桑塔纳轿车手动变速器为例。

（一）变速器总成的拆卸

作业内容	图解	具体操作方法及要求	完成确认
1.拆下变速器后盖		将变速器置于工作台上，排放变速器油。拆下分离套筒、分离轴承；均匀拧松变速器后盖螺栓，将后盖顺时针转动一个角度后，取下变速器后盖，取下调整垫片、密封垫圈	
2.锁住输入、输出轴		向后撬动变速器三/四挡拨叉轴，直至露出互锁销；用冲头冲出并取下互锁销；将变速叉轴重新推回到空挡位置，同时使一/二挡和倒挡变速叉轴后移，使变速器同时挂入两个挡位，使变速器输入、输出轴锁住	
3.拆卸输出轴后轴承紧固螺母		用錾子剔开输出轴后轴承紧固螺母的锁止部位；用扳手旋松输出轴后轴承紧固螺母；均匀拧松，并拆下变速器前后壳体的连接螺栓	
4.分离变速器前后壳体		用铜棒敲击变速器输入轴前端使变速器前后壳体分离	

手动变速器的拆装与检修

续表

作业内容	图解	具体操作方法及要求	完成确认
5.拆卸3/4拨叉		用小冲头冲出三/四挡变速叉上的弹性销并取下 用冲头向后冲击三/四挡变速叉轴 取下三/四挡变速叉	
6.拆卸输入轴后挡圈		拆下输入轴后端的止推片及挡圈	
7.取出输入轴总成		用铜棒轻轻向前冲击输入轴 取出输入轴总成	
8.拆卸倒轴及齿轮		从前向后冲出倒挡齿轮轴 取出倒挡齿轮、倒挡齿轮轴 拆下倒挡传动臂	
9.取出输出轴总成		用小冲头冲出一/二挡拨块的弹性销并取下拨块 用铜棒敲击输出轴后端，自后向前冲出输出轴总成 取下锥形轴承、输出轴总成及一/二挡拨叉轴 从后壳体上拆下各变速叉轴 用专用工具取出变速器自锁、互锁装置	
10.分解输入轴总成		将输出轴总成夹在台钳上，用卡簧钳拆下圈及调整垫片 取下四挡齿轮、四挡齿轮滚针轴承、三/四挡同步器锁环 用卡簧钳拆下三/四挡同步器花键毂圈、取下三/四挡同步器结合套 用压床从输入轴上压下三/四挡同步器花键毂 依次取下同步器花键毂、三挡锁环、三挡齿轮及滚针轴承	
11.分解输出轴总成		首先压出一挡齿轮及圆锥滚子轴承，依次取下轴承、一挡齿轮及滚针轴承 用专用压具压出二挡齿轮及同步器花键毂。依次取下一挡齿轮滚针轴承内圈、一/二挡同步器花键毂、二挡同步器锁环、二挡齿轮及滚针轴承 用专用压具压出三挡齿轮、四挡齿轮、输出轴前轴承	

（二）变速器总成的安装

作业内容	图解	具体操作方法及要求	完成确认
1.清洁检查输出轴各零件		清洁、检查输出轴各零件	
2.安装输出轴总成		将轴承及四挡齿轮压装到输出轴上，凸肩朝向轴承 依次装入四挡齿圈、三挡齿轮、三挡齿圈、二挡齿轮滚针轴承、二挡齿轮、二挡齿轮同步器锥环、压装一/二挡同步器 压入一挡齿轮滚针轴承内圈，装入同步器锥环、一挡齿轮滚针轴承及一挡齿轮，压装输出轴后轴承	
3.清洁检查输入轴各零件		清洁、检查输入轴各零件	
4.安装输入轴总成		将三挡齿轮滚针轴承、三挡齿轮、同步器锥环套装在输入轴上 组装好三/四挡同步器总成，用卡簧钳装入三/四挡同步器圈 装入同步器锥环、四挡齿轮滚针轴承及四挡齿轮，安装四挡齿轮圈	
5.将变速器输出轴装入壳体		将一/二挡变速叉用弹性销固定到变速叉轴上，将其与输出轴总成一起装入变速器壳体 装入后轴承并拧入固定螺母 用弹性销将拨块固装到一/二挡叉轴上 装入一/二挡变速叉轴与三/四挡变速叉轴之间的大互锁销，并装入三/四挡变速叉轴	
6.装入倒齿轮及齿轮轴		装入倒挡拨叉轴及倒挡互锁装置，并压紧倒挡互锁装置 将倒挡齿轮及齿轮轴装入变速器壳体中 装入倒挡传动臂	
7.将变速器输入轴装入壳体		向后拉动三/四挡变速叉轴，将入输入轴总成与变速叉一起装入变速器壳体中 将变速叉轴推入空位置，装上弹性销，使三/四挡变速叉轴与变速叉固定 依次装入输入轴后轴承、止推垫片（圈）	
8.装合变速器壳体		在变速器前后壳体之间换用新的密封垫片，装合变速器前后壳体，并用25N·m的力矩拧紧固定螺栓 使一挡齿轮和倒挡齿轮同时啮合，以100N·m的力矩拧紧输出轴后螺母，用錾子锁紧螺母	

027

续表

作业内容	图解	具体操作方法及要求	完成确认
9.装复变速叉轴		将各变速叉轴推回空位置，小心地向三挡方向拔出三/四挡拨叉轴，装入互锁销，然后重新推回空位置	
10.装合变速器后盖		在变速器后盖中装入内选挡杆和异形弹簧 在变速器后盖与变速器壳体之间换用新的密封垫片，顺时针拧动内选挡杆，将变速器后盖扣合到变速器壳体上，以25N·m的力矩拧紧固定螺栓	

任务评价表

评价内容	赋分	序号	具体指标	分值	得分		
					自评	组评	师评
仪容仪表	15	1	工作服、鞋、胸卡穿戴整洁	5			
		2	发型、指甲等符合工作要求	5			
		3	不佩戴首饰、钥匙、手表等	5			
教学过程	60	4	手动变速器的拆卸	15			
		5	手动变速器零件的检修	15			
		6	手动变速器的装配	15			
		7	手动变速器的调整与检验	15			
职业素养	25	8	出勤情况	10			
		9	服从安排，积极参加组内活动	5			
		10	认真执行6S工作	10			
			综合得分	100			

1. 简述变速器齿轮的检查内容及方法。
2. 简述变速器轴的检查内容及方法。
3. 简述变速器同步器的检查内容及方法。
4. 简述变速器壳体的检查内容及方法。
5. 简述变速器操纵机构的检查内容及方法。
6. 变速器的装配应注意哪些事项？

任务三　手动变速器油的检查与更换

学习目标

知识目标：
1. 了解手动变速器常见的维护作业内容。
2. 掌握手动变速器油的检查与更换方法。

能力目标：
1. 会对变速器进行一般性的维护。
2. 能对手动变速器齿轮油进行检查与更换。

情感目标：
1. 引导学生学会倾听、主动交流、相互合作、尊重他人，掌握科学的学习方法和养成良好的学习习惯。
2. 结合课程，培养学生正确的价值观，养成良好的道德素养。

任务描述

对手动变速器齿轮油进行认知，并能正确选用。会正确选用、检查、更换手动变速器齿轮油。

知识链接

按照汽车保养手册要求，对达到行驶里程车辆的手动变速器油液进行检查，根据检查情况添加或更换。不同汽车企业对手动变速器齿轮油的检查的行驶里程或年限的规定略有不同，例如2015款科鲁兹每10000km检查一次，大众新速腾1.6L车型每15000km检查一次。

一、齿轮油的分类

认识汽车手动变速器齿轮油，如图1-2-23所示。

图1-2-23　齿轮油

1. 美国石油协会（API）的车辆齿轮油性能分类

美国石油学会将车辆齿轮油按使用性能分为GL-1、GL-2、GL-3、GL-4、GL-5和GL-6六类。其性能水平顺序逐级提高。其中，使用较多的是GL-4和GL-5两类。

2. 美国汽车工程师协会（SAE）的车辆齿轮油分类

我国齿轮油的黏度采用美国SAE齿轮油黏度分类法。美国汽车工程师协会（SAE）于2005年发布的车辆齿轮油黏度分类标准SAE J306—2005，是SAE迄今为止最新的车辆齿轮油黏度分类标准版本。

按齿轮油黏度为150Pa·s时最高温度和100℃的运动黏度，将齿轮油分为70W、75W、80W、85W、80、85、90、110、140、190和250十一个黏度牌号。

二、齿轮油的组成

齿轮油是由基础油及添加剂组成。性能的优异和选择机油一样，要看基础油是何类型。

常用于调配齿轮油的基础油有500SN、650SN、150BS、200BS等,有的还采用合成油如PAO、聚醚等调和,一般GL-4、GL-5级的85W/90、85W/140及90、140油采用普通矿油调和则可,GL-4、GL-5的75W/90、80W/90则需要用合成油调和了。

建议家庭用车如果需要更换手动变速箱齿轮油,尽量使用API 75W-90的GL-4、GL-5的全合成型齿轮油。此类全合成油美孚、壳牌、福斯、长城都有相应的牌号,请选择使用。

三、齿轮油使用注意事项

(1)不能将使用级较低的齿轮油用在要求较高的车辆上,但使用级较高的齿轮油可以用在要求较低的车辆上。

(2)使用黏度级别过高的齿轮油,将使燃料消耗及磨损显著增加,特别是高速轿车影响较大,应尽可能使用合适的多级齿轮油。

(3)不同使用级别的齿轮油不能混用。

(4)严防水分混入,以免极压抗磨添加剂失效。

一、任务准备

(1)工作场景:实训工厂、装配手动变速器的整车。

(2)主要设备:工具车、工作台、世达工具。

二、实施步骤

(一)变速器齿轮油的检查

作业内容	图解	具体操作方法及要求	完成确认
1.齿轮油检查准备操作		车辆进入工位前,将工位卫生清理干净,排除障碍物,准备好相关的工具、物品、耗材等 安装、铺设内三件套(转向盘套、座椅套、地板垫);将车辆停放在举升机的中央位置,拉紧驻车制动装置;将变速器置于空挡,安装好车轮挡块;打开发动机盖,安装、铺设外三件套(翼子板布、格栅板) 准备好手动变速器齿轮油的检查需要的常用工具、操作设备以及辅助工具,24#套筒扳手组件、17cm内六角扳手、10~100 N·m扭力扳手	
2.旋下加油螺塞		操纵举升机将车辆举升到适当高度,并可靠锁止提升臂 使用24#套筒、棘轮扳手拧松变速器注油塞,用手旋下注油塞并放好	
3.检查变速器油量		查看变速器内油面位置,如果油位低,则检查变速器油是否泄漏 注意:为了看清油面位置,可以配合灯光照明。变速器油面应位于注油口下边缘0~5mm范围内。如果变速器油面正常,则将注油塞按照规定力矩拧紧	

续表

作业内容	图解	具体操作方法及要求	完成确认
4.手动变速器漏油情况检查		检查变速器内换挡杆油封处是否有漏油现象。如有泄漏现象，应更换内换挡杆油封 检查变速器壳体接合处是否有漏油现象。如变速器壳体接合处存在漏油现象，应更换衬垫 检查变速器前油封是否有漏油现象。如果漏油，应更换前油封 检查两侧半轴油封处是否存在漏油现象。如有漏油现象，应更换半轴油封	
5.齿轮油油质检查		松开排放孔，用容器接下部分油液，检查排出油液的情况：是否存在异味、油液是否有浑浊情况；用手接触油液，看油液中是否存在细小的金属颗粒；如果有变质情况，应更换变速器油	

（二）变速器齿轮油的更换

经检查，若手动变速器齿轮油油质不合格或达到了厂家规定更换里程或年限，这时必须及时更换手动变速器齿轮油，以下是手动变速器齿轮油的更换操作。

作业内容	图解	具体操作方法及要求	完成确认
1.齿轮油更换的准备操作		工位准备、车辆准备、常用工具准备，同"（一）变速器齿轮油的检查"。准备废油回收桶、手动按压式齿轮油加注机	
2.排放齿轮油		起动车辆，行驶一定距离或在举升机上原地挂挡运转，使变速器齿轮油升温，随后发动机熄火、拉好手制动、置空挡、顶起汽车至适当位置。准备好废油回收桶、拧出齿轮油放油螺栓、放出齿轮油	
3.加注齿轮油		油液排放完毕后，使用新的放油螺栓垫片，安装好放油螺栓，拧紧力矩为60~80N·m 选择汽车制造厂家推荐的齿轮油，使用齿轮油加注机加注适量的齿轮油（雪佛兰科鲁兹D16手动变速器油量为1.8L），直至齿轮油从注油口刚刚溢出为止 安装加油口塞，并拧紧，拧紧力矩为25N·m	
4.运行检查、结束工作		放下车辆，挂挡运转汽车数分钟，然后再举升车辆，检查有无齿轮油渗漏现象 结束工作：放下车辆、收驾驶室三件套、升起车窗玻璃、清洁整理车辆、场地、设备、工具 废弃齿轮油做集中回收处理	

任务评价表

评价内容	赋分	序号	具体指标	分值	得分		
					自评	组评	师评
仪容仪表	15	1	工作服、鞋、胸卡穿戴整洁	5			
		2	发型、指甲等符合工作要求	5			
		3	不佩戴首饰、钥匙、手表等	5			
教学过程	60	4	车辆停放周正、安全防护	15			
		5	齿轮油检查	15			
		6	齿轮油排放	15			
		7	齿轮油加注	15			
职业素养	25	8	出勤情况	10			
		9	服从安排，积极参加组内活动	5			
		10	认真执行 6S 工作	10			
			综合得分	100			

1. 简述变速器齿轮油的分类。
2. 变速器齿轮油有哪些使用注意事项？
3. 简述变速器齿轮油的检查方法。
4. 简述变速器齿轮油的选用及更换方法。

项目三 自动变速器

项目导入

随着现代汽车工业的发展，汽车的操控性越来越方便，所以现在汽车的变速器以自动变速器的居多，装备自动变速器的汽车驾驶操控简便，受到驾驶新手的欢迎，尤其受女性驾驶者的青睐。自动变速器给人们带来便利的同时也需要我们更细心地养护，那么自动变速器应该怎么养护？我必须首先来认识自动变速器的结构。

任务一 自动变速器结构认知

知识目标：
1. 了解自动变速器的类型和结构特点。
2. 掌握自动变速器组成和功用。
3. 理解自动变速器的工作原理。

能力目标：
1. 能正确识别自动变速器的类型。
2. 能正确识别自动变速器的零部件。
3. 能正确认出自动变速器的主要组成部分。
4. 会描述自动变速器工作原理。

情感目标：
1. 激发、满足学生的求知欲和好奇心，培养学生学习的兴趣。
2. 鼓励学生积极参与教学活动，使学生获得成功的体验，建立和增强学生学习专业知识的信心。

对手动变速器的元器件进行认知，并能识记。学会分析手动变速器具体的工作过程。能分析各挡位的动力传递路线。

目前汽车上装用的自动变速器由于综合应用了电子控制技术、液压控制技术、液力传动技术和机械传动技术，故又称为电控自动变速器。它不仅逐渐成为轿车的标准装备，而且在重型载货汽车和工程机械上也被大量使用。随着汽车工业的发展，装用自动变速器的国产中、高档轿车越来越多。自动变速器的作用是指能够根据发动机工况及汽车运行速度自动选挡和换挡。

一、自动变速器的特点及类型

（一）自动变速器的特点

（1）使驾驶操作简便省力，提高了行车的安全性。

笔记

（2）汽车起步更加平稳，能吸收和衰减振动与冲击，从而提高乘坐的舒适性。

（3）能自动适应行驶阻力的变化，自动适时地换至高速挡或低速挡行驶。提高了汽车的动力性和经济性。

（4）能以很低的车速在坏路上行驶以提高车辆在坏路面上的通过性。

（5）自动变速器工作介质是液体，能提高发动机传动系统的使用寿命。

（6）能够降低废气排放。

（二）自动变速器的类型

1. 按传动比是否连续分类

（1）有级自动变速器（AT）。有级自动变速器主要是通过液力传递以及行星齿轮机构中主动件、从动件、固定件的变化，而具有有限几个定值传动比（一般有3～5个前进挡和一个倒挡），同时实现前进挡自动变换的变速器。如图1-3-1所示。

图 1-3-1　有级自动变速器（雷克萨斯 A761E）

（2）无级自动变速器（CVT）。无级自动变速器是通过主动、从动链轮半径的变化，实现传动比的连续改变，如图1-3-2所示。

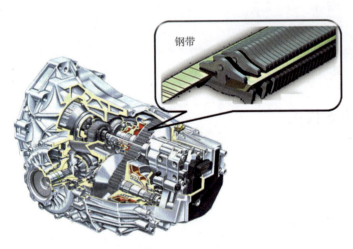

图 1-3-2　无级自动变速器

2. 按汽车驱动方式分类

（1）后驱动自动变速器。后驱动自动变速器的变矩器和齿轮变速器的输入轴及输出轴在同一轴线上，如图1-3-3、图1-3-4所示。发动机的动力经变矩器、自动变速器、传动轴、后驱动桥的主减速器、差速器和半轴传给左右两个后轮。

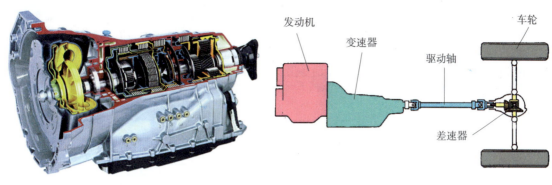

图 1-3-3　解剖的后驱动自动变速器　　　　　图 1-3-4　后轮驱动传动系统

（2）前驱动自动变速器。前驱动自动变速器除了具有与后驱动自动变速器相同的组成部分外，在自动变速器的壳体内还装有差速器，如图 1-3-5、图 1-3-6 所示。

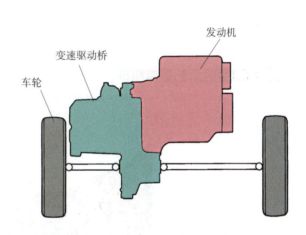

图 1-3-5　解剖的前驱动自动变速器　　　　　图 1-3-6　前轮驱动传动系统

3. 按控制方式分类

（1）液力控制自动变速器。在液力控制自动变速器中，节气门开度阀把发动机负荷大小转换成相应的油压，并且把该油压作用于换挡阀的一端；调速器把汽车车速高低转换成相应的油压，并且把该油压作用于换挡阀的另一端，换挡阀两端的油压比较大小，决定换挡阀的位置状态，从而决定变速器的升降挡，如图 1-3-7 所示。其信号采集和控制方式都采用机械和液压的方法。

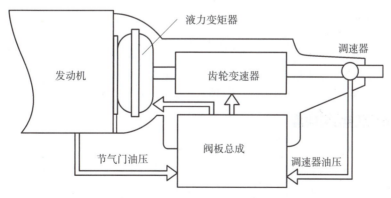

图 1-3-7　液压控制自动变速器的控制方式

笔记

（2）电子控制自动变速器。在电子控制自动变速器中，换挡的最主要信号仍然是发动机负荷和汽车车速两个信号，但是反映发动机负荷大小是节气门位置传感器，反映汽车车速的是车速传感器。传感器把采集的信号转换成电量传送给电脑，电脑接收信息后，与存储在内部的程序加以比较，并给执行换挡的电磁阀发出通、断点的指令，实现升降挡位的变化，如图1-3-8所示。在电控的自动变速器中，信号的采集应用了电子传感器，而控制方法依靠电脑（ECU）。

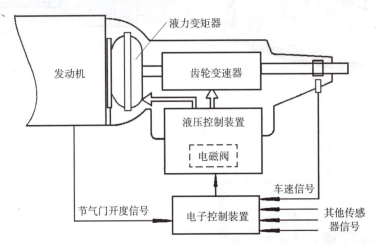

图1-3-8　电子控制自动变速器的控制方式

二、自动变速器的基本组成

典型的自动变速器包括5个基本系统：液力变矩器、齿轮传动装置、液压控制装置、电子控制装置和冷却滤油装置，如图1-3-9所示。

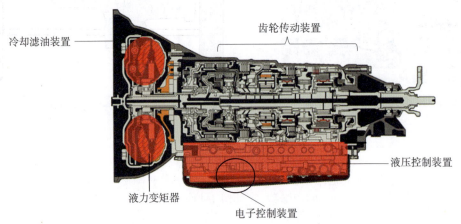

图1-3-9　自动变速器的基本组成

（1）液力变矩器：取代了手动变速器的机械离合器，起到传输和增加发动机转矩的作用。
（2）齿轮传动装置：进行减挡、升挡、空挡和倒挡等换挡。
（3）液压控制装置：控制液压的压力和方向，使液力变矩器和齿轮传动装置顺利工作。
（4）电子控制装置：控制电磁阀和液压控制装置，使自动变速器满足汽车行驶的最佳状态。
（5）冷却滤油装置：能够保证自动变速器油温在设计范围内，一般在50～90℃之间。

三、液力变矩器的结构原理

1. 液力变矩器的作用

液力变矩器位于发动机和变速器之间，以ATF（自动变速器油）为工作介质，主要完成以下功用：传递转矩、无级变速、放大转矩、自动离合、驱动油泵。

2. 液力变矩器的结构

液力变矩器通常由泵轮、导轮及单向离合器、涡轮、锁止离合器等部件组成，如图1-3-10所示。

图 1-3-10 液力变矩器的结构

液力变矩器总成封装在一个冲压而成的钢制壳体（变矩器壳体）中。液力变矩器壳体通过螺栓与发动机曲轴后端的飞轮连接，与发动机曲轴一起旋转。泵轮位于液力变矩器的后部，与变矩器壳体连在一起。涡轮位于泵轮前，通过带花键的从动轴向后面的机械变速器输出动力。导轮位于泵轮与涡轮之间，通过单向离合器支承在固定套管上，使得导轮只能单向旋转（顺时针旋转）。锁止离合器位于涡轮与变矩器壳体之间。泵轮、涡轮和导轮上都带有叶片，液力变矩器装配好后形成环形内腔，其间充满 ATF。液力变矩器的构造如图 1-3-11 所示。

3. 液力变矩器的工作原理

液力变矩器，它是一个密闭而且能承受一定压力的工作腔，油液在腔内循环流动，其中泵轮、涡轮和导轮分别与发动机曲轴、变速器的输入轴和壳体相连。发动机飞轮盘旋转时，油液从离心式的泵轮流出，顺次冲击涡轮、导轮再返回泵轮，周而复始地循环流动。泵轮将发动机的动力传递给油液，高速油液推动涡轮旋转，将动力传给变速器的输入轴，如图 1-3-12 所示。

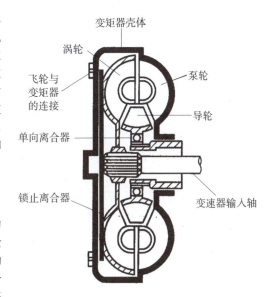

图 1-3-11 液力变矩器的构造

液力变矩器示意动画

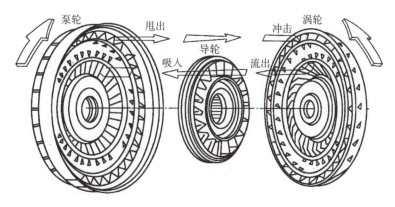

图 1-3-12 液力变矩器的工作原理

四、行星齿轮机构的结构原理

1. 行星齿轮机构的结构

如图 1-3-13 所示，单排行星齿轮机构的基本组成包括 1 个太阳轮（或称为中心轮）、1 个齿圈、1 个行星架和支承在行星架上的 3～4 个行星轮。

齿圈为内齿轮,其余齿轮均为外齿轮。太阳轮位于机构的中心,行星轮与之外啮合,行星轮与齿圈内啮合。通常行星轮有3~4个,通过滚针轴承安装在行星齿轮轴上,行星齿轮轴对称、均匀地安装在行星架上。行星齿轮机构工作时,行星轮除了绕自身轴线的自转外,同时还绕着太阳轮公转,行星轮绕太阳轮公转,行星架也绕太阳轮旋转。由于太阳轮与行星轮是外啮合,所以两者的旋转方向相反;而行星轮与齿圈是内啮合,则这两者的旋转方向相同。

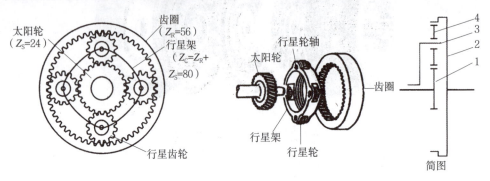

图 1-3-13 行星齿轮机构的结构
1- 太阳轮;2- 齿圈;3- 行星架;4- 行星轮

2. 行星齿轮机构的工作原理

单排行星齿轮机构具有两个自由度,在三个基本件中,任选两个分别作为主动件和从动件,而使另一个元件固定不动(或受约束),则机构只有一个自由度,整个轮系以一定的传动比传递动力,具体工作方式如表1-3-1所示。

表1-3-1 单排行星齿轮机构工作方式表

固定件	主动件	从动件	转速	旋转方向
齿圈	太阳轮	行星齿轮架	减速	与主动件同向
	行星齿轮架	太阳轮	加速	
太阳轮	齿圈	行星齿轮架	减速	与主动件同向
	行星齿轮架	齿圈	加速	
行星齿轮架	太阳轮	齿圈	减速	与主动件反向
	齿圈	太阳轮	加速	
任意两个元件运动情况相同			相同	与主动件同向
没有固定任意一个元件				空挡

五、换挡执行元件的结构原理

(一)换挡执行元件的分类与作用

1. 换挡执行元件的作用

行星齿轮变速器的换挡执行机构和传统的手动齿轮变速器不同,行星齿轮变速器中所有的齿轮都是处于常啮合状态,它的挡位变换是通过以不同的方式对行星齿轮机构的基本元件进行约束来实现的。能对这些基本元件实施约束的机构,就是行星齿轮变速器的换挡执行机构。

2. 换挡执行元件的类型

行星齿轮变速器的换挡执行元件主要有离合器、制动器和单向离合器三种。

(二)换挡执行元件的结构与工作原理

1. 离合器

离合器的功用是:连接轴和行星齿轮机构中的元件,或是连接行星齿轮机构中的不同元件。

离合器的基本组成和工作原理如图1-3-14所示,其主要组成元件是主动片、从动片和活塞。主动片通过外花键与离合器鼓配合,从动片通过内花键与花键毂配合,活塞用于将主动片、从动片压紧在一起。

工作时,当一定压力的ATF油经控制油道进入活塞左面的液压缸时,液压作用力便克服回位弹簧力使活塞右移,将所有离合器片压紧,即离合器接合,与离合器主、从动部分相连的元件也被连接在一起,

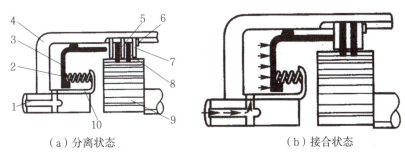

(a) 分离状态　　　　　　　(b) 接合状态

图 1-3-14　离合器的组成和工作原理

1- 控制油道；2- 回位弹簧；3- 活塞；4- 离合器鼓；5- 主动片；6- 卡环；7- 压盘；
8- 从动片；9- 花键毂；10- 弹簧座

以相同的速度旋转。

2. 制动器

制动器的功用是：将行星齿轮机构中的太阳轮、齿圈或行星架这三个元件之一与变速器壳体相连，使其被固定而不能转动。

制动器有片式和带式两种形式。片式制动器与离合器的结构和原理相同，不同之处是离合器是通过连接作用而传递动力，而片式制动器是通过连接而起制动作用。下面介绍带式制动器。

带式制动器由制动带和控制油缸组成，图 1-3-15 所示为带式制动器的零件分解图。制动带是内表面带有镀层的开口式环形钢带。制动带的一端通过销等方式固定在自动变速器壳体的支座上，另一端与控制油缸的活塞杆相连。制动时，压力油进入活塞右腔，克服左腔油压和回位弹簧的作用力推动活塞左移，制动带以固定支座为支点收紧。在制动力矩的作用下，制动鼓停止旋转，行星齿轮机构某元件被锁止。随着油压撤除，活塞逐渐回位，制动解除。

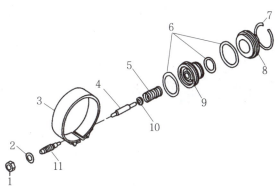

图 1-3-15　带式制动器的零件分解图

1- 制动带调整螺母；2- 垫圈；3- 制动带；4- 制动带伺服装置活塞推杆；5- 回位弹簧；6-O 形圈；7- 挡圈；8- 伺服活塞挡盘；9- 制动带伺服活塞；10- 止推垫圈；11- 调整螺钉

3. 单向离合器

单向离合器作用是：实现内外座圈的单向旋转，分为楔块式和滚柱式两种类型。

楔块式单向离合器由外座圈、内座圈、保持架、楔块等组成，如图 1-3-16 所示。当外座圈逆时针转动时，外座圈带动楔块逆时针转动，楔块的长径与内、外座圈接触，长径大于内、外座圈之间的距离，所以外座圈被卡住不能转动。当外座圈顺时针转动，外座圈带动楔块顺时针转动，楔块短径与内、外座圈相接触，短径小于内、外座圈之间的距离，所以外座圈可以自由转动。

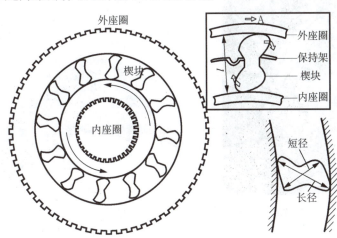

图 1-3-16　楔块式单向离合器结构及工作原理

笔记

滚柱式单向离合器如图1-3-17所示，滚柱式单向离合器由内座圈、外座圈、滚柱、叠片弹簧等组成。当外圈顺时针旋转，滚柱进入楔形槽的宽处，内、外座圈不能被滚柱楔紧，外座圈可自由转动。当外座圈逆时针旋转时，滚柱进入楔形槽的窄处，内、外座圈被滚柱楔紧，外座圈被固定不动。

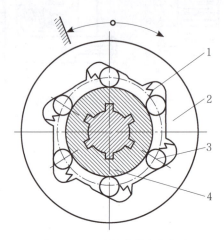

图1-3-17 滚柱式单向离合器
1-叠片弹簧；2-外座圈；3-滚柱；4-内座圈

 知识拓展

一、CVT

1. CVT简介

CVT是Continuously Variable Transmission的缩写，按照英语直译过来就是连续可变传动的意思，因此CVT变速器也叫作无级变速器。顾名思义，无级变速的意思就是没有明确具体的挡位，虽然操作上类似自动变速器，但是速比的变化却跟前者完全不同，由跳挡变为了链条的连续变化，因此动力传输更加顺畅，如图1-3-18所示。

2. CVT变速器的工作原理

不同于普通自动变速器，传统的齿轮在CVT变速器内被一对滑轮和一条钢制带所取代，每个滑轮其实是由两个锥形盘组成的V形结构，发动机轴连接小滑轮，透过钢制皮带带动大滑轮。而其工作原理则是：锥形盘可在液压的推力作用下收紧或张开，挤压钢片链条以此来调节V形槽的宽度，当锥形盘向内侧移动收紧时，钢片链条在锥盘的挤压下向圆心以外的方向（离心方向）运动，相反会向圆心以内运动。这样，钢片链条带动的圆盘直径增大，传动比也就发生了变化，如图1-3-19所示。

CVT变速器
工作原理

无极变速器

图1-3-18 CVT解剖图

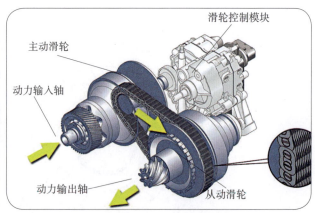

图1-3-19 CVT工作原理图

3. CVT 变速器的优点

（1）由于没有了一般自动挡变速器的传动齿轮，也就没有了自动挡变速器的换挡过程，由此带来的换挡顿挫感也随之消失，因此 CVT 变速器的动力输出是线性的，在实际驾驶中非常平顺。

（2）CVT 的传动系统理论上挡位可以无限多，挡位设定更为自由，传统传动系统中的齿轮比、速比以及性能、耗油、废气排放的平衡，都更容易达到。

（3）CVT 传动的机械效率、省油性大大优于普通的自动挡变速器，仅次于手动挡变速器，燃油经济性要比好很多。

二、DSG

1. DSG 简介

DSG 是 Direct Shift Gearbox 的缩写，中文表面意思为"直接换挡变速器"，也称为双离合器变速器（以下简称 DSG）。DSG 是目前世界上最先进的、具有革命性的变速器系统，大众汽车在 2002 年于德国沃尔夫斯堡首次向世界展示了这一技术创新。

DSG 变速器与传统自动变速器有着明显的区别，DSG 从一开始就没有采用扭矩变换器。这款变速器不是在传统概念的自动变速器基础上生产出来的，设计 DSG 的工程师们走了一条具有革新性的全新技术之路，巧妙地把手动变速器的灵活性和传统自动变速器的方便性结合在一起。横置变速器设计的突出特点就是由液压控制的湿式双离合器系统。其中的离合器 1 负责控制奇数齿轮和倒挡齿轮，离合器 2 负责控制偶数齿轮。实际上可以说这是由两个平行的变速器配合组成的一个变速器。精密的离合器动作带来的结果，就是换挡时对牵引力几乎没有影响。因此能够产生无与伦比的动力转换，同时感觉顺畅并且非常舒适。如图 1-3-20 所示。

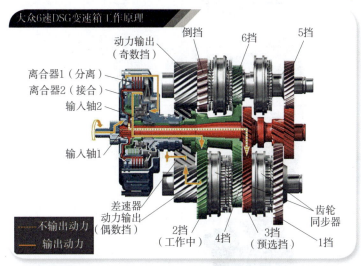

图 1-3-20 DSG 双离合自动变速器的结构（湿式）

2. DSG 变速器工作原理

双离合器有湿式和干式之分，如图 1-3-20 中装备的为湿式双离合器；图 1-3-21 为干式双离合器。

3. DSG 双离合自动变速器的优点

（1）双离合变速器结合了手动变速器和自动变速器的优点，没有使用变矩器，转而采用两套离合器，通过两套离合器的相互交替工作，来到达无间隙换挡的效果。

（2）因为没有了液力变矩器，所以发动机的动力可以完全发挥出来，同时两组离合器相互交替工作，使得换挡时间极短，发动机的动力断层也就非常有限。

（3）由于换挡更直接，动力损失更小，所以其燃油消耗可以降低 10% 以上。

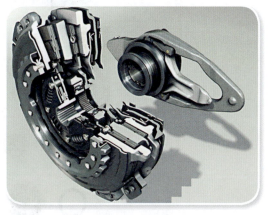

图 1-3-21 DSG 双离合器（干式）

汽车底盘构造与维修

 笔记

 任务实施

一、任务准备

（1）工作场景：自动变速器专项实训室。

（2）主要设备：工具车、工作台、各典型自动变速器。

二、实施步骤

作业内容	图解	具体操作方法及要求	完成确认
1.典型自动变速器识别之一		能正确识别自动变速器的类型，了解自动变速器的组成、结构、作用和工作原理 了解前置前驱自动变速器的结构特点	
2.典型自动变速器识别之二		能正确识别自动变速器的类型，了解自动变速器的组成、结构、作用和工作原理 了解横置发动机前驱自动变速器的结构特点	
3.典型自动变速器识别之三		能正确识别自动变速器的类型，了解自动变速器的组成、结构、作用和工作原理 了解前置后驱自动变速器的结构特点	
4.典型自动变速器识别之四	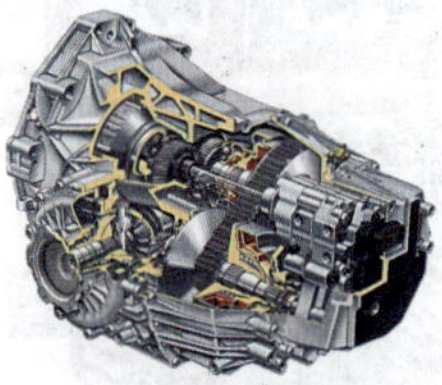	能正确识别自动变速器的类型，了解自动变速器的组成、结构、作用和工作原理 了解CVT自动变速器的结构特点	
5.典型自动变速器识别之五		能正确识别自动变速器的类型，了解自动变速器的组成、结构、作用和工作原理 了解DSG自动变速器的结构特点	
6.液力变矩器		能正确识别液力变矩器的各零部件	
7.行星齿轮		能正确识别各种形状的行星齿轮	
8.离合器		能正确识别换挡执行元件中的离合器	

续表

作业内容	图解	具体操作方法及要求	完成确认
9. 制动器1		能正确识别换挡执行元件中的制动器（片式） 分清与离合器的区别	
10. 制动器2		能正确识别换挡执行元件中的制动器（带式）	
11. 单向离合器		能正确识别单向离合器（楔块式）	
12. 自动变速器型号		了解自动变速器型号标识：A-140E、F4A33、4T60E、41TE自动变速器型号的含义	
13. 自动变速器挡位		了解自动变速器挡位：能正确识别P、R、N、D等挡位	

任务评价

任务评价表

评价内容	赋分	序号	具体指标	分值	得分 自评	得分 组评	得分 师评
仪容仪表	15	1	工作服、鞋、胸卡穿戴整洁	5			
		2	发型、指甲等符合工作要求	5			
		3	不佩戴首饰、钥匙、手表等	5			
教学过程	60	4	正确识别各型自动变速器	10			
		5	正确识别自动变速器组成部分	10			
		6	正确识别液力变矩器各组成部分	10			
		7	正确识别行星齿轮系统	10			
		8	正确识别换挡执行元件	10			
		9	正确说出41TE自动变速器型号的含义	10			
职业素养	25	10	坚持出勤，遵守规章制度	5			
		11	服从安排，积极参加组内活动	5			
		12	在规定时间完成，认真填写工单	5			
		13	节约用水用电用气，注意环保	5			
		14	认真执行6S工作	5			
综合得分				100			

1. 自动变速器的特点是什么？
2. 自动变速器是如何分类的？
3. 简述典型自动变速器的基本组成及相应的作用。
4. 简述液力变矩器的作用。
5. 简述液力变矩器的结构。
6. 简述液力变矩器的工作原理。
7. 简述行星齿轮机构的结构及原理。
8. 简述自动变速器换挡执行机构的作用及组成。
9. 简述自动变速器各换挡执行机构元件的功用。
10. 简述CVT变速器的结构特点。
11. 简述DSG变速器的结构特点。

任务二　自动变速器的拆装与检修

知识目标：
1. 了解典型自动变速器从车上拆下的方法、步骤。
2. 掌握典型自动变速器解体过程。
3. 掌握典型自动变速器装配过程。

能力目标：
1. 会从车上拆下自动变速器。
2. 能正确解体自动变速器。
3. 能正确装配自动变速器。

情感目标：
1. 鼓励学生积极参与教学活动，使学生获得成功的体验，建立和增强学生学习专业知识的信心。
2. 引导学生学会倾听、主动交流、相互合作、尊重他人，掌握科学的学习方法和养成良好的学习习惯。

查阅相关手册，了解如何从车上正确拆下自动变速器总成，重点掌握自动变速器的解体、检查和装配，从而掌握其结构原理。

辛普森（Simpson）行星齿轮变速器是在自动变速器中应用最广泛的一种行星齿轮变速器，由美国福

特公司的工程师H·W·辛普森发明。辛普森行星齿轮变速器由两排行星齿轮机构组成,提供三个前进挡位,多用于通用、丰田汽车上。下面以丰田的A341E自动变速器为例进行介绍四挡辛普森行星齿轮变速机构。

一、辛普森行星齿轮机构的组成

图1-3-22为丰田A341E四挡辛普森行星齿轮机构的结构简图。

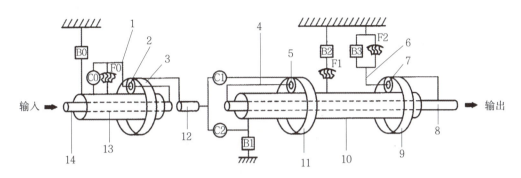

图1-3-22 四挡辛普森行星齿轮机构的结构简图

1-超速(OD)行星排行星架;2-超速(OD)行星排行星轮;3-超速(OD)行星排齿圈;4-前行星排行星架;5-前行星排行星轮;6-后行星排行星架;7-后行星排行星轮;8-输出轴;9-后行星排齿圈;10-前行星排太阳轮;11-前行星排齿圈;12-中间轴;13-超速(OD)行星排太阳轮;14-输入轴;C0-超速挡(OD)离合器;C1-前进挡离合器;C2-直接挡、倒挡离合器;B0-超速(OD)制动器;B1-二挡滑行制动器;B2-二挡制动器;B3-低速挡、倒挡离合器;F0-超速挡(OD)单向离合器;F1-二挡(一号)单向离合器;F2-低速挡(二号)单向离合器

四挡辛普森行星齿轮变速器由四挡辛普森行星齿轮机构和换挡执行元件两大部分组成。其中四挡辛普森行星齿轮机构由三排行星齿轮机构组成,前面一排为超速行星排,中间一排为前行星排,后面一排为后行星排,之所以这样命名是由于四挡辛普森行星齿轮机构是在三挡辛普森行星齿轮机构的基础上发展起来的,沿用了三挡辛普森行星齿轮机构的命名。输入轴与超速行星排的行星架相连,超速行星排的齿圈与中间轴相连,中间轴通过前进挡离合器或直接挡、倒挡离合器与前、后行星排相连。前、后行星排的结构特点是,共用一个太阳轮,前行星排的行星架与后行星排的齿圈相连并与输出轴相连。

二、辛普森行星齿轮机构的换挡执行元件

换挡执行元件包括3个离合器、4个制动器和3个单向离合器共10个元件。它们具体的功能见表1-3-2。

表1-3-2 换挡执行元件功能表

换挡执行元件	功能
C0	超速挡(OD)离合器	连接超速行星排太阳轮与超速行星排行星架
C1	前进挡离合器	连接中间轴与前行星排齿圈
C2	直接挡、倒挡离合器	连接中间轴与前后行星排太阳轮
B0	超速挡(OD)制动器	制动超速行星排太阳轮
B1	二挡滑行制动器	制动前后行星排太阳轮
B2	二挡制动器	制动F1外座圈,当F1起作用时,可以防止前后行星排太阳轮逆时针转动
B3	低速挡、倒挡制动器	制动后行星排行星架
F0	超速挡(OD)单向离合器	连接超速行星排太阳轮与超速行星排行星架
F1	二挡(一号)单向离合器	当B2工作时,防止前后行星排太阳轮逆时针转动
F2	低速挡(二号)单向离合器	防止后行星排行星架逆时针转动

三、四挡辛普森行星齿轮机构各挡传动路线

各挡换挡执行元件工作情况见表1-3-3。

表 1-3-3 各挡换挡执行元件工作情况表

选挡杆位置	挡位	换挡执行元件										发动机制动
		C0	C1	C2	B0	B1	B2	B3	F0	F1	F2	
P	驻车挡	●										
R	倒挡	●		●				●	●			
N	空挡	●										
D	一挡	●	●						●		●	
D	二挡	●	●				●		●	●		
D	三挡	●	●	●					●			
D	四挡(OD挡)		●	●	●				●			
2	一挡	●	●						●		●	
2	二挡	●	●				●	●	●	●		●
2	三挡	●	●	●				●	●			●
L	一挡	●	●					●	●		●	
L	二挡	●	●			●	●	●	●	●		●

●：换挡元件工作或有发动机制动。

1. D1 挡

如图 1-3-23 所示，D1 挡（D 位一挡）时，C0、C1、F0、F2 工作。C0 和 F0 工作将超速行星排的太阳轮和行星架相连，此时超速行星排成为一个刚性整体，输入轴的动力顺时针传到中间轴。C1 工作将中间轴与前行星排齿圈相连，前行星排齿圈顺时针转动驱动前行星排行星轮，前行星排行星轮既顺时针自转又顺时针公转，前行星排行星轮顺时针公转则输出轴也顺时针转动，这是一条动力传动路线。由于前行星排行星轮顺时针自转，则前后行星排太阳轮逆时针转动，再驱动后行星排行星轮顺时针自转，此时后行星排行星轮在前后行星排太阳轮的作用下有逆时针公转的趋势，但由于 F2 的作用，使得后行星排行星架不动。这样顺时针转动的后行星排行星轮驱动齿圈顺时针转动，从输出轴也输出动力，这是第二条动力传动路线。

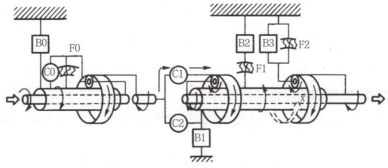

图 1-3-23 D 位一挡动力传动路线

2. D2 挡

如图 1-3-24 所示，D2 挡（D 位二挡）时，C0、C1、B2、F0、F1 工作。C0 和 F0 工作如前所述直接将动力传给中间轴。C1 工作，动力顺时针传到前行星排齿圈，驱动前行星排行星轮顺时针转动，并使前后太阳轮有逆时针转动的趋势，由于 B2 的作用，F1 将防止前后太阳轮逆时针转动，即前后太阳轮不动。此时前行星排行星轮将带动行星架也顺时针转动，从输出轴输出动力。后行星排不参与动力的传动。

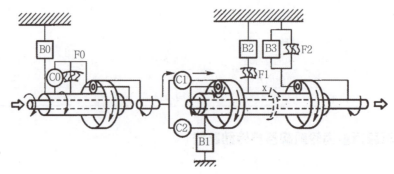

图 1-3-24 D 位二挡动力传动路线

3. D3 挡

如图 1-3-25 所示，D3 挡（D 位三挡）时，C0、C1、C2、B2、F0 工作。C0 和 F0 工作如前所述直接将动力传给中间轴。C1、C2 工作将中间轴与前行星排的齿圈和太阳轮同时连接起来，前行星排成为刚性整体，动力直接传给前行星排行星架，从输出轴输出动力。此挡为直接挡。

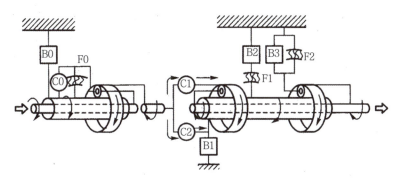

图 1-3-25　D 位三挡动力传动路线

4. D4 挡

如图 1-3-26 所示，D4 挡（D 位四挡）时，C1、C2、B0、B2 工作。B0 工作，将超速行星排太阳轮固定。动力由输入轴输入，带动超速行星排行星架顺时针转动，并驱动行星轮及齿圈都顺时针转动，此时的传动比小于 1。C1、C2 工作使得前后行星排的工作同 D3 挡，即处于直接挡。所以整个机构以超速挡传递动力。B2 的作用同前所述。

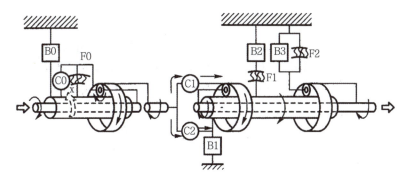

图 1-3-26　D 位四挡动力传动路线

5. 2-1 挡

2-1 挡（二位一挡）的传动路线与 D 位一挡相同。

6. 2-2 挡

如图 1-3-27 所示，2-2 挡（二位二挡）时，C0、C1、B1、B2、F0、F1 工作。动力传动路线与 D 位二挡时相同。区别只是由于 B1 的工作，使得二位二挡有发动机制动，而 D 位二挡没有。此挡为高速发动机制动挡。

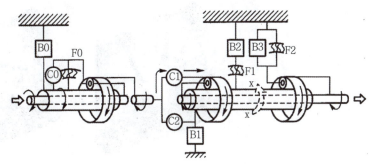

图 1-3-27　二位二挡动力传动路线

发动机制动是指利用发动机怠速时的较低转速以及变速器的较低挡位来使较快的车辆减速。D 位二挡时，如果驾驶员抬起加速踏板，发动机进入怠速工况，而汽车在原有的惯性作用下仍以较高的车速行驶。此时，驱动车轮将通过变速器的输出轴有反向带动行星齿轮机构运转的趋势，使前后太阳轮有顺时针转动的趋势，F1不起作用，使得反传的动力不能到达发动机，无法利用发动机进行制动。而在二位二挡时，B1工作使得前后太阳轮固定，既不能逆时针转动也不能顺时针转动，这样反传的动力就可以传到发动机，所以有发动机制动。

7. 2-3挡

2-3挡（二位三挡）的传动路线与D位三挡相同。

8. L1挡

如图1-3-28所示，L1挡（L位一挡）时，C0、C1、B3、F0、F2动力传动路线与D位一挡时相同。区别只是由于B3的工作，使后行星排行星架固定，有发动机制动，原因同前所述。此挡为低速发动机制动挡。

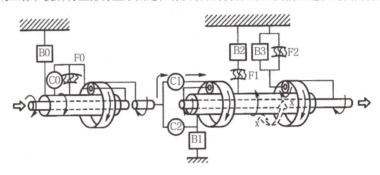

图1-3-28　L位一挡动力传动路线

9. L2挡

L2挡（L位二挡）的工作与二位二挡相同。

10. R位

如图1-3-29所示，倒挡时，C0、C2、B3、F0工作。C0和F0工作如前所述直接将动力传给中间轴。C2工作将动力传给前行星排太阳轮。由于B3工作，将后行星排行星架固定，使得行星轮仅相当于一个惰轮。前后行星排太阳轮顺时针转动驱动后行星排行星架逆时针转动，进而驱动后行星排齿圈也逆时针转动，从输出轴逆时针输出动力。

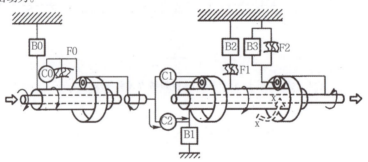

图1-3-29　R位动力传动路线

11. P位（驻车挡）

选挡杆置于P位时，一般自动变速器都是通过驻车锁止机构将变速器输出轴锁止实现驻车。如图1-3-30所示，驻车锁止机构由输出轴外齿圈、锁止棘爪、锁止凸轮等组成。锁止棘爪与固定在变速器壳体上的枢轴相连。当选挡杆处于P位时，与选挡杆相连的手动阀通过锁止凸轮将锁止棘爪推向输出轴外齿圈，并嵌入齿中，使变速器输出轴与壳体相连而无法转动，如图1-3-30（b）所示。当选挡杆处于其他位置时，锁止凸轮退回，

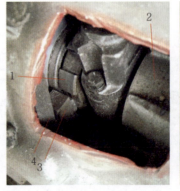

（a）非P挡　　　（b）P挡

图1-3-30　驻车锁止机构

1-输出轴外齿圈；2-输出轴；3-锁止棘爪；4-锁止凸轮

锁止棘爪在回位弹簧的作用下离开输出轴外齿圈，锁止撤销，如图1-3-30（a）所示。

一、任务准备

(1) 工作场景：丰田自动变速器专项实训室。
(2) 主要设备：工具车、工作台、丰田自动变速器。

二、实施步骤

以丰田A341E自动变速器拆装为例进行介绍。

（一）变速器总成拆卸

作业内容	图解	具体操作方法及要求	完成确认
1. 空挡起动开关拆卸		（1）利用10mm的梅花扳手拆卸控制轴杠杆固定螺母，取下控制轴杠杆 （2）利用10mm的梅花扳手拆卸空挡起动开关固定螺栓，取下空挡起动开关 （3）利用10mm的套筒工具拆卸速度传感器固定螺栓，取下速度传感器	
2. 其他附件拆卸		（4）利用10mm的套筒工具拆卸O/D挡直接离合器传感器，取下O/D挡直接离合器传感器 （5）利用10mm的套筒工具拆卸节气门拉索夹固定螺栓	
3. 变速器前后壳体拆卸		（6）利用17mm的套筒工具对角方向拆卸变速器前壳体，取下变速器前壳体 （7）拆卸变速器后壳体、速度表主动齿轮及速度传感器转子	
4. 油底壳拆卸		（8）利用10mm的套筒工具对角方向拆卸油底壳固定螺栓后，用维修专用工具的刃部插入变速器与油底壳之间，切开所涂密封胶，小心不要损坏油底壳凸缘。注意：不能翻转变速器向上，否则油底壳底部的脏物有可能会污染阀体 （9）利用10mm的套筒工具拆卸机油滤清器固定螺栓，取下机油滤清器	
5. 拆卸液压阀板		（10）分开电磁阀插接器 （11）利用尖嘴钳拆卸与节气门阀连接的节气门阀拉索 （12）利用10mm的梅花扳手拆卸带爪弹簧固定螺栓 （13）利用10mm的套筒工具从两边向中间成对角拆卸阀体，取下阀体 （14）拆卸单向阀	
6. 拆卸蓄压缓冲器		（15）利用压缩空气拆卸蓄压缓冲器的活塞和弹簧。方法：用手指按住蓄压缓冲器活塞，从蓄压缓冲器活塞周围相应的油孔中吹入压缩空气，将减振器活塞吹出	

笔记

典型自动变速器的拆装与检修

续表

作业内容	图解	具体操作方法及要求	完成确认
7.拆卸停车锁止机构		（16）利用10mm的套筒工具拆卸驻车锁杆支架及驻车锁杆 （17）拆卸手动阀杠杆及手动阀杠杆轴	
8.取出液压油泵		（18）将2个螺栓拧入自动变速器油泵螺栓孔内，将自动变速器油泵从变速器壳体中压出	
9.拆卸超速挡系统		（19）拆卸超速传动行星齿轮装置 （20）利用卡簧钳拆卸卡环 （21）拆卸超速传动制动器B0 （22）分解超速挡行星排 （23）利用拆装专用工具SST拆卸超速传动支座 （24）利用尖嘴钳和鲤鱼钳拆卸制动器B1活塞总成	
10.拆卸C1、C2组件		（25）拆卸离合器C1和C2离合器总成	
11.拆卸制动带组件		（26）利用尖嘴钳拆卸制动带固定销 （27）拆卸制动带	
12.拆卸前排行星齿轮组件		（28）拆卸前行星排齿圈 （29）拆卸前行星排行星架 （30）拆卸太阳轮 （31）拆卸单向离合器F1 （32）利用卡簧钳拆卸制动器B2卡环 （33）拆卸第二挡制动器B2	
13.拆卸后排行星齿轮组件		（34）拆卸后行星排行星架及单向离合器F2 （35）利用卡簧钳拆卸第一挡及倒挡制动器B3卡环 （36）拆卸第一挡及倒挡制动器B3 （37）拆卸后行星排齿圈及输出轴	

（二）变速器总成零部件检查

作业内容	图解	具体操作方法及要求	完成确认
1. 超速挡离合器 C0 的检查		检查超速挡离合器的活塞行程：将油泵放到变矩器上，然后将超速挡离合器总成放到油泵上。用 SST 和百分表测量超速挡离合器行程。如图所示，充入的压缩空气的压力为 392.3～784.6kPa。活塞标准行程为 1.45～1.70mm，如果不符合标准，应检查离合器片	
2. 前进挡离合器 C1 的检查	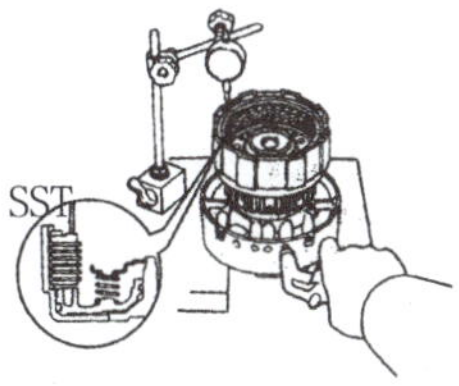	检查前进挡离合器的间隙：将超速挡制动器支架放到合适的工作台上，再将前进挡离合器放到超速挡制动器支架上，如图所示，用 SST 和百分表，通过充入压缩空气（392.3～784.6kPa）来检查前进挡离合器间隙。标准间隙为 0.70～1.00mm，如果间隙不符合标准应检查离合器片	
3. 直接挡离合器 C2 的检查	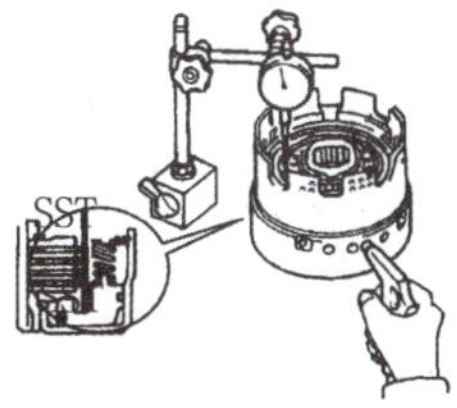	检查直接挡离合器活塞行程：将直接挡离合器总成放到超速挡制动器支架上，使用 SST 和百分表，充入 392.3～784.6kPa 的压缩空气测量直接挡离合器活塞行程，如图所示。活塞行程应为 1.37～1.60mm，如果不符合标准应检查离合器片	
4. 离合器、制动器的检查		（1）检查离合器的摩擦片，如有烧焦、表面粉末冶金层脱落或翘曲变形，应更换。许多自动变速器的摩擦片表面印有符号，若这些符号已被磨去，说明摩擦片已磨损至极限，应更换。也可以测量摩擦片的厚度，若小于极限厚度，则应更换 （2）检查钢片，如有磨损或翘曲变形，应更换 （3）检查挡圈的摩擦面，如有磨损，应更换 （4）检查离合器的活塞，其表面应无损伤或拉毛，否则应更换新件 （5）检查离合器活塞上的单向阀，其球阀应能在阀座内活动自如，用压缩空气检查单向阀的密封性，从液压缸一侧向单向阀内吹气，密封性良好，如有异常，应更换活塞 （6）检查离合器鼓，其液压缸内表面应无损伤或拉毛，与钢片配合的花键槽应无磨损，如有异常，应更换新件 （7）检查活塞回位弹簧的自由长度，若弹簧自由长度过小或有变形，应更换新弹簧；超速离合器活塞回位弹簧自由长度标准为 15.8mm，直接挡离合器活塞回位弹簧自由长度标准为 23.8mm，高、倒挡离合器活塞回位弹簧自由长度标准为 24.35mm （8）更换所有离合器液压缸活塞上的O形密封圈及轴颈上的密封环。新的密封圈或密封环应涂上少许液压油后装入 （9）片式制动器检查要求同上	

续表

作业内容	图解	具体操作方法及要求	完成确认
5. 单向离合器的检查	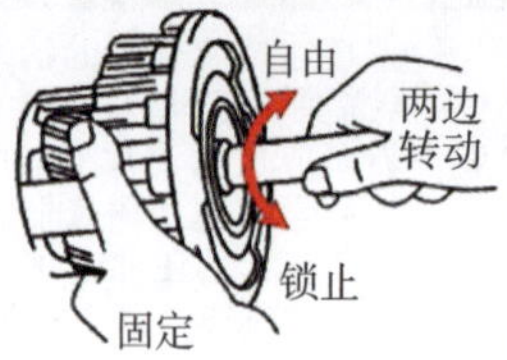	检查超速单向离合器的锁止方向，如图所示。超速挡单向离合器F0锁止方向的检查，应使该单向离合器外圈（行星架）相对于内圈（超速离合器鼓）在逆时针方向（由自动变速器前方看，下同）锁止，在顺时针方向可以自由转动。如有异响、卡滞或不能单向锁止等故障，应更换	
6. 行星齿轮的检查	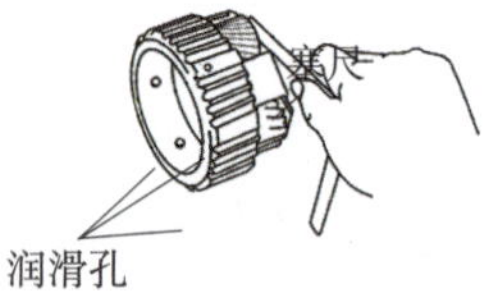 	（1）检查太阳轮、行星轮和齿圈的齿面，如有磨损或疲劳剥落现象应更换整个行星排。该损坏的主要原因是由于齿轮机构在运行过程中缺少润滑以及使用时间过长造成的疲劳损伤，再就是零件本身质量原因 （2）检查行星轮与行星架之间的间隙，用塞尺检查行星轮与行星架之间的间隙，其标准值为0.2～0.6mm，最大不得超过1.0mm，如图所示，否则应更换止推垫片或整个行星轮组件。该组件损坏的主要原因有两个方面，一是缺少润滑；二是使用时间过长，达到预定使用寿命 （3）检查行星齿轮架上的润滑孔有无堵塞如有，应进行疏通 （4）检查太阳轮、行星架、齿圈等零件的轴颈或滑动轴承	

（三）变速器总成安装

作业内容	图解	具体操作方法及要求	完成确认
1. 安装后行星排总成		（1）安装后行星排总成、单向离合器F2及输出轴 （2）安装第一挡及倒挡制动器B3、卡环及制动器毂 （3）安装单向离合器F1 （4）安装第二挡制动器B2及卡环 （5）安装太阳轮	
2. 安装前行星排总成		（6）安装前行星排行星架 （7）安装前行星排齿圈 （8）安装离合器C1和C2 （9）装入制动带 （10）利用尖嘴钳安装制动带固定销及制动器B1活塞总成	

续表

作业内容	图解	具体操作方法及要求	完成确认
3. 安装超速挡总成		（11）安装超速挡支架 （12）安装超速传动制动器B0及卡环 （13）安装超速行星排	
4. 安装油泵、驻车机构等		（14）安装自动变速器油泵在装入时要使油泵壳体上的油道和变速器壳体上的油道对正，然后再将油泵装到位。注意不要损坏已经换新的O形圈，分次沿圆周方向对称均匀旋入连接螺栓，用扭力扳手以22N·m的力矩拧紧螺栓 （15）安装手动阀杠杆、手动阀杠杆轴、驻车锁杆支架及驻车锁杆 （16）安装蓄压缓冲器的活塞和弹簧 （17）安装单向阀	
5. 安装阀体		（18）安装阀体及带爪弹簧，将阀板平稳地放在壳体上，各油道和螺栓孔要对正，将不同的固定螺栓按要求插入相应的螺栓孔中，按从中间向四周用扭力扳手以10N·m的力矩分次交叉拧紧固定螺栓。检查并用扭力扳手以5.4N·m的力矩拧紧节气门阀凸轮固定螺栓，用扭力扳手以7.3N·m的力矩拧紧驻车锁止棘爪支架螺栓 （19）连接阀板上的所有线束插头，装上节气门阀拉索，装上机油滤清器，并旋入螺栓，用扭力扳手以10N·m的力矩对称均匀拧紧螺栓	
6. 安装前后壳体及附件		（20）安装油底壳：将油底壳密封垫涂抹密封胶，粘在油底壳的接合面上，注意对正螺栓孔，将油底壳对正壳体下部的接合面，旋入螺栓，用扭力扳手以7.3N·m的力矩对称均匀拧紧 （21）安装自动变速器后部各件：将车速传感器感应转子装在输出轴上。装上自动变速器后端壳及密封垫，以34N·m的力矩均匀拧紧连接螺栓 （22）安装变速器前壳体，旋入螺栓，对称均匀拧紧螺栓 （23）安装外部各件：安装O/D挡直接离合器传感器，固定螺栓拧紧力矩为5.4N·m；安装速度传感器，固定螺栓拧紧力矩为5.4N·m；安装挡位开关，调整螺栓拧紧力矩为螺栓13N·m，止动螺栓拧紧力矩为6.5N·m；控制轴杠杆螺母拧紧力矩为16N·m；安装节气门拉索夹固定螺栓，固定螺栓拧紧力矩为螺栓5.4N·m	

任务评价表

评价内容	赋分	序号	具体指标	分值	得分		
					自评	组评	师评
仪容仪表	15	1	工作服、鞋、胸卡穿戴整洁	5			
		2	发型、指甲等符合工作要求	5			
		3	不佩戴首饰、钥匙、手表等	5			
教学过程	60	4	自动变速器拆卸	15			
		5	自动变速器检修、清洁、润滑	15			
		6	自动变速器装配、调整	15			
		7	学生回答问题情况	15			
职业素养	25	8	出勤情况	10			
		9	服从安排,积极参加组内活动	5			
		10	认真执行 6S 工作	10			
			综合得分	100			

1. 简述辛普森(Simpson)行星齿轮机构的结构特点。
2. 简述丰田 A341E 变速器超速挡离合器的检查方法。
3. 简述丰田 A341E 变速器前进挡离合器的检查方法。
4. 简述丰田 A341E 变速器直接挡离合器的检查方法。
5. 简述自动变速器单向离合器的种类及检查方法。

任务三　自动变速器油的检查与更换

知识目标:
1. 了解自动变速器油的基本知识。
2. 掌握典型自动变速器油液的检查方法。

3. 了解典型自动变速器油液更换的方法。
4. 了解典型自动变速器正确使用方法。

能力目标：
1. 会正确检查典型自动变速器油液。
2. 了解典型自动变速器油液的更换方法。

情感目标：
1. 引导学生学会倾听、主动交流、相互合作、尊重他人，掌握科学的学习方法和养成良好的学习习惯。
2. 结合课程，培养学生正确的价值观，养成良好的道德素养。

自动变速器的油位不当、油质不佳等，是引起自动变速器故障的最常见原因。因此，对自动变速器油液的检查尤其重要。本任务通过查阅车辆使用手册，熟悉自动变速器油液检查与更换的规定；通过查阅维修手册，掌握维护车辆自动变速器油液检查的部位、方法；了解常用自动变速器油的规格、牌号及选用知识。

自动变速器油（Automatic Transmission Fluid，简称 ATF），是指专用于自动变速器的油液，对自动变速器的工作、使用性能以及使用寿命都有非常重要的影响。

一、自动变速器油（ATF）的作用

自动变速器油（ATF）是自动变速器中不可或缺的液体，具体作用见表 1-3-4。

表 1-3-4　自动变速器油的作用

类别	作用
三大作用	液力传动介质
	自动控制液压油
	润滑运动部件
三小作用	冷却工作零部件
	清洁摩擦副
	密封配合副

二、自动变速器油（ATF）的颜色

未使用的自动变速器油颜色呈红色。如果车辆的使用条件、工况良好，ATF 油清澈、杂质稀少，可适当延长保养周期。反之，如果使用条件恶劣，ATF 黏稠、变黑、有异味（如焦煳味），建议换油。发现变速箱油发黑或有焦煳味，必须马上更换，否则易造成油耗加大，动力降低，甚至箱体损坏。不同使用状态的自动变速器油液颜色如图 1-3-31 所示。

图 1-3-31　不同使用状态的自动变速器油

在实际维修工作中，可以借助自动变速器油（ATF）颜色变化进行自动变速器故障的判断，具体办法如表 1-3-5 所示。

三、自动变速器油（ATF）的液面高度

自动变速器液面高度均有明确的规定。因此，正确的液面的高度对保障自动变速器正常工作至关重要。

表 1-3-5　通过自动变速器油颜色变化进行故障判断

ATF 的颜色	颜色变化的可能原因	解决办法
粉红色或红色	未污染的 ATF	正常使用
暗褐色、黑色，有烧焦气味	ATF 过热	必须更换 ATF 和过滤器，并查变速器
牛奶色	发动机冷却液漏入散热器出口箱中的变速器冷却器	更换 ATF 和发动机冷却液容器
油尺上有气泡	有高压泄漏	检测高压泄漏的出处
油中有暗颗粒	制动带和离合器有磨损	更换制动带和离合器
油中有银白色金属颗粒	金属零件或壳体过度磨损	更换磨损的金属零件或壳体
油尺上有漆或橡胶沉积物	ATF 和变速器过滤器磨损	更换 ATF 和变速器过滤器

1. 常见的油面高度检查方法

（1）油尺检查法：此类自动变速器外部壳体上配备了油位测量的标尺，通过标尺上的刻度标记检查自动变速器油位高度的方法，如图 1-3-32 所示。

（2）溢流孔检查法：此类自动变速器一般不会在外部壳体上配备油标尺，而是通过外部壳体的加油口或油位测量孔、油底壳上的加油口，检查自动变速器油位高度的方法，如图 1-3-33 所示。

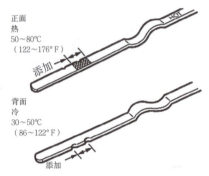

图 1-3-32　油尺检查法

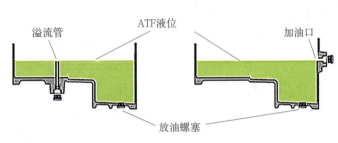

图 1-3-33　溢流孔检查法

当自动变速器内部的液力变矩器、各处油道和油缸均充满油液后，变速器油底壳中的油面高度不应高于行星齿轮变速器旋转零部件的最低位置，同时又必须高出阀体与变速器壳体安装的接合面，如图 1-3-34 所示。

2. 自动变速器油面过低的影响

（1）自动变速器油面过低，空气从油泵进油口侵入，会发出"嗡嗡"的异响，降低乘坐的舒适性。

（2）若油面过低，油泵吸入空气或油液中渗入空气，会降低液压回路的油压，使各控制滑阀和执行元件动作失准，操纵失灵。

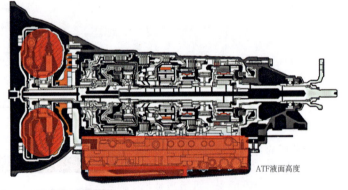

图 1-3-34　自动变速器液面高度的规定

（3）而降低液压回路的油压，还会引起离合器、制动器打滑，不但降低了传动效率，而且加剧了磨损。

（4）当油面过低时，由于运动件得不到充分可靠的润滑，就有可能因过热而引发运动件卡滞及过度磨损。

（5）变差的润滑和冷却条件，会加速自动变速器油的氧化变质。

3. 自动变速器油面过高的影响

（1）当油面过高时，会由于机械搅拌而产生大量泡沫，这些泡沫进入液压控制系统，会引发与油面过低而产生的同样问题（降低液压回路的油压：使各控制滑阀和执行元件动作失准，还会引起离合器、制动器打滑等）。

（2）如果控制阀体浸没于自动变速器油中，则液压管路中的离合器、制动器的泄油口会被自动变速器油阻塞，施加于离合器、制动器的油压就不能完全释放或释放速度太慢，使离合器、制动器动作迟缓（比如：升降挡动作迟滞）、增大换挡冲击。

（3）在坡路上行驶时，由于过多的油液在油底壳中晃动，可能从加油管往外窜油，容易引起发动机罩下起火。

四、自动变速器油（ATF）的更换周期

自动变速器油的使用具有一定周期。超周期使用自动变速器油，会造成以下伤害：

（1）油泥积炭会形成颗粒，加速摩擦片及部件的磨损，降低使用寿命，严重的还会堵塞滤网。

（2）油泥积炭会使阀体油管不畅，影响动力传递，从而导致提速慢或失速，严重时会引起烧片。

（3）脏油会使密封胶圈过早老化，使各缸卸油油压受影响，也会造成提速慢、失速等故障，严重者使各摩擦片打滑、烧片。

自动变速器油的更换周期是以行驶公里数或使用时间为准，若在车辆使用手册中同时给出了这两个指标，则哪一项指标先到就先执行。如果车辆使用手册未标明自动变速器的换油时间，则按照6万~8万公里的行驶里程来更换。

任务实施

一、任务准备

（1）工作场景：实训工厂、整车。

（2）主要设备：工具车、工作台、自动变速器油加注设备。

以雪佛兰科鲁兹轿车自动变速器为例，进行自动变速器油液的检查与更换。雪佛兰科鲁兹轿车自动变速器没有检查油尺，需采用溢油法进行检查。

二、实施步骤

作业内容	图解	具体操作方法及要求	完成确认
1.预热准备		（1）起动发动机并使发动机怠速运行约5min，或在可能的情况下，行车几公里，预热变速驱动桥油液。当变速驱动桥温度超过30℃时，检查液面 （2）在踩住制动踏板的同时，将换挡杆拨到各个区段，在每个区段停几秒。将换挡杆拨回驻车位置，如图所示 （3）举升并妥善支承车辆 （4）将废油收集桶放在变速器下面 注意：如果自动变速器油温度过高，尚未冷却，禁止拆卸放油螺塞、加油口螺塞。否则，极易导致烫伤	
2.油液液面高度检查		（5）用内六角工具拆卸加油口螺塞，如图所示 注意：此时，发动机必须处于怠速工作状态 （6）检查液面 ·如果在拆卸加油口螺塞时，便有自动变速器油从加油口流出，则表示液面过高。需要将多余的油液流干净，直到液面高度到达加油口下沿 ·需要加注少量油液后，才有自动变速器油从加油口流出，则表示液面高度正常。仍然需要将多余的油液流干净，直到液面高度到达加油口下沿 ·如果在添加一定量油液后，油液仍未从加油口流出，则液面高度过低，自动变速器油不满或存在泄漏。检查变速驱动桥是否泄漏。在调整变速驱动桥液面前，先排除泄漏故障 （7）用内六角工具安装加油口螺塞，拧紧力矩45N·m （8）在液面检查程序结束后，用抹布或棉丝将变速驱动桥壳体上的油液擦干净	

续表

作业内容	图解	具体操作方法及要求	完成确认
3.油质检查	新油:红色 使用油:棕色 使用油:浓棕色 正常油　建议更换　必须更换	必须在打开加油口螺塞后，未进行任何自动变速器油添加时进行油质检查 （1）使用吸管从加油口吸出少量自动变速器油（10～20mL），放置在透明、干净的量杯中 （2）观察自动变速器油的颜色 （3）闻自动变速器油的气味 （4）观察自动变速器油在量杯内的沉淀物情况 （5）根据自动变速器油的颜色、气味、污染物的三项检查结果，确定该车自动变速器油是否需要更换	
4.油液更换		（1）运行发动机至热车后，发动机熄火 （2）举升并妥善支承车辆 （3）将废油收集桶放在放油塞下 （4）用工具拆卸自动变速器放油螺塞，如图所示 （5）排放旧自动变速器油，使用油液容器承接 注意：如果自动变速器油温度过高，尚未冷却，禁止拆卸放油螺塞、加油口螺塞。否则，极易导致烫伤 （6）在旧自动变速器油排放结束后，按照标准扭矩（45N·m）拧紧放油螺塞	
5.更换后检查		（7）用内六角工具拆卸加油口螺塞，使用加注设备向自动变速器内加注新ATF，如图所示。只到ATF从加油口流出，安装加油口螺塞 （8）降下车辆，车轮悬空。起动发动机，在踩住制动踏板的同时，将换挡杆拨到各个区段，在每个区段停几秒 （9）重复步骤（7）、（8），2～3次 注意：为了提高工作效率，可采用两个人配合，一人负责加注，一人负责起动发动机、挡位操作 （10）在ATF达到正常工作温度时，再次进行油面高度调节：保持发动机工作，打开加油口螺塞，让多余的ATF流出 （11）等到ATF不再流出，按照标准扭矩（45N·m）拧紧加油口螺塞 （12）在液面调整程序结束后，用抹布或棉丝将变速驱动桥壳体上的油液擦干净	

任务评价表

评价内容	赋分	序号	具体指标	分值	得分		
					自评	组评	师评
仪容仪表	15	1	工作服、鞋、胸卡穿戴整洁	5			
		2	发型、指甲等符合工作要求	5			
		3	不佩戴首饰、钥匙、手表等	5			

续表

评价内容	赋分	序号	具体指标	分值	得分		
					自评	组评	师评
教学过程	60	4	自动变速器油平面检查	15			
		5	自动变速器油油质检查	15			
		6	自动变速器油的更换	15			
		7	学生回答问题情况	15			
职业素养	25	8	出勤情况	10			
		9	服从安排，积极参加组内活动	5			
		10	认真执行6S工作	10			
			综合得分	100			

1. 简述自动变速器油（ATF）的作用。
2. 如何根据自动变速器油的颜色判断其油质？
3. 简述自动变速器油（ATF）液面高度的检查方法。
4. 自动变速器油液面过高、过低对变速器有何影响？
5. 简述自动变速器使用的注意事项。

项目四 万向传动装置

项目导入

一车主诉说其车辆在起步、变速过程中放松离合器踏板时,传动轴出现明显、清脆的金属敲击声。汽车以高速挡低速行驶时,其响声连续且有节奏。

根据上述故障现象,可以初步判断汽车动力传动系统有故障了。如何判断故障的具体的部位,这就需要对万向传动装置的结构进行了解学习。

任务一 万向传动装置结构认知

学习目标

知识目标:
1. 简单叙述万向传动装置的功用、组成和应用。
2. 简单叙述万向节的功用、类型、构造及速度特性。

能力目标:
1. 正确描述万向传动装置的布置形式及装配特点。
2. 正确描述传动轴与中间支承的构造。

情感目标:
1. 激发、满足学生的求知欲和好奇心,培养学生学习的兴趣。
2. 鼓励学生积极参与教学活动,使学生获得成功的体验,建立和增强学生学习专业知识的信心。

任务描述

对万向传动装置元器件进行认知,并能识记。会叙述万向节的功用、类型、结构原理及速度特性等专业知识。

知识链接

一、万向传动装置的功用与组成

1. 万向传动装置的功用

万向传动装置的功用是在轴间夹角及相互位置经常发生变化的转轴之间传递动力。

在发动机前置后轮驱动的汽车上,变速器与发动机、离合器连在一起安装在车架上,而驱动桥则通过弹性悬架与车架连接。在汽车行驶过程中,弹性悬架受路面冲击而产生振动,使变速器输出轴和驱动桥输入轴的相对位置经常发生变化,如图1-4-1所示。因此,在变速器的输出轴与驱动桥的输入轴之间采用了万向传动装置。

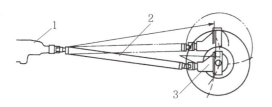

图 1-4-1 变速器与驱动桥相对位置发生变化
1- 变速器；2- 传动轴；3- 驱动桥

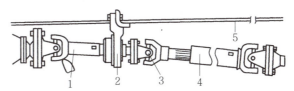

图 1-4-2 变速器与驱动桥之间的万向传动装置
1- 中间传动轴；2- 中间支承；3- 万向节；
4- 主传动轴；5- 车架

2. 万向传动装置的组成

万向传动装置主要由万向节、传动轴及中间支承等组成。对于传动距离较远的分段式传动轴，为了提高传动轴的刚度，还设有中间支承，如图 1-4-2 所示。

除在变速器与驱动桥之间应用了万向传动装置外，在汽车上其他位置也有应用，如越野汽车变速器与分动器之间、汽车的转向驱动桥中、断开式驱动桥的半轴中、汽车的转向操纵机构中。

二、万向节

汽车上常见的万向节有两种形式，刚性十字轴不等速万向节和等速万向节。

（一）不等速万向节

普通十字轴万向节为一典型的不等速万向节，其结构如图 1-4-3 所示。

1. 结构特点

两万向节叉上的孔分别套在十字轴的 4 个轴颈上。为了减小摩擦损失，提高传动效率，在十字轴轴颈与万向节叉孔之间装有滚针和套筒组成的滚针轴承，然后用螺钉和轴承盖将套筒固定在万向节叉上，并用锁片将螺钉锁紧。十字轴内钻有油道，如图 1-4-4 所示，通过注油嘴注入润滑油，以润滑轴承。为避免润滑脂流出及尘垢进入轴承，十字轴轴颈的内端套装有油封。安全阀的作用是当十字轴内腔润滑油压力超过允许值时，阀打开润滑油外溢，使油封不会因油压过高而损坏。

十字轴万向节是目前汽车传动系统中应用最广的一种万向节，允许相邻两轴的最大交角为 15°～20°。

为了提高十字轴万向节的使用寿命，现代汽车多采用橡胶油封，当油腔内的润滑油压力大于允许值时，多余的润滑油从油封内圆表面与十字轴轴颈接触处溢出，故无须安装安全阀。

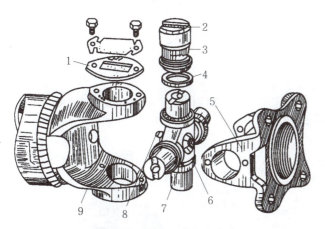

图 1-4-3 普通十字轴万向节
1- 轴承盖；2- 套筒；3- 滚针；4- 油封；5,9- 万向节叉；
6- 安全阀；7- 十字轴；8- 注油嘴

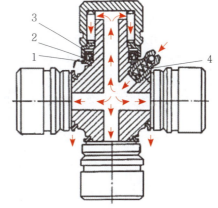

图 1-4-4 十字轴万向节润滑油道及密封装置
1- 油封挡盘；2- 油封；3- 油封座；4- 油嘴

2. 速度特性

单个万向节在输入轴与输出轴有夹角的情况下，当主动叉等角速转动时，从动叉是不等角速的，这称为刚性十字轴万向节的不等速性。且角速度差值随轴间夹角 α 的增大而增大，如图 1-4-5 所示。

由上图分析可见，若两轴间有较大夹角时，单十字轴万向节是不宜采用的，因为它会使驱动车轮的

笔记

转速不均匀，还会使相连接的部件产生扭转振动，加剧零件损坏。在汽车上通常采用双十字轴万向节来实现等速传动，如图1-4-6所示。

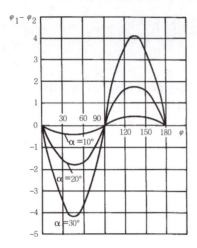

图1-4-5 刚性十字轴不等速万向节的不等速性

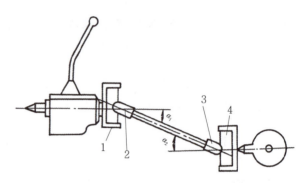

图1-4-6 双十字轴万向节的等速传动
1,3—主动叉；2,4—从动叉

要实现输入轴与输出轴等速传动必须满足如下两个条件：

第一，万向节两轴间夹角 $α_1$ 与第二万向节两轴间夹角 $α_2$ 相等。

第二，传动轴两端的两个万向节叉在同一平面内，即第一万向节从动叉与第二万向节主动叉在同一平面内。

由于悬架的振动，不可能在任何时候都保证 $α_1 = α_2$，因此这种双刚性十字轴万向节的传动只能近似地解决等速传动问题，且十字轴式万向节两轴间夹角不宜过大，最大不应超过20°。

（二）等速万向节

等速万向节多用于前驱动桥和断开式驱动桥轿车的半轴上。常用的万向节有球叉式、球笼式和三叉式。等速原理可以用一对大小相等的锥齿轮传动原理来说明，如图1-4-7所示。两齿轮夹角为 $α$，啮合点 P 位于夹角的平分面上，由 P 点到两轴的距离都等于 r。P 点处的两轮圆周速度相等，因此角速度也相等。同理，若万向节在传动过程中，传力点在两轴交角变化中始终处于平分面上，则两万向节叉保持等角速度关系。

1. 球笼式等速万向节

球笼式等速万向节的结构如图1-4-8所示。

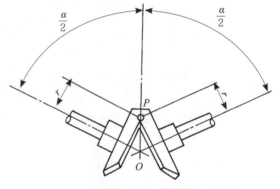

图1-4-7 等速万向节的等速原理

等速万向节工作原理

球笼式万向节动图

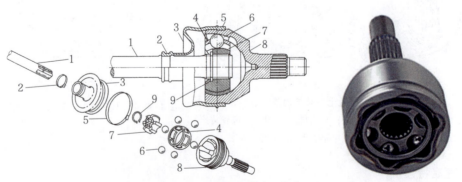

图1-4-8 球笼式等速万向节
1-主动轴；2,5-钢带箍；3-防尘罩；4-保持架（球笼）；6-钢球；7-星形套（内滚道）；
8-球形壳（外滚道）；9-卡环

星形套以内花键与主动轴相连,其外表面有6条凹槽,形成内滚道。球形壳的内表面有相应的6条凹槽,形成外滚道。6个钢球分别装在各条凹槽中,并用保持架使6个钢球保持在同一平面内。动力由主动轴输入,通过钢球传到球形壳输出。

球笼式万向节工作时6个钢球都参加传力,故承载能力强、磨损小、寿命长。它被广泛应用于各种型号的转向驱动桥和独立悬架的驱动桥。

有的球笼式等速万向节采用直槽滚道,使万向节本身可轴向伸缩,如图1-4-9所示。这种万向节省去了滑动花键,且滚动阻力小,最适合于断开式驱动桥。

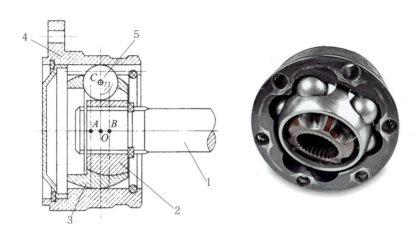

图1-4-9 伸缩型球笼式等速万向节
1-主动轴;2-星形套(内滚道);3-保持架(球笼);4-筒形壳(外滚道);5-钢球

2. 球叉式等速万向节

球叉式等速万向节的结构如图1-4-10所示。主动叉5与从动叉1分别与内、外半轴制成一体。在主、从动叉上,各有4个曲面凹槽,装合后形成两个相交的环形槽,作为钢球滚道。4个传动钢球放在槽中,钢球6放在两叉中心的凹槽内,以定中心。

球叉式万向节工作时,只有两个钢球传力,反转时,则由另外两个钢球传力。因此,钢球与曲面凹槽之间的单位压力较大,磨损较快,影响使用寿命。

球叉式等速万向节结构简单,允许两轴间最大夹角为32°~33°,一般应用于转向驱动桥中。近年来,有些球叉式万向节省去了定位销和锁止销,中心钢球上也没有凹面,靠压力装配,使结构更为简单。

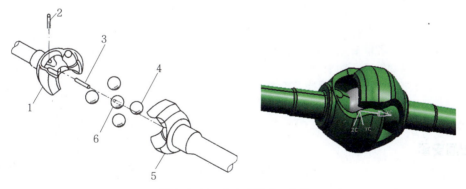

图1-4-10 球叉式等速万向节
1-从动叉;2-锁止销;3-定位销;4-传动钢球;5-主动叉;6-中心钢球

每个驱动轮都需要两个万向节,其中至少有一个采用伸缩型万向节。具体应用如图1-4-11所示。伸缩型球笼式万向节(VL节)5,在转向驱动桥中均布置在主传动器一侧(内侧),而轴向不能伸缩的固定型球笼式万向节(RF节)1,则布置在转向节处(外侧)。

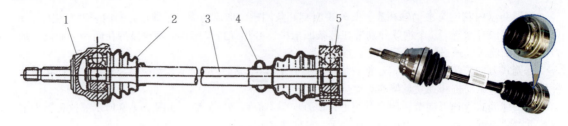

图1-4-11 RF节与VL节在转向驱动桥中的布置
1-固定型球笼式万向节（RF节）；2,4-防尘罩；3-传动轴；5-伸缩型球笼式万向节（VL节）

三、传动轴

传动轴通常用来连接变速器（或分动器）和驱动桥，在转向驱动桥和断开式驱动桥中，则用来连接差速器和驱动轮。

（1）为适应汽车行驶过程中变速器与驱动桥的相对位置变化，传动轴上设有由滑动叉和花键轴组成的滑动花键连接，如图1-4-12所示，使传动轴的长度能随传动距离的变化而伸缩。

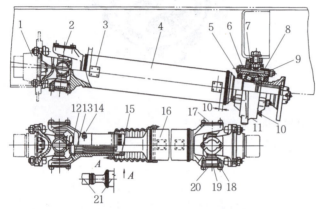

图1-4-12 传动轴和中间支承
1-凸缘叉；2-万向节；3-平衡片；4-中间传动轴；5,15-油封；6,8-中间支承盖；7-橡胶垫环；9-轴承；10,14-润滑脂嘴；11-支架；12-堵盖；13-万向节滑动叉；16-主传动轴；17-锁片；18-万向节油封；19-万向节轴承；20-万向节轴承盖；21-装配位置标记

（2）为了减轻传动轴的质量，节省材料，提高轴的强度、刚度及临界转速，传动轴多为空心轴，一般用厚度为1.5～3.0mm且厚薄均匀的钢板卷焊而成，超重型货车则直接采用无缝钢管。而转向驱动桥、断开式驱动桥及微型汽车的传动轴通常制成实心轴。

（3）传动轴在工作过程中处于高速旋转状态，其转速和所传递的转矩都在不断发生变化。为了避免由于离心力的作用而引起传动轴的振动，在传动轴和万向节装配后，必须进行平衡试验以满足动平衡的要求。平衡后在滑动花键部分还制有箭头标记，以便重装时保持两者的相对位置不变。

（4）当传动距离较远时，为了避免因传动轴过长而使自振频率降低，高速时产生共振，将传动轴分为两段。传动轴前段称为中间传动轴，其后端部设有中间支承；传动轴后段称为主传动轴，都用薄钢板卷焊而成。中间传动轴的两端分别焊有万向节叉和带花键的轴头，花键轴头与凸缘连接，并用螺母紧固。主传动轴前端有由花键轴头与万向节滑动叉套安装而成的滑动连接，使主传动轴可以轴向伸缩。

（5）由于万向传动装置中润滑脂嘴较多，为了加注方便，装配时应保证所有润滑脂嘴处于同一条直线上，且十字轴上的润滑脂嘴朝向传动轴。

四、中间支承

传动轴分段时须加设中间支承，通常将其安装在车架横梁上。中间支承除对传动轴起支承作用外，还应能补偿传动轴轴向和角度方向的安装误差，以及汽车行驶过程中由于发动机窜动或车架变形等引起的位移。

普通中间支承通常用弹性元件来满足上述要求。它主要由轴承、带油封的轴承盖、支架和使轴承与支架间成弹性连接的弹性元件所组成。常见的类型有双列圆锥滚子轴承式中间支承（图1-4-13）、蜂窝软垫式中间支承、摆动中间支承以及中间支承轴式中间支承等。

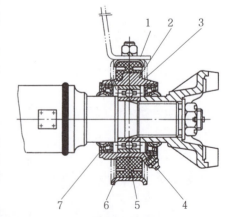

图1-4-13 双列圆锥滚子轴承式中间支承
1-车架横梁；2-轴承座；3-轴承；4-油嘴；5-蜂窝形橡胶垫；6-U形支架；7-油封

一、任务准备

（1）工作场景：实训工厂、万向传动装置挂图。
（2）主要设备：工具车、工作台、世达工具。

二、实施步骤

作业内容	图解	具体操作方法及要求	完成确认
1.传动轴		了解万向传动装置的功用、组成和应用	
2.中间传动轴		了解中间传动轴的功用、组成和应用	
3.十字节		了解刚性十字轴式万向节的结构原理	
4.中间支承		了解中间支承总成的结构原理	
5.传动轴总成		了解装备等角速万向节的传动轴总成的结构原理	
6.球笼式万向节		了解固定型球笼式等速万向节（RF节）的结构原理	
7.伸缩型球笼式万向节		了解伸缩型球笼式等速万向节（VL节）的结构原理	
8.三叉销式万向节		了解三叉销式万向节的结构原理	

任务评价表

评价内容	赋分	序号	具体指标	分值	得分		
					自评	组评	师评
仪容仪表	15	1	工作服、鞋、胸卡穿戴整洁	5			
		2	发型、指甲等符合工作要求	5			
		3	不佩戴首饰、钥匙、手表等	5			
教学过程	60	4	掌握不等速万向节结构原理、零件的识别	15			
		5	掌握各类等速万向节结构原理、零件的识别	15			
		6	学生听课认真态度	10			
		7	操作完成情况	10			
		8	学生回答问题情况	10			
职业素养	25	9	出勤情况	10			
		10	服从安排，积极参加组内活动	5			
		11	认真执行 5S 工作	10			
			综合得分	100			

1. 万向传动装置的功用是什么？
2. 万向传动装置有哪几种常见类型？简述其结构特点。
3. 不等速万向节要实现等速传动需满足哪些条件？

任务二　十字轴式万向传动装置的拆装与检修

知识目标：
1. 了解十字轴式万向传动装置技术状况变差的原因。
2. 掌握十字轴式万向传动装置拆装的方法。
3. 掌握十字轴式万向传动装置装配注意点。

能力目标：
1. 识记十字轴式万向传动装置的元器件。
2. 能熟练进行十字轴式万向传动装置拆装。

情感目标：
1. 鼓励学生积极参与教学活动，使学生获得成功的体验，建立和增强学生学习专业知识的信心。
2. 引导学生学会倾听、主动交流、相互合作、尊重他人，掌握科学的学习方法和养成良好的学习习惯。

十字轴式万向传动装置通常装备在货车、客车上。其不等速性及安全性要求极高，这需要在装配过程中严格按照工艺规范。本任务通过拆装对十字轴式万向传动装置的元器件进行认知，并能识记。能熟练正确地进行万向传动装置拆装。

一、十字轴式万向传动装置的拆装

汽车在使用过程中，万向传动装置会出现各种耗损，尤其是载货汽车轴距长，传动轴制成多节，工作条件恶劣，润滑条件差。行驶在不良的道路上，冲击载荷的峰值往往会超过正常值的一倍以上，以致造成传动轴的弯曲、扭转和磨损逾限，产生振动、异响等故障，从而破坏万向传动装置的动平衡特性、速度特性，传动效率降低，使万向传动装置技术状况变坏，影响汽车的动力性和经济性，因此应及时对万向传动装置进行拆装、维护。

1. 拆卸注意事项

装备刚性十字轴式万向传动装置车辆，通常使用中央驻车制动器，从车上拆下万向传动装置后，驻车制动将失效。因此，考虑到安全性，作业前，需将车辆停放在平坦的场地上，掩好车轮，以免车辆滑溜。

2. 安装注意事项

由于十字轴式万向节的不等速性，传动轴在装配的过程中需注意以下几点：

（1）装复万向节时，十字轴上滑脂嘴必须朝向传动轴管一方，在十字轴颈、滚针轴承上涂抹少许润滑脂。轴承卡环必须保证进入环槽内。3个十字轴上滑脂嘴应在同一直线上。有滑脂嘴的中间支承轴承油封盖应装在支架的后面且滑脂嘴朝下。

（2）装复滑动叉时，必须对齐标记。应注意使两端万向节叉位于同一平面内，同时应保证与传动轴两端通过万向节相连的两轴与传动轴的夹角相等。

（3）传动装置应装配齐全可靠。传动轴上的防尘罩应配备齐全，并用卡箍紧固，两只卡箍的锁扣应错开180°装配。

（4）传动轴总成装复后，应先做平衡试验。

二、十字轴式万向传动装置的检修

（一）万向节的检修

（1）检查十字轴轴颈表面，若有严重损伤如金属剥落、明显凹陷或滚针压痕深度大于0.1mm以上，均应更换。轴颈表面如有轻微剥落，可用油石打光剥落表面后继续使用。

（2）滚针轴承油封失效或滚针断裂、缺针的，均应更换。

（3）检查万向节十字轴与滚针轴承的配合间隙。检查时，十字轴夹在台钳上，滚针轴承壳套在十字轴颈上，用百分表抵住轴承壳外表面最高点，用手上下推动滚针轴承壳，百分表上指针移动变化值即为该轴承与十字轴配合的间隙值。检查方法如图1-4-14所示，万向节轴承的径向间隙值原厂标准为0.02～0.08mm，大修标准为0.02～0.14mm，使用极限为0.25mm。当配合间隙超过规定极限值时，应予更换。

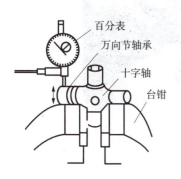

图1-4-14 检查万向节轴承与十字轴的配合间隙

（二）传动轴及滑动叉的检修

1. 传动轴弯曲度的检修

可利用万向节叉和花键轴上的中心孔，两端用顶尖顶起来，用百分表测量轴管外圆的径向跳动。也可在轴管两端用 V 形铁支起来，用百分表测量轴管外圆的径向跳动，如图 1-4-15 所示。轴管全长径向全跳动量，原厂标准为不大于 0.75mm，大修标准为不大于 1.00mm，使用极限为 1.50mm。当传动轴弯曲度超过规定值时，可在压床上冷压或热压校直。

2. 传动轴花键轴、花键套的检修

传动轴花键轴、滑动叉的主要损伤是：花键齿磨损或横向裂纹。键齿磨损主要表现在配合副配合侧隙增大，该配合副配合侧隙的检查方法如图 1-4-16 所示：把滑动叉夹持在台钳上，花键轴按装配标记插入滑动叉，并使部分花键露在外面，转动花键轴，用百分表测出花键侧面的读数变化值。配合侧隙原厂标准为 0.025～0.115mm，大修标准为 0.25～0.30mm，使用极限为 0.40mm。若配合侧隙超过规定值或花键齿宽磨损量超过 0.20mm，根据实际情况，可换用新件或用局部更换法修复。

图 1-4-15 检查传动轴弯曲度

图 1-4-16 检查滑动叉花键

3. 传动轴中间支承轴承轴颈磨损的修复

传动轴中间支承轴承轴颈与轴承的配合原厂标准为 0.20～0.008mm，最大不超过 0.015mm，当传动轴中间支承轴颈处磨损超过规定值时，根据情况可采用堆焊修复至标准尺寸或更换。

（三）传动轴中间支承轴承及支架的检修

1. 轴承的检修

（1）若发现轴承滚珠、滚道上有烧蚀、金属剥落等现象，应予更换；

（2）将轴承拿在手上空转，观察轴承转动是否轻便灵活；

（3）检查轴承的径向间隙，方法如图 1-4-17 所示：先将轴承放在平板上使百分表的触头抵住轴承外座圈，然后一手把轴承内圈压紧，另一手推动轴承外圈，此时百分表上所指示的数值即为轴承的径向间隙；

（4）检查轴承的轴向间隙，方法如图 1-4-18 所示：首先将轴承外圈放在两垫块上并使轴承内圈悬空，再在轴承内圈上放一块平板，然后将百分表触头抵住平板中央，上下推动轴承内圈，此时百分表上所指示的数值即为该轴承的轴向间隙。中间支承轴承间隙使用极限为 0.50mm。若轴承的轴向间隙或径向间隙过大，应及时更换。

图 1-4-17 测量轴承径向间隙

图 1-4-18 测量轴承轴向间隙

2. 中间支承轴承座的检修

检查中间支承轴承座内表面的磨损情况，磨损深度大于 0.05mm 时，应予更换。

3. 前后油封盖的检修

检查前后油封盖有无磨损，支架有无裂损，橡胶环有无腐蚀老化，并视情况予以更换或修复。

 任务实施

 笔记

一、任务准备

(1) 工作场景：实训工厂、十字轴式万向传动装置。
(2) 主要设备：工具车、工作台、世达工具。

二、实施步骤

十字轴式万向传动装置的拆装与检修

（一）万向传动装置的拆卸

作业内容	图解	具体操作方法及要求	完成确认
1.车辆停放安全稳妥		（1）将车辆停放在平坦的场地上，掩好车轮，以免车辆滑溜 （2）检查总成上装配标记，必要时重做记号	
2.拆传动轴总成		（3）拆下后传动轴与主减速器凸缘相连的螺栓，拆下后传动轴总成 （4）拆下前传动轴与驻车制动鼓连接螺母，拆下中间支承支架与车架横梁的连接螺栓，取下前传动轴总成	
3.分解主传动轴	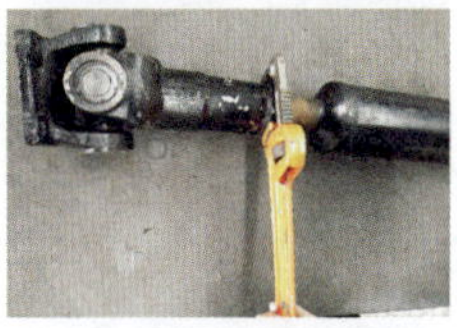	（5）分解滑动叉：用管子钳拧开滑动叉油封盖	
	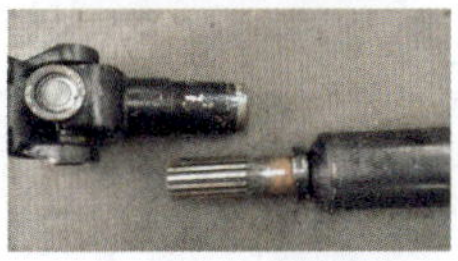	（6）注意装配记号，把花键轴从滑动叉中抽出来，取下油封、油封垫和油封盖	
4.分解万向节		（1）用卡钳取出凸缘叉孔内卡环 注意：拆卡簧之前，需要用铜棒敲击轴承底部，使卡簧松动；再用平口螺丝刀配合卡簧钳操作	
		（2）手托传动轴一端，用手锤敲击凸缘叉外侧，将滚针轴承及轴承座振出，如图所示 （3）将传动轴转过180°，用同样方法将凸缘叉上另一滚针轴承振出，并将凸缘叉取下	
	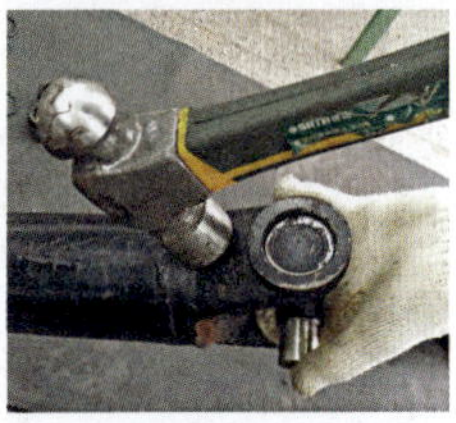	（4）如图所示，左手抓住十字轴，将传动轴一端抬起，右手用手锤敲击凸缘叉耳根部，将滚针轴承、轴承座及十字轴振出来 （5）将传动轴转过180°，用同样方法将凸缘叉上另一滚针轴承振出，并将十字轴取下	

续表

作业内容	图解	具体操作方法及要求	完成确认
4.分解万向节	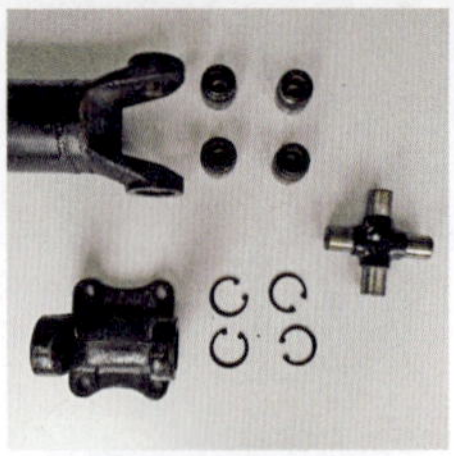	（6）分解后的万向十字节零件图	
5.分解中间支承		（1）中间支承凸缘拆卸 拨下开口销，旋下槽形螺母，取下垫圈 用手锤轻敲凸缘背面边缘，松动后把凸缘从中间轴花键轴上拨出来	
	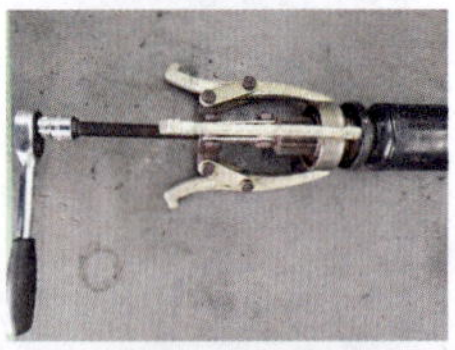	（2）拆卸中间支承轴承 取下中间支承轴承橡胶垫环及前油封 用三角拉马拉下圆柱滚珠轴承。取下后油封	
	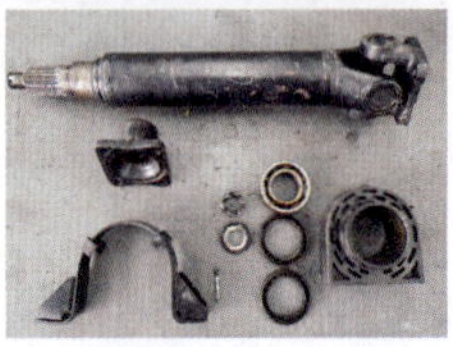	（3）中间支承分解后零件图	

（二）万向传动装置的检修

作业内容	图解	具体操作方法及要求	完成确认
1.万向节检修	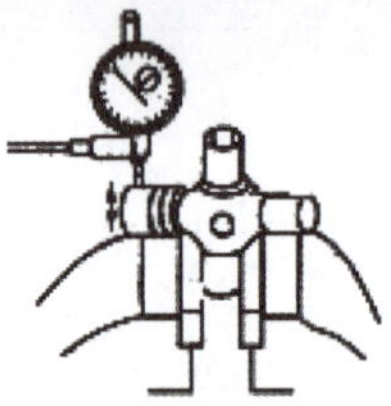	（1）检查十字轴轴颈表面 （2）检查滚针轴承 （3）检查万向节十字轴与滚针轴承的配合间隙	
2.传动轴弯曲度检查		用百分表测量轴管外圆的径向跳动	
3.检查滑动花键	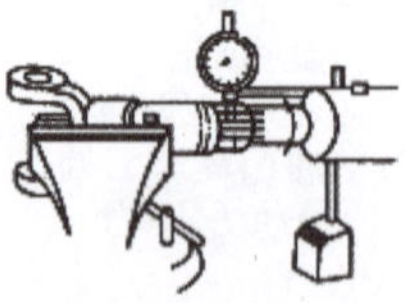	（1）检查花键齿磨损度及有无横向裂纹 （2）检查滑动花键配合副的配合侧隙	
4.检查中间支承轴承		（1）检查轴承的径向间隙 （2）检查轴承的轴向间隙	

（三）万向传动装置的装配

作业内容	图解	具体操作方法及要求	完成确认
1.安装十字轴承		（1）用铜棒敲入滚针轴承，至卡簧槽露出	
		（2）用拇指的力推动卡簧后部，卡簧钳夹紧，装入卡簧 （3）确定卡簧一定要进入卡簧槽底部 （4）用同法装复其他滚针轴承	
2.安装主传动轴		（1）套入滑动叉花键，注意装配记号	
	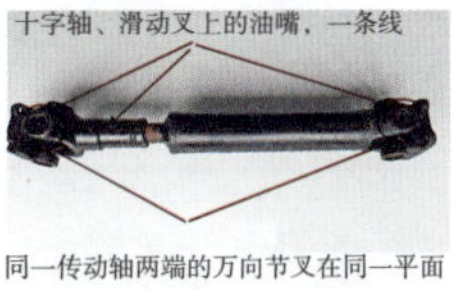 十字轴、滑动叉上的油嘴，一条线 同一传动轴两端的万向节叉在同一平面	（2）组装完毕的主传动轴 注意：为了便于维护时加注润滑脂，装配时，油嘴在一条线上 为了保证其等速性，注意滑动叉的装配记号，或者需保证同一传动轴两端的万向节叉在同一平面	
3.安装中间支承轴承		（1）压入中间支承轴承 （2）装上中间支承轴承座及橡胶垫环、前油封 注意：润滑油油嘴朝向后方	
		（3）安装凸缘叉及固定螺母 （4）插上开口销	
	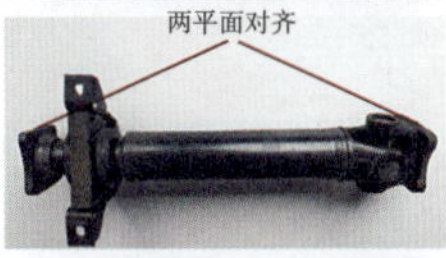 两平面对齐	（5）组装完毕的中间传动轴 注意：凸缘的安装需要对准记号或者本凸缘的平面与中间传动轴前端凸缘平面对齐	
4.传动轴装车		按从前向后的次序： （1）首先安装中间传动轴前部与变速的连接 （2）安装中间支承	
		（3）安装主传动轴前部与中间传动轴的连接 （4）连接 注意：所有部位的连接螺栓均为传动轴专用螺栓，不得用普通螺栓替代 四个螺栓的连接方向应该一致 所有连接螺栓必须按照规定的力矩拧紧	

任务评价表

评价内容	赋分	序号	具体指标	分值	得分		
					自评	组评	师评
仪容仪表	15	1	工作服、鞋、胸卡穿戴整洁	5			
		2	发型、指甲等符合工作要求	5			
		3	不佩戴首饰、钥匙、手表等	5			
教学过程	60	4	十字轴式万向传动装置拆卸	15			
		5	十字轴式万向传动装置检查	10			
		6	十字轴式万向传动装置安装	15			
		7	操作完成情况	10			
		8	学生回答问题情况	10			
职业素养	25	9	出勤情况	10			
		10	服从安排，积极参加组内活动	5			
		11	认真执行 5S 工作	10			
			综合得分	100			

1. 刚性十字轴式万向传动装置在拆卸中有哪些注意事项？
2. 刚性十字轴式万向传动装置在装配中有哪些注意事项？
3. 简述十字轴式万向节的检查内容及方法。
4. 简述传动轴及滑动叉的检查内容及方法。
5. 简述传动轴中间支承轴承及支架的检查内容及方法。

任务三　球笼式万向传动装置的拆装与检修

知识目标：
1. 了解球笼式万向传动装置技术状况变差的原因。
2. 掌握球笼式万向传动装置拆装的方法。
3. 掌握球笼式万向传动装置装配注意点。

能力目标：
1. 识记球笼式万向传动装置的元器件。
2. 能熟练进行球笼式万向传动装置拆装。

情感目标：
1. 鼓励学生积极参与教学活动，使学生获得成功的体验，建立和增强学生学习专业知识的信心。
2. 引导学生学会倾听、主动交流、相互合作、尊重他人，掌握科学的学习方法和养成良好的学习习惯。

球笼式万向传动装置通常装备在发动机前置前驱的轿车上。其等速性及安全性要求高，这需要在装配过程中严格按照工艺规范。本任务通过拆装对球笼式万向传动装置的元器件进行认知，并能识记。能熟练正确地进行球笼式万向传动装置拆装。

一、准等速万向节

准等速万向节是根据双万向节实现等速传动的原理而设计的，常见的有双联式、三销轴式、三叉销式等。

1. 双联式万向节

双联式万向节，其两个十字轴万向节相连，中间传动轴长度缩减至最小。允许所联两轴夹角较大（可达50°），轴承密封性好，效率高，工作可靠，制造方便。多用于越野汽车。但结构较复杂，外形尺寸较大，零件数目较多。其结构如图1-4-19、图1-4-20所示。

双联式万向节从结构上保证万向节在工作过程中，其传力点永远位于两轴交角的平分面上，如图1-4-21所示。

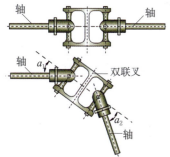 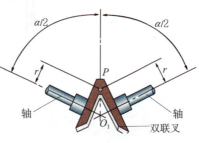

图1-4-19 双联式万向节示意图　　图1-4-20 双联式万向节结构图　　图1-4-21 双联式万向节原理图

2. 三销轴式万向节

三销轴式万向节是双联万向节演变而来的，两轴最大夹角可达45°，用于一些越野车的转向驱动桥。主、从动偏心轴叉分别与转向驱动桥的内、外半轴制成一体；叉孔中心与叉轴中心线互相垂直但不相交；两叉由两个三销轴连接；三销轴大端中心线与小端轴颈中心线重合；靠近大端两侧有两轴颈，其中心线与小端轴颈中心线垂直且相交。机构原理如图1-4-22所示。

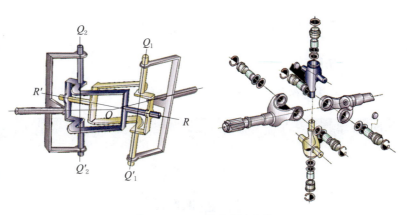

图1-4-22 三销轴式万向节

073

3. 三叉销式万向节

三叉销式等速万向节也称为三角式万向节，它主要由三叉销总成和外球座组成，如图1-4-23所示。外球座与带外花键的外半轴制成一体，其内表面制有三条曲面凹槽，形成滚轮的滚道。三叉销总成的中间花键孔与半轴花键配合，三个滚轮安装在三叉销的三个轴颈上，为减小磨损，在轴颈与滚轮之间装有滚针轴承，这样三个滚轮即可在外球座的滚道内轴向伸缩。三叉销式等速万向节结构简单，磨损小，而且可轴向伸缩，在轿车上广泛应用于内球笼。

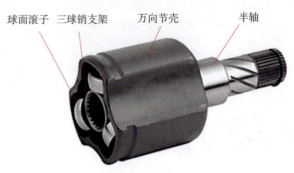

图1-4-23 三叉销式万向节

二、挠性万向节

挠性万向节通过弹性元件的弹性变形来保证相交两轴间传动时不发生机械干涉。挠性万向节一般用于两轴间夹角不大于3°～5°和只有微量轴向位移的万向传动场合，结构如图1-4-24所示。

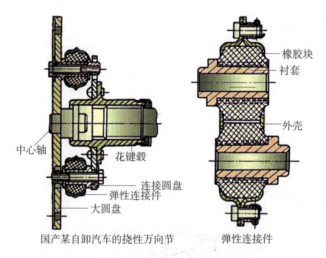

图1-4-24 橡胶金属套筒结构的挠性万向节

一、任务准备

（1）工作场景：实训工厂、球笼式万向传动装置整车。
（2）主要设备：工具车、工作台、世达工具。

二、实施步骤

（一）桑塔纳轿车传动轴总成的分解

球笼式万向传动装置的拆装与检修

作业内容	图解	具体操作方法及要求	完成确认
1.拆卸防尘罩		将传动轴夹在台虎钳上，拆下外万向节防尘套	

续表

作业内容	图解	具体操作方法及要求	完成确认
2.敲下外万向节		用铜锤或木槌用力敲击外万向节使之从传动轴上脱出	
3.取下外万向节		依次取下卡簧、隔套、锥形圈座、防尘套	
4.拆卸卡簧		拆卸内万向节卡簧	
5.敲下内万向节		用铜锤或木槌用力敲击内万向节使之从传动轴上脱出	
6.取下内万向节	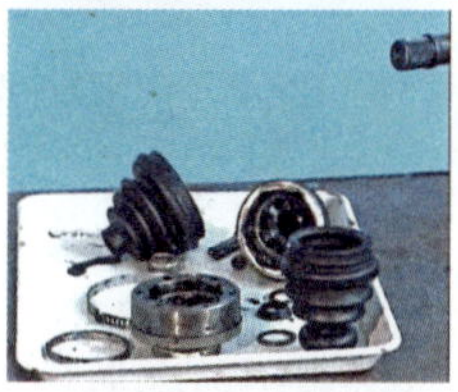	依次取下锥形圈座、防尘套	
7.解体外万向节		解体外万向节，旋转球笼与球毂，依次取下钢球 用力转动球笼与球毂，使其两个方孔与壳体垂直，将球笼和球毂一起取出 转动球毂至长方孔，从球笼中取出球毂	
8.解体内万向节	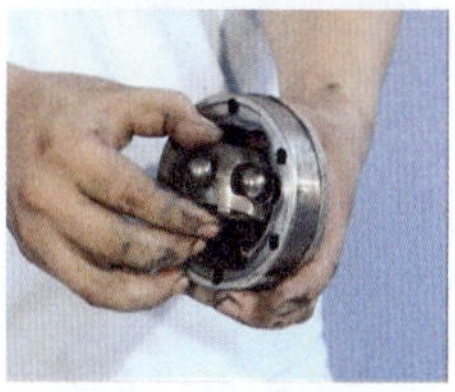	解体内万向节，转动内万向节球毂和球笼，使之与壳体垂直，然后将其一起取出球笼壳 压出球笼里钢球，并从球笼里取出球毂 球笼、球毂与球壳应成对放置，不得互换	

（二）桑塔纳传动轴总成的装配

作业内容	图解	具体操作方法及要求	完成确认
1.清洁、润滑		外万向安装：将专用润滑脂注入清洗干净的万节	

续表

作业内容	图解	具体操作方法及要求	完成确认
2.装配外万向节	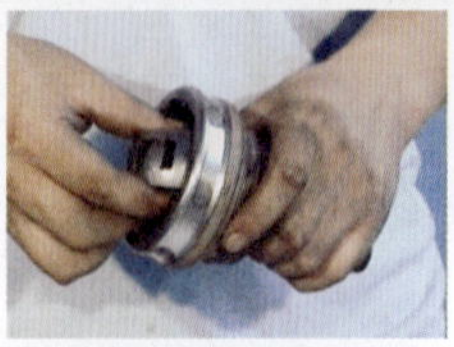	将球笼连同球毂一起装入球笼壳体 对角交替压入钢球,且保证球毂在球笼以及球笼壳内原先位置 来回推动球毂,检查装配是否正确,转动是否灵活	
3.装配内万向节	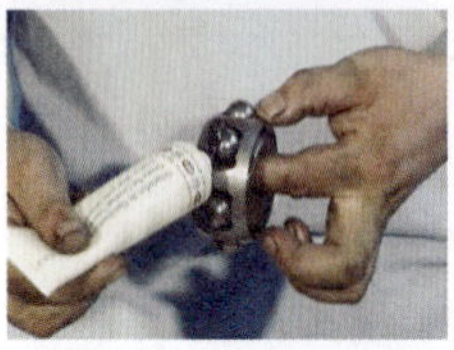	对准凹槽,将球毂装入球笼,将钢球嵌入球笼,并注入专用润滑脂 将球笼垂直装入壳体,旋转球笼,使球笼上的宽间隔对准球毂上的窄间隔	
4.将内万向节上装上传动轴		在传动轴上依次装入防尘套卡箍、防尘套、锥形垫圈、内万向节 用卡簧钳装入内万向节卡簧	
5.将内万向节上装上传动轴		在传动轴上依次装入防尘套卡箍、防尘套、卡簧、隔套、锥形垫圈、外万向节 传动轴总成组装完毕	

（三）桑塔纳轿车传动轴总成的拆卸与装车

作业内容	图解	具体操作方法及要求	完成确认
1.拆卸传动轴固定螺母		在车轮着地的情况下拆下外万向节与轮毂间的紧固螺母	
2.拆卸内万向节连接		举起车子,均匀拧松内万向节与半轴凸缘的连接螺栓	
3.拆卸下摆臂		在下摆臂与摆臂球头之间做好装配记号 拧下连接螺母 向下撬压前悬挂摆臂,使摆臂与球头分离	
4.取下传动轴	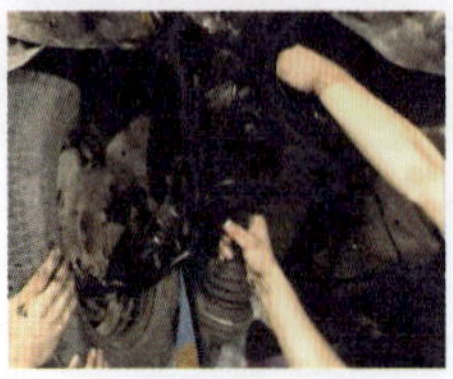	向外扳动车轮,由外向内取出传动轴总成	

续表

作业内容	图解	具体操作方法及要求	完成确认
5.安装传动轴		由内向外将传动轴装入轮毂	
6.安装内万向节连接		安装好内万向节与半轴凸缘的连接螺栓	
7.装复下摆臂		按装配标记装复下摆臂 拧紧更换后的连接螺母 拧紧力矩为65N·m	
8.拧紧传动轴螺母		在车轮着地的情况下,拧紧传动轴螺母,拧紧力矩为230N·m	
9.检查防尘罩		转动车轮检查防尘罩的有无裂纹 挤压防尘罩,检查是否漏气 检查防尘罩内外卡箍应可靠	
10.转驱动轮检查	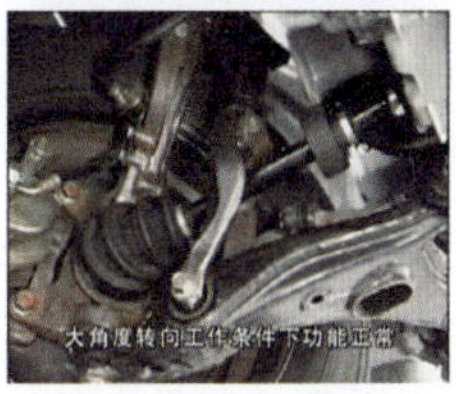	运转驱动轮并大角度转向,检查驱动轴内外万向节,应不松旷,无卡滞,无异响	

任务评价表

评价内容	赋分	序号	具体指标	分值	得分		
					自评	组评	师评
仪容仪表	15	1	工作服、鞋、胸卡穿戴整洁	5			
		2	发型、指甲等符合工作要求	5			
		3	不佩戴首饰、钥匙、手表等	5			

续表

评价内容	赋分	序号	具体指标	分值	得分		
					自评	组评	师评
教学过程	60	4	球笼式传动轴总成的分解	10			
		5	球笼式传动轴总成的装配	10			
		6	传动轴总成的拆卸与装车	15			
		7	操作完成情况	15			
		8	学生回答问题情况	10			
职业素养	25	9	出勤情况	10			
		10	服从安排，积极参加组内活动	5			
		11	认真执行6S工作	10			
			综合得分	100			

1. 什么是准等速万向节？常见的准等速万向节有哪些类型？
2. 简述桑塔纳2000Gsi轿车如何从车上拆下传动轴总成。

项目五 驱动桥

项目导入

汽车行驶时，驱动桥发出较大响声，声音特征和出现时机不同。有的响声随车速升高增大，有的响声在汽车起步或突然变速的瞬间明显，有的在汽车匀速行驶时响声明显，有的在汽车转弯过程中出现等。如何根据故障的特征对驱动桥的故障进行诊断与排除，这就需要对驱动桥的结构、原理及检修方法进行学习。

任务一 驱动桥结构认知

知识目标：
1. 了解汽车驱动桥的功用、组成和类型。
2. 熟悉驱动桥的动力传递路线。
3. 熟悉主减速器的功用、类型。
4. 熟悉差速器的功用、类型。
5. 熟悉半轴与桥壳的功用、类型。

能力目标：
1. 能描述汽车驱动桥的功用、组成和类型。
2. 能描述主减速器、差速器的功用、类型。

情感目标：
1. 激发、满足学生的求知欲和好奇心，培养学生学习的兴趣。
2. 鼓励学生积极参与教学活动，使学生获得成功的体验，建立和增强学生学习专业知识的信心。

对驱动桥的基本结构进行认知，并识记零部件名称。会区分各不同类型的驱动桥，分析驱动桥具体的工作过程，掌握动力传递路线。

一、驱动桥

1. 驱动桥的功用

驱动桥的功用是将万向传动装置输入的动力经降速增矩、改变动力传递方向后，分配到左右驱动轮，使汽车行驶，并允许左右驱动轮以不同的转速旋转。

2. 驱动桥的组成

驱动桥是传动系统的最后一个总成，它由主减速器、差速器、半轴和桥壳组成。

079

3. 驱动桥的类型

按悬架结构不同,驱动桥可分为整体式和断开式两种。

(1)整体式驱动桥。又称为非断开式驱动桥,如图1-5-1所示。整体式驱动挢的桥壳为一刚性的整体,驱动桥两端通过悬架与车架连接。

整体式驱动桥由驱动桥壳、主减速器、差速器、半轴和轮毂组成。从变速器或分动器经万向传动装置输入驱动桥的转矩首先传到主减速器,在此增大转矩并相应降低转速后,经差速器分配给左右两半轴,最后通过半轴外端的凸缘盘传至驱动车轮的轮毂。驱动桥壳由主减速器壳和半轴套管组成,轮毂借助轴承支承在半轴套管上。

(2)断开式驱动桥。如图1-5-2所示,主减速器固定在车架或车身上,两侧车轮分别通过各自的弹性元件、减振器和摆臂组成的悬架与车架相连。为适应车轮绕摆臂轴上下跳动的需要,差速器与轮毂之间的半轴两端用万向节连接。

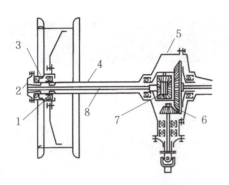

图1-5-1 整体式驱动桥结构示意图
1-轴承;2-凸缘;3-轮毂;4-半轴套管;
5-减速器壳;6-主减速器;7-差速器;8-半轴

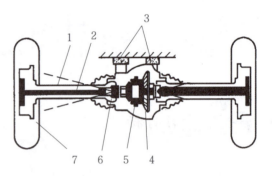

图1-5-2 断开式驱动桥结构示意图
1-桥壳;2-半轴;3-支架;4-主减速器;
5-差速器;6-万向节;7-驱动轮

二、主减速器

1. 主减速器的功用

主减速器的功用是使输入转矩增大、转速降低,并将动力传递方向改变后(发动机横置的除外)再传给差速器。

2. 主减速器的类型

根据不同的使用要求,主减速器的结构形式也有所不同,但都是由齿轮机构、支承调整装置和主减速器壳构成,其主要类型如表1-5-1所示。

表1-5-1 主减速器的类型

分类方式	类 型
按参加减速传动的齿轮副数目分	单级主减速器
	双级主减速器(若将双级式主减速器的第二级齿轮传动设置在两侧驱动轮处,称为轮边主减速器)
按主减速器传动速比个数分	单速主减速器(只有一个固定的传动比)
	双速主减速器(有两个传动比)
按齿轮副结构形式分	圆柱齿轮(又可分为定轴轮系式和行星轮系式)主减速器
	圆锥齿轮(又可分为螺旋锥齿轮式和双曲面锥齿轮式)主减速器

(1)单级主减速器。桑塔纳轿车单级主减速器的结构,如图1-5-3所示。其主减速器装于变速器壳体内,变速器的输出轴即为主减速器主动轴。

主动锥齿轮轴前、后通过圆柱滚子轴承和双列圆锥滚子轴承支承。其轴向间隙由变速器轴承座与轴承盖之间的垫片来调整。从动锥齿轮压装于差速器壳体上，并用螺栓固定，与差速器壳一起通过轴承由变速器壳体的侧盖支承。轴承预紧度通过轴承与侧盖之间的垫片调整。主动锥齿轮轴的轴承预紧度无需调整，齿轮啮合的调整通过垫片进行，即增减垫片厚度，使主、从动锥齿轮轴向移动。

（2）双级主减速器。当主减速器需要有较大的传动比时，若采用单级主减速器，将造成从动锥齿轮直径过大。这不仅降低了从动锥齿轮的刚度，而且难以保证足够的最小离地间隙，这时则需要采用由两对齿轮传动的双级主减速器。

解放 CA1092 型汽车双级主减速器，如图 1-5-4 所示。第一级为锥齿轮传动，主动锥齿轮和轴制成一体，采用悬臂式支承，从动锥齿轮铆接在中间轴的凸缘上。第二级为圆柱齿轮传动，主动圆柱齿轮与中间轴制成一体，中间轴两端通过圆锥滚子轴承支承在主减速器壳上，从动圆柱齿轮用螺栓紧固在差速器壳上。

主动锥齿轮轴承的预紧度，可通过增减调整垫片 8 的厚度来调整。中间轴圆锥滚子轴承的预紧度可通过改变调整垫片 6 和 13 的总厚度来调整。支承差速器壳的圆锥滚子轴承预紧度靠拧动调整螺母 3 来调整。锥齿轮的啮合调整，通过增减调整垫片 7、6、13 共同完成。增加调整垫片 7 的厚度，主动锥齿轮则沿轴向离开从动锥齿轮；反之靠近。减少调整垫片 6，并将这些卸下来的垫片加到调整垫片 13 上，则从动锥齿轮右移；反之左移。第二级圆柱齿轮传动的啮合不可调。但可拧动调整螺母使从动圆柱齿轮略做轴向移动，以保证与主动圆柱齿轮的全齿宽啮合。注意：一端调整螺母的拧入圈数应等于另一端调整螺母的退出圈数。

（3）轮边减速器。在重型汽车、大型客车和越野汽车上，既要求有较大的传动比，又要求有较大的离地间隙，因而除了驱动桥中央的单级主减速器之外，同时在两侧驱动轮上设置了轮边减速器。

三、差速器

1. 差速器功用与分类

差速器的功用是将主减速器传来的动力传给左、右两半轴，并在必要时允许左、右半轴以不同的转速旋转，以满足两侧驱动轮差速的需要，如图 1-5-5 所示。差速器按其工作特性可分为普通差速器和防滑差速器两大类。

2. 普通差速器

（1）东风 EQ1092 型汽车采用的普通行星齿轮式差速器，如图 1-5-6 所示。它由差速器壳、行星齿轮、

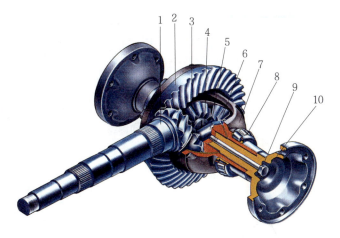

图 1-5-3　桑塔纳轿车单级主减速器

1- 变速器从动轴（含主动圆锥齿轮）；2- 从动圆锥齿轮；3- 差速器侧齿轮；4- 防转螺母；5- 行星齿轮轴；6- 行星齿轮；7- 差速器壳；8- 圆锥滚子轴承；9- 凸缘轴螺栓；10- 凸缘轴

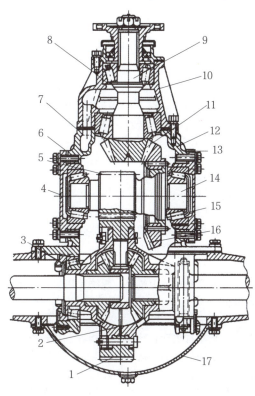

图 1-5-4　解放 CA1092 型汽车双级主减速器

1- 第二级从动圆锥齿轮；2- 差速器壳；3- 调整螺母；4,15- 轴承盖；5- 第二级主动圆柱齿轮；6~8、13- 调整垫片；9- 第一级主动齿轮轴；10- 轴承座；11- 第一级主动圆锥齿轮；12- 主减速器壳；14- 中间轴；16- 第一级从动锥齿轮；17- 后盖

半轴齿轮、行星齿轮轴（十字轴）、行星齿轮球面垫片和半轴齿轮推力垫片组成。左右差速器壳用螺栓连接在一起，主减速器从动锥齿轮用螺栓固定在差速器壳的凸缘上。行星齿轮轴的4个轴颈在由左右差速器壳相应凹槽组成的十字形孔中，每个轴颈上松套着行星齿轮。两个半轴齿轮与4个行星齿轮同时啮合。半轴齿轮以其轴颈支承在差速器壳相应的孔中，并以内花键与半轴连接。行星齿轮的背面和差速器壳相应位置的内表面，均做成球面，保证行星齿轮的对中，以利于与半轴齿轮正确啮合。行星齿轮和半轴齿轮的背面装有软钢制成的减磨垫片。使用过程中，由摩擦引起的磨损主要发生在垫片上。改变垫片的厚度可以调整行星齿轮与半轴齿轮的啮合间隙

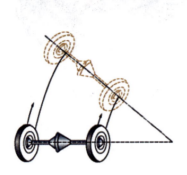

图 1-5-5　差速器的作用

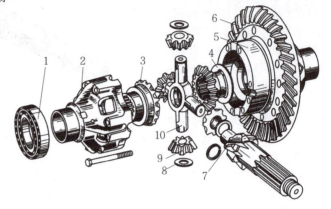

图 1-5-6　东风 EQ1092 型汽车行星齿轮式差速器

1-轴承；2-差速器壳；3-半轴齿轮；4-半轴齿轮推力垫片；5-差速器壳；6-主减速器从动锥齿轮；7-主减速器主动锥齿轮；8-行星齿轮球面垫片；9-行星齿轮；10-行星齿轮轴（十字轴）

从万向传动装置传来的动力自主减速器从动锥齿轮依次经差速器壳、行星齿轮轴、行星齿轮、半轴齿轮、半轴输送到驱动车轮。

（2）对于中型以下的货车或轿车，因传递的转矩较小，故可用两个行星齿轮，相应的行星齿轮轴为一根直轴。桑塔纳轿车差速器的结构，如图 1-5-7 所示。差速器壳为一整体框架结构，行星齿轮轴装入差速器壳后用止动销定位，半轴齿轮背面也制成球面，其背面的推力垫片与行星齿轮背面的推力垫片制成一个整体，称为复合式推力垫片，螺纹套用来紧固半轴齿轮。

上述普通行星齿轮式差速器具有如下特点：无论左右驱动轮转速是否相等，其转矩基本上是平均分配的。这种特性对于汽车在好路面上行驶是有利的。但汽车在坏路面上行驶时却严重影响了其通过能力。例如，当汽车的一个驱动轮处于泥泞路面或冰雪路面时，会因附着力小而原地滑转。而在好路面上的另一驱动轮却静止不动。这是因为附着力小的路面只能对驱动车轮作用一个很小的反作用力矩，虽然另一驱动轮的附着力较大，但分配的驱动转矩只能与滑转的驱动轮上很小的驱动转矩相等，以至于汽车总的牵引力不足，汽车不能行驶。

图 1-5-7　桑塔纳轿车差速器

1,7-差速器侧齿轮；2,6-防转螺母；3-弹性锁销；4-行星齿轮；5-行星齿轮轴；8-球形垫圈；9-从动圆锥齿轮；10,13-圆锥滚子轴承；11-差速器壳；12-螺栓；14-里程表主动齿轮；15-里程表主动齿轮衬套

3. 防滑差速器

为了提高汽车通过坏路面的能力，可采用防滑差速器。当汽车某一侧驱动轮发生滑转时，差速器的差速作用即被锁止，并将大部分或全部转矩分配给未滑转的驱动轮，充分利用未滑转车轮与地面之间的附着力，以产生足够的牵引力。

四、半轴与桥壳

1. 半轴

半轴的功用是将差速器传来的动力传给驱动车轮。根据半轴支承形式的不同，主要有全浮式半轴和半浮式半轴两种。

（1）全浮式半轴。全浮式半轴的结构，如图1-5-8所示。半轴内端通过花键与半轴齿轮啮合，并通过差速器壳支承在主减速器壳的座孔中。半轴外端制有半轴凸缘，通过螺栓与轮毂固定在一起，轮毂通过两个圆锥滚子轴承支承在半轴套管上。

汽车行驶时，半轴只传递转矩，不承受其他任何力和力矩。这也是称之为全浮式半轴的原因。

（2）半浮式半轴。半浮式半轴的结构，如图1-5-9所示。半轴内端通过花键与半轴齿轮啮合，并通过差速器壳支承在主减速器壳的座孔中。半轴外端通过轴承直接支承在桥壳内，车轮轮毂通过键直接固定于半轴外端。

汽车行驶时，半轴内端只传递转矩，半轴外端除传递转矩外，还要承受路面作用于车轮的各种反力和力矩。所以称之为半浮式半轴。

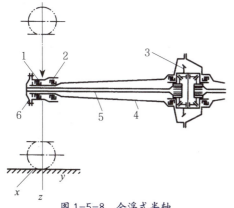

图1-5-8　全浮式半轴

1-轮毂；2-轴承；3-主减速器从动锥齿轮；
4-桥壳；5-半轴；6-半轴凸缘

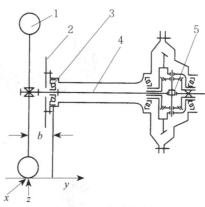

图1-5-9　半浮式半轴

1-车轮；2-轴承盖；3-支架；
4-主减速器；5-差速器

2. 桥壳

驱动桥壳的功用是支承并保护主减速器、差速器和半轴等，使左右驱动车轮的轴向相对位置固定；同从动桥一起支承车架及其上的各总成质量；汽车行驶时，承受由车轮传来的路面反作用力和力矩，并经悬架传给车架。驱动桥壳可分为整体式桥壳和分段式桥壳两种。

（1）整体式桥壳。如图1-5-10所示，它由空心梁、半轴套管、主减速器壳及后盖等组成。

壳体中部有一环行通孔，前端用来安装主减速器及差速器总成，后端用来检视主减速器、差速器的工作情况，后盖用螺钉装于后端面上，后盖上装有检查油面用的螺塞。壳体两端压入半轴套管，并用止动销限位。半轴套管外端轴颈用来安装轮毂轴承，最外端还制有螺纹，用来安装轮毂轴承调整螺母。

这种整体式桥壳具有较大的强度和刚度，且便于主减速器的拆装和调整，适用于中型以上货车。

（2）分段式桥壳。如图1-5-11所示，分段式桥壳一般分为两段，两段之间用螺栓连接。它主要由主减速器壳、盖及半轴套管组成。

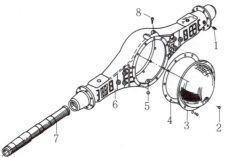

图1-5-10　整体式桥壳

1-止动销；2-加油孔螺塞；3-后盖；4-垫圈；
5-放油螺塞；6-壳体；7-半轴套管；8-通气孔

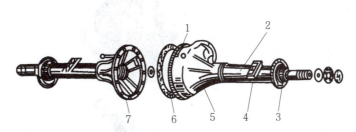

图1-5-11　分段式桥壳

1-加油孔；2-半轴套管；3-凸缘盘；4-弹簧座；5-壳体；6-垫片；7-盖

一、任务准备

（1）工作场景：实训工厂、驱动桥。
（2）主要设备：工具车、工作台、世达工具。

二、实施步骤

作业内容	图解	具体操作方法及要求	完成确认
1.非断开式驱动桥		能正确识别驱动桥，了解汽车驱动桥的功用、组成、类型和动力传动路线 非断开式驱动桥认知	
2.断开式驱动桥	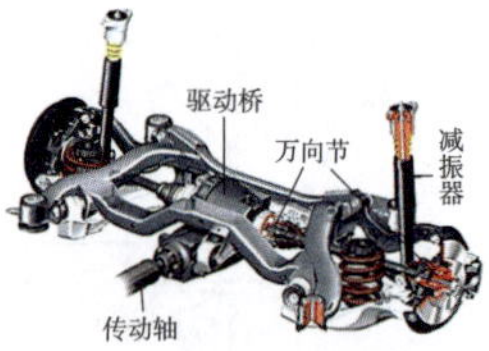	奥迪A4轿车的断开式后驱动桥认知	
3.半轴		能正确识别半轴，了解半轴的功用、组成和类型	
4.单级主减速器、差速器总成		能正确识别单级主减速器，了解主减速器的功用、组成和类型	
5.双级主减速器、差速器总成		能正确识别双级主减速器，了解主减速器的功用、组成和类型	
6.差速器		能正确识别差速器，了解差速器的功用、组成和类型	
7.桥壳		能正确识别桥壳，了解桥壳的功用、组成和类型	

任务评价表

评价内容	赋分	序号	具体指标	分值	得分		
					自评	组评	师评
仪容仪表	15	1	工作服、鞋、胸卡穿戴整洁	5			
		2	发型、指甲等符合工作要求	5			
		3	不佩戴首饰、钥匙、手表等	5			
教学过程	60	4	驱动桥总体结构认知	10			
		5	主减速器、差速器总体结构认知	10			
		6	半轴、驱动桥壳总体结构认知	10			
		7	操作完成情况	15			
		8	学生回答问题情况	15			
职业素养	25	9	出勤情况	10			
		10	服从安排，积极参加组内活动	5			
		11	认真执行6S工作	10			
			综合得分	100			

1. 驱动桥的功用是什么？它有哪几部分组成？
2. 驱动桥有哪几种常见类型？简述其结构特点。
3. 主减速器的功用是什么？它有哪几种常见类型？
4. 差速器的功用是什么？它有哪几种常见类型？
5. 半轴的功用是什么？它有哪几种常见类型？
6. 桥壳的功用是什么？它有哪几种常见类型？

任务二　主减速器的拆装与检修

知识目标：
1. 掌握驱动桥、主减速器的拆装方法。
2. 掌握主减速器的调整方法。

能力目标：
1. 学会正确使用工具和设备。
2. 掌握驱动桥、主减速器的拆卸、检验、装配及调整。

情感目标：
1. 鼓励学生积极参与教学活动，使学生获得成功的体验，建立和增强学生学习专业知识的信心。
2. 引导学生学会倾听、主动交流、相互合作、尊重他人，掌握科学的学习方法和养成良好的学习习惯。

能正确使用工具、量具，掌握驱动桥、主减速器的拆卸、检验、装配；能够对主减速器的轴承预紧度、啮合印痕进行检查与调整。

汽车行驶时，驱动桥的受力情况十分复杂。各传递动力的零件，由于接近最终传动，其所受的各种应力远远大于传动系统的其他部位。后轮驱动的汽车，其驱动桥壳要承受相当一部分的载重量，故在汽车维护和检修时，应对驱动桥进行有针对性的作业。

一、驱动桥的拆装

1. 后桥的拆卸

（1）将车辆停放周正，前轮放好三角挡块。放出后桥主传动器壳内的齿轮油。
（2）把车的后方顶起，用支架支承在车架的下方，位置在后钢板弹簧前方。
（3）卸下后车轮、制动毂、半轴。
（4）使后制动管路与前面的制动管路分离。
（5）松开制动器底板，并用铁丝把它吊挂在车架下方。
（6）对于装有减振器的车，要把减振器卸下，用行走式千斤顶支起桥壳。
（7）拆掉传动轴后万向节叉和主减速器上的万向节凸缘叉的螺栓，使它们分离，然后卸下传动轴。
（8）卸下后钢板弹簧的U形螺栓，一边左右摇晃，一边向后拉出后桥。
（9）独立悬挂的结构形式，也可采用和一般结构形式大体相同的方法拆下。
（10）大型载货汽车和大型客车的结构虽然各有不同之处，但是拆卸的要领大体相同。

2. 差速器总成的拆卸

（1）对于全浮式半轴，卸下半轴螺栓之后，就能抽出半轴。此时，如果抽不动时，可用两个螺栓拧入半轴凸缘上的拆卸半轴的专用螺孔中，用螺栓把半轴顶出。采用这种方法可以很容易地抽出半轴；抽出两侧半轴后，差速器总成可以从后桥壳中整体拆下。
（2）对于半浮式半轴，利用轮毂螺栓，装上滑动锤装，然后操作滑动锤，用它的冲击力，把半轴从轴管中拔出。抽出左右半轴后，差速器总成可以从后桥壳中整体拆下。
（3）对发动机前置前轮驱动的轿车，主减速器差速器在变速器壳体内，需首先拆卸左右半轴的连接螺栓，然后将变速器整体拆下，再拆卸主减速器、差速器总成。

二、主减速器的调整

减速器装配中的调整包括主、从动圆锥齿轮轴承预紧度的调整（含差速器轴承预紧度的调整）；主、从动圆锥齿轮啮合印痕和啮合间隙的调整等项目。主减速器的调整品质是决定主减速器圆锥齿轮副使用寿命的关键。

1. 轴承预紧度的调整

主减速器主、从动圆锥齿轮的支承对其能否正常工作至关重要。其原因在于，一是主动齿轮采用圆锥齿轮，而圆锥齿轮在传动中对啮合的精度要求很高；二是主减速器圆锥齿轮副在工作中会有如图1-5-12所示的轴向力。

当主动圆锥齿轮沿 A 方向旋转并带动从动圆锥齿轮转动时，自身会受到一个向前的推力。当车辆滑行时，主动圆锥齿轮又会受到一个向后的拉力。装配时先给轴承一定的预紧度，形成相当的预紧应力，这有利于加强主动圆锥齿轮的刚度，提高齿轮在工作中的自动定心能力，抑制齿轮的径向抖动和轴向窜动，保护润滑油膜，从而提高圆锥齿轮副的啮合精度，保证啮合间隙。通过改善圆锥齿轮副的啮合精度，减轻齿轮工作面的磨损和传动噪声，可以延长圆锥齿轮副的使用寿命。

2. 主动圆锥齿轮轴承预紧度的调整

主动圆锥齿轮轴承预紧度的调整方法有两种，如图 1-5-13 和图 1-5-14 所示。

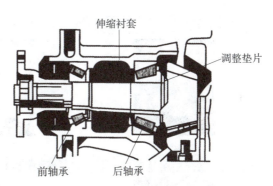

图 1-5-12　圆锥齿轮副的轴向力

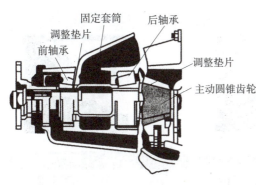

图 1-5-13　主动圆锥齿轮轴承预紧度的调整方法之一　　图 1-5-14　主动圆锥齿轮轴承预紧度的调整方法之二

（1）第一种方法，是在前轴承内圈下加减调整垫片，当按规定拧紧万向节凸缘螺母时，垫片越薄，轴承内外圈压得越紧，即预紧度越大。国产汽车主动圆锥齿轮轴承预紧度多数采用这种方法进行调整，如解放 CA1091 和东风 EQ1090 型汽车。

此种方法的调整是否符合要求，可用测量传动凸缘盘的力矩来判断。如解放 CA1091 型汽车，在不装前轴承油封的状态下，用 196 ~ 294N·m 的力矩拧紧凸缘盘螺母，转动凸缘盘的力矩应在 1.4 ~ 3.4N·m 之间，若力矩大于标准值，说明轴承的预紧度过大，应增加调整垫片的厚度。

（2）第二种方法，是用一个弹性隔套来调整主动圆锥齿轮轴承的预紧度。装配时，在前后轴承内圈之间放置一个可压缩的弹性薄壁隔套，按规定力矩拧紧凸缘盘固定螺母时，隔套产生弹性变形，其张力自动适应对轴承预紧度的要求。但采用这种方法因隔套的弹性衰退，每次都必须换用新的隔套，轿车的主减速器大多采用这种方法。北京切诺基采用此种结构，其装配要求是：装入长度已预选好的隔套和前轴承内圈后，装入油封（因隔套不可重复使用，新套上紧后也不能松开）后，装入万向节凸缘，用 258 N·m 的力矩拧紧固定螺母。拧紧后用手转动主动圆锥齿轮应能转动自如，用测力扳手转动主动圆锥齿轮轴，其力矩应为 1 ~ 2 N·m。在主动圆锥齿轮轴转动的过程中，力矩不应发生明显的变化，否则说明存在异常阻力，应查明原因加以消除。

3. 从动圆锥齿轮轴承预紧度的调整

从动圆锥齿轮轴承预紧度的调整因驱动桥的结构不同分为两种。

（1）单级主减速器，其从动圆锥齿轮固定在差速器壳上，从动圆锥齿轮轴承就是差速器轴承，调整从动圆锥齿轮轴承预紧度就是调整差速器轴承的预紧度。

差速器轴承两侧都有调整螺母。装配时，将差速器轴承外圈套在轴承上，将差速器总成装入差速器壳内，将两侧调整螺母装在座孔内的螺纹部分（螺纹一定要对好），然后将两侧轴承盖对好螺纹后装复（左右两轴承盖不得互换），装好锁片用螺栓紧固轴承盖。

调整轴承预紧度时（图 1-5-15）慢慢转动两侧调整螺母，同时慢慢转动差速器总成，使滚柱处于正确位置。正确的预紧度可用转动差速器总成的力矩来衡量。如东风 EQ1090 型汽车，用 0.98 ~ 3.4 N·m 的力矩应能灵活转

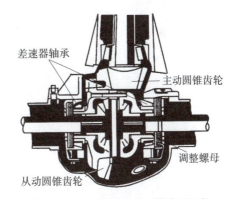

图 1-5-15　差速器轴承预紧度的调整

动差速器总成。预紧度调整后，应将调整螺母用锁片锁住。

（2）双级主减速器，从动圆锥齿轮与二级减速的主动圆柱齿轮固定在同一根轴上，两端用轴承支撑在主减速器壳上。轴承预紧度的调整可选择适当厚度的调整垫片，安装在主减速器壳与轴承盖之间。

有些汽车采用分开式后桥，其从动圆锥齿轮轴承预紧度可通过轴承与差速器壳之间的垫片厚度来进行。增加垫片的厚度，轴承的预紧度增加。

4. 主、从动圆锥齿轮啮合印迹与齿侧间隙的调整

主、从动圆锥齿轮应沿齿长的方向接触，其位置控制在轮齿的中部偏向小端，离小端端部2～7mm，接触痕迹的长度不小于齿长的50%，齿高方向的接触印痕应不小于齿高的50%，一般应距齿顶0.80～1.60mm，齿侧间隙为0.15～0.50mm，但每一对锥齿轮啮合副其啮合间隙的变动量不得大于0.15mm。正确及非正确的啮合印迹，如图1-5-16所示。

从动圆锥齿轮凸面啮合印迹		
理想状态	偏小头极限位置	偏大头极限位置
从动圆锥齿轮凹面啮合印迹		
理想状态	偏小头极限位置	偏大头极限位置

图 1-5-16 从动圆锥齿轮啮合印迹

如果主、从动圆锥齿轮的啮合状况和齿侧间隙不符合要求时，应按表1-5-2所示的方法进行调整，这种方法可简化为如下口诀：大进小、小出从；顶进主、退出主。这种方法调整时，要注意保证齿侧间隙不得小于最小值。

表1-5-2 圆锥齿轮副啮合印迹的调整方法

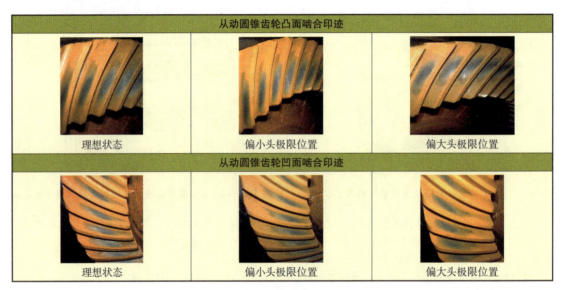

从动齿轮面接触区		调整方法	齿轮移动方向
前驱	倒车		
		将从动齿轮向主动齿轮移近，若这时齿隙过小，则将主动齿轮向外移开	
		将从动齿轮自主动齿轮移开，若这时齿隙过大，则将主动齿轮移近	
		将主动齿轮向从动齿轮移近，若这时齿隙过小，则将从动齿轮移开	
		将主动齿轮自从动齿轮移开，若这时齿隙过大，则将从动齿轮移近	

实现齿轮位移的具体方法与车辆的结构有关。

（1）主动圆锥齿轮的移动：整体式主减速器，可用增加或减小后轴承内圈与主动圆锥齿轮之间的垫片来实现主动圆锥齿轮的轴向移动。

对于组合式主减速器，其主动圆锥齿轮安装在单独的轴承座中，增减轴承座与主减速器壳之间的垫片，可使轴承座连同主动圆锥齿轮的轴向位置发生变化。

（2）从动圆锥齿轮的移动：对单级主减速器，从动圆锥齿轮轴承就是差速器的轴承，将轴承两侧的调整螺母按左进右退或左退右进的原则转动相等的圈数，就可以在不改变轴承预紧度的前提之下，改变从动圆锥齿轮的轴向位置。

对于双级主减速器，在保持两侧轴承盖下垫片总厚度不变的前提下，将左右轴承盖下垫片数目重新分配，便可以在不改变轴承预紧度的前提下移动从动圆锥齿轮的位置。

5. 调整原则

（1）先调整轴承的预紧度，再调整啮合印痕，最后调整啮合间隙。

（2）主、从动圆锥齿轮轴承的预紧度必须按原厂规定的数据和方法进行调整和检查，在主减速器调整过程中，轴承的预紧度不得变更，始终都应符合原厂的规定值。

（3）在保护啮合印痕合格的前提下调整啮合间隙。啮合印痕、啮合间隙和啮合间隙的变化量都必须符合技术条件，否则成对更换齿轮副。

（4）注意零件的原始装配位置、加强零件装配前和装配过程中的检验。

任务实施

一、任务准备

（1）工作场景：实训工厂、驱动桥。

（2）主要设备：工具车、工作台、世达工具。

二、实施步骤

（一）后驱动桥主减速器、差速器总成的拆装

作业内容	图解	具体操作方法及要求	完成确认
1.拆传动轴		拆卸传动轴与差速器凸缘的连接螺栓，卸下传动轴	
2.排放齿轮油		排放驱动桥壳中齿轮油	
3.拆卸半轴螺母		拆卸左、右半轴固定螺母	

主减速器的拆装与检修

续表

作业内容	图解	具体操作方法及要求	完成确认
4.取出半轴		用专门的顶拔螺栓顶拔出半轴，取出左、右半轴	
5.主减速器总成固定螺母	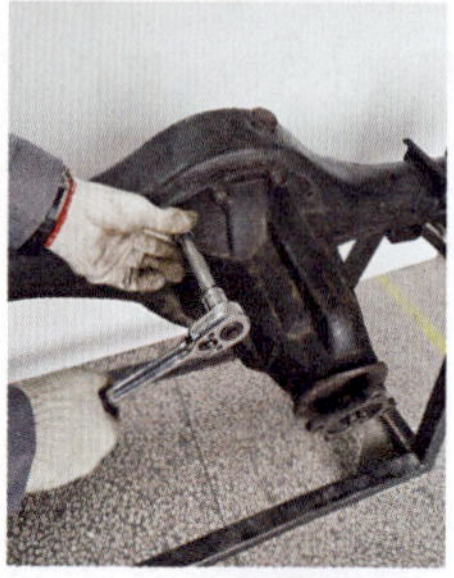	从桥壳上拆下主减速器壳体固定螺母	
6.取下主减速器、差速器总成		取下主减速器、差速器总成	
7.主减速、差速器总成安装		（1）清洁主减速器和车桥壳体的配合面，并在车桥壳体上安装新的衬垫 （2）在后桥壳中装入主减速器、差速器总成，并按规定力矩拧紧主减速器壳体固定螺母 （3）清洁半轴端面及轮毂端面，并更换新半轴衬垫 （4）安装半轴，并按规定力矩拧紧半轴固定螺母	

（二）桑塔纳前驱动桥主减速器、差速器总成的拆装

作业内容	图解	具体操作方法及要求	完成确认
1.拆凸缘轴螺栓		拆下左、右半轴齿轮凸缘轴的连接螺栓	
2.取下凸缘轴		取下左、右凸缘轴	
3.拆卸轴承盖		均匀拧松并拆下主减速器轴承盖连接螺栓，取下轴承盖	

续表

作业内容	图解	具体操作方法及要求	完成确认
4. 取车主减速器、差速器总成	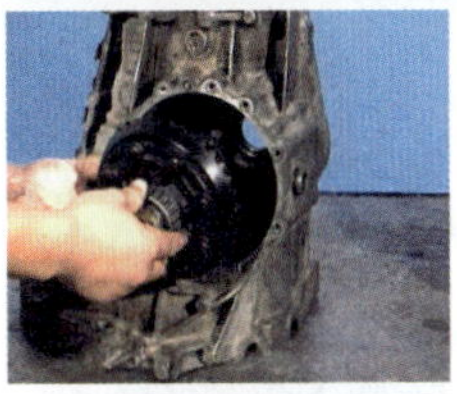	从壳体内取出主减速器及差速器总成	
5. 安装主减速器、差速器总成		（1）清洁主减速器轴承盖与变速器壳体的结合面 （2）将主减速器、差速器总成装入变速器壳体内，按规定力矩均匀拧紧轴承盖固定螺栓	

（三）主减速的检查调整

作业内容	图解	具体操作方法及要求	完成确认
1. 主动圆锥齿轮轴承预紧度		（1）检查主动圆锥齿轮轴承预紧度 （2）主动圆锥齿轮分解图，圈内为轴承内圈调整垫片 （3）调整轴承内圈调整垫片的厚度（片数） （4）装好外轴承、凸缘（油封座暂时不需安装），按规定力矩拧紧凸缘螺母，再次检查轴承预紧度。反复调整至规定值	
2. 从动圆锥齿轮轴承预紧度		（1）将差速器轴承外圈套在轴承上，将差速器总成装入差速器壳体内 （2）将两侧调整螺母装入座孔内，螺纹要对正 （3）将两侧轴承盖对好螺纹后装复，并紧固（两侧轴承盖不得互换） （4）如图所示，调整从动圆锥齿轮轴承预紧度 （5）调整完毕，将轴承盖按规定力矩拧紧，装上锁片	
3. 主、从动圆锥齿轮啮合印痕		（1）正确的啮合印痕，如图所示 （2）主、从动圆锥齿轮的啮合印痕、啮合间隙不符合要求，是通过轴向移动主动圆锥齿轮、从动圆锥齿轮的位置来实现的 转动差速器两端的调整螺母，调整从动圆锥齿轮的轴向位置（注意：一端旋出多少，另一端必须旋入多少，保证从动圆锥齿轮的轴承预紧度不变）	

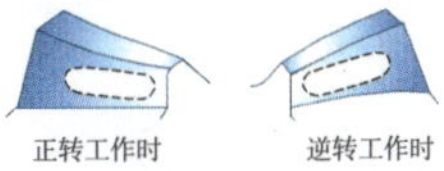

续表

笔记

作业内容	图解	具体操作方法及要求	完成确认
3. 主、从动圆锥齿轮啮合印痕		增减主动圆锥齿轮轴承座与差速器壳体间调整垫片的厚度，以此调整主动圆锥齿轮的轴向位置 根据图1-5-16的要求，反复调整，直至啮合印痕符合要求	
4. 主、从动圆锥齿轮啮合间隙		啮合印痕的调整与啮合间隙的调整联系紧密，相互关联。调整方法同上 在啮合印痕与啮合间隙不能兼顾时，优先考虑满足啮合印痕的要求	

任务评价表

评价内容	赋分	序号	具体指标	分值	得分		
					自评	组评	师评
仪容仪表	15	1	工作服、鞋、胸卡穿戴整洁	5			
		2	发型、指甲等符合工作要求	5			
		3	不佩戴首饰、钥匙、手表等	5			
教学过程	60	4	后驱动桥主减速器、差速器总成的拆装	15			
		5	桑塔纳前驱动桥主减速器、差速器总成的拆装	10			
		6	主减速的检查调整	15			
		7	操作完成情况	10			
		8	学生回答问题情况	10			
职业素养	25	9	出勤情况	10			
		10	服从安排，积极参加组内活动	5			
		11	认真执行5S工作	10			
			综合得分	100			

1. 主减速器有哪些检查调整项目？
2. 简述差速器轴承预紧度的检查调整方法。
3. 简述主、从动圆锥齿轮啮合印痕及齿侧间隙的检查调整方法。
4. 简述主减速器调整的原则。

任务三 差速器的拆装与检修

知识目标:
1. 掌握差速器总成的拆装步骤。
2. 掌握差速器零部件的检查方法。
3. 掌握差速器的工作原理。
4. 了解防滑差速器的结构原理。

能力目标:
1. 能正确使用工具。
2. 能熟练地对差速器进行检修。

情感目标:
1. 引导学生学会倾听、主动交流、相互合作、尊重他人,掌握科学的学习方法和养成良好的学习习惯。
2. 结合课程,培养学生正确的价值观,养成良好的道德素养。

能正确使用工具、量具等对差速器进行检修。掌握普通差速器工作原理,学会分析差速器具体的工作过程,了解防滑差速器的工作原理。

一、普通锥齿轮差速器的工作过程

1. 汽车直线行驶

当来自发动机的转矩通过传动轴传递到主动齿轮时,从动齿轮转动,使差速器壳体转动。当汽车在平直的道路上行驶时,两个驱动轮所受的阻力相等,行星齿轮不自转,而是与差速器壳体作为一个整体一起转动,半轴齿轮也与差速器壳体转动速度相同,从而使两个驱动轮以相同的速度转动。此时,汽车直线行驶,差速器不起作用,如图1-5-17所示。

2. 汽车转向行驶

当驱动轮由于汽车转向而以不同速度转动时,内轮遇到的道路阻力比外轮大,所以内轮比外轮转得慢。此时,差速器壳和行星齿轮作为一个单元转动,同时行星齿轮绕半轴齿轮转动。因此,外侧半轴上的半轴齿轮比内侧车轮半轴上的半轴齿轮转得快,外侧车轮比内侧车轮转得快,如图1-5-18所示。

由于道路不平引起的车轮以不同速度转动时,其工作过程与此相同。

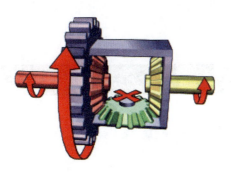

图1-5-17 直线行驶时的工作过程

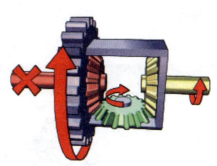

图1-5-18 差速状态下的工作过程

差速器

差速器工作原理

二、防滑差速器

差速器的转矩分配特性对于汽车在良好路面上行驶是完全可以的，但当汽车在坏路面行驶时，却会严重影响其通过能力。例如当汽车的一侧驱动车轮驶入泥泞路面，由于附着力很小而打滑时，即使另一车轮是在好路面上，汽车往往不能前进。这是因为对称式锥齿轮差速器平均分配转矩的特点，使在好路面上车轮分配到的转矩只能与传到另一侧打滑驱动轮上很小的转矩相等，以致使汽车总的牵引力不足以克服行驶阻力而不能前进。

为了提高汽车在坏路上的通过能力，可采用各种型式的防滑差速器。防滑差速器的共同特点是在一侧驱动轮打滑时，能使大部分甚至全部转矩传给不打滑的驱动轮，充分利用另一侧不打滑驱动轮的附着力而产生足够的牵引力，使汽车继续行驶。其工作情况图1-5-19所示。

常用的防滑差速器有：强制锁止式差速器、高摩擦自锁式差速器（有摩擦片式、滑块凸轮式等结构形式）、牙嵌式自由轮差速器和托森差速器等。

图1-5-19　防滑差速器

三、托森差速器

托森差速器的结构如图1-5-20所示。该差速器由差速器壳，左、右半轴蜗杆、蜗轮轴和蜗轮等组成。差速器壳与主减速器的被动齿轮相连。三对蜗轮通过蜗轮轴固定在差速器壳上，分别与左、右半轴蜗杆相啮合，每个蜗轮两端固定有直齿圆柱直齿轮。成对的蜗轮通过两端相互啮合的直齿圆柱齿轮发生联系。差速器外壳通过蜗轮轴带动蜗轮绕差速器半轴轴线转动，蜗轮再带动半轴蜗杆转动。

当汽车转向时，左、右半轴蜗杆出现转速差，通过成对蜗轮两端相互啮合的直齿圆柱齿轮相对转动，使一侧半轴蜗杆转速加快，另一侧半轴蜗杆转速下降，实现差速作用。转速比差速器壳快的半轴蜗杆受到三个蜗轮给予的与转动方向相反的附加转矩，转速比差速器壳慢的半轴蜗杆受到另外三个蜗轮给予的与转动方向相同的附加转矩，从而使转速低的半轴蜗杆比转速高的半轴蜗杆得到的驱动转矩大，即当一侧驱动轮打滑时，附着力大的驱动轮比附着力小的驱动轮得到的驱动转矩大。托森差速器又称蜗轮-蜗杆式差速器，其锁紧系数K为0.56，输出到两半轴的最大转矩之比K_b=3.5。

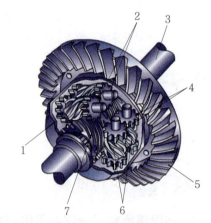

图1-5-20　托森差速器
1- 差速器壳；2- 直齿轮轴；3- 半轴；
4- 直齿轮；5- 主减速器被动齿轮；
6- 蜗伦；7- 蜗杆

一、任务准备

（1）工作场景：实训工厂、驱动桥。
（2）主要设备：工具车、工作台、世达工具。

二、实施步骤

（一）桑塔纳轿车差速器总成的分解

作业内容	图解	具体操作方法及要求	完成确认
1.取车主减速器、差速器总成		从壳体内取出主减速器及差速器总成	

续表

作业内容	图解	具体操作方法及要求	完成确认
2. 拆下差速器里程表传动齿及轴承		固定差速器壳总成，使用双臂拉器拆下里程表传动齿及差速器轴承	
3. 拆下差速器另一端轴承		用双臂拉器拆下另一端差速器轴承	
4. 拆卸从动圆锥齿轮		做好记号，均匀拧松从动圆锥齿轮固定螺栓	
5. 取下从动圆锥齿轮		检查记号，取下主动圆锥齿轮	
6. 拆卸轴销		用冲头冲出行星齿轮轴主销	
7. 拆卸行星齿轮轴		用铜棒冲出行星齿轮轴	
8. 取出行星齿轮、半轴齿轮		转动半轴齿轮，将行星齿轮从差速器壳中转出	
9. 取出止推垫片		取下半轴齿轮和复合式止推垫片	

笔 记

（二）桑塔纳轿车差速器总成的安装

作业内容	图解	具体操作方法及要求	完成确认
1. 清洁、检查、润滑		清洁、检查、润滑差速器各零件 将复合式止推垫片涂上齿轮油装入差速器壳体	
2. 安装左、右半轴齿轮	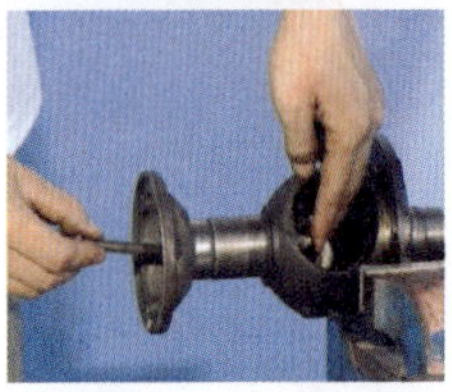	通过螺纹套和半轴安装左、右半轴齿轮	
3. 安装行星齿轮		将两个行星齿轮错开180°，并与半轴齿轮相啮合，转动半轴齿轮，使行星齿轮向内摆动装入壳体	
4. 安装行星齿轮轴		推入行星齿轮轴并用锁销锁止	
5. 安装从动圆锥齿轮		将从动锥齿轮按装配标记压装到差速器外壳上	
6. 拧紧从动圆锥齿轮		以70N·m的力拧紧从动圆锥齿轮连接螺栓	
7. 压入差速器轴承及里程表驱动齿		用专用工具将差速器轴承及里程表驱动齿压装到差速器外壳上	
8. 装入变速器壳体		将主减速器、差速器总成装入变速器壳体内，均匀拧紧轴承盖固定螺栓	

任务评价

任务评价表

评价内容	赋分	序号	具体指标	分值	得分		
					自评	组评	师评
仪容仪表	15	1	工作服、鞋、胸卡穿戴整洁	5			
		2	发型、指甲等符合工作要求	5			
		3	不佩戴首饰、钥匙、手表等	5			
教学过程	60	4	桑塔纳轿车差速器总成的分解	10			
		5	桑塔纳轿车差速器总成的检查	10			
		6	桑塔纳轿车差速器总成的安装	10			
		7	操作完成情况	15			
		8	学生回答问题情况	15			
职业素养	25	9	出勤情况	10			
		10	服从安排，积极参加组内活动	5			
		11	认真执行6S工作	10			
			综合得分	100			

1. 简述普通锥齿轮差速器的结构和工作原理。
2. 简述防滑差速器的结构和工作原理。

单元二　汽车行驶系统

汽车行驶系统的主要作用如下：
（1）支承汽车的总质量。
（2）接受由发动机经传动系统传来的转矩，并通过驱动轮与地面之间的附着作用产生驱动力，以保证整车正常行驶。
（3）传递并支承路面作用于车轮上的各种反力及其所形成的力矩。
（4）尽可能地缓和不平路面对车身造成的冲击和振动，保证汽车平顺行驶。
汽车行驶系统一般由车架、车桥、悬架和车轮组成。

1. 车架

车架是汽车的基体，一般由两根纵梁和几根横梁组成，由悬挂装置、前桥、后桥支承在车轮上，具有足够的强度和刚度以承受汽车的载荷和从车轮传来的冲击。早期汽车所使用的车架，大多都是由笼状的钢骨梁柱所构成的，也就是在两支平行的主梁上，以类似阶梯的方式加上许多左右相连的副梁制造而成。车体建构在车架之上，至于门、沙板、发动机盖、行李箱盖等钣件，则是另外再包覆于车体之外，因此，车体与车架其实是属于两个独立的构造。这种设计的最大好处在于轻量化与刚性同时兼顾。由于钢骨设计的车架必须通过许多接点来连接主梁和副梁，加之笼状构造也无法腾出较大的空间，因此除了制造上比较复杂、不利于大量生产之外，也不适合用在强调空间的四门房车上。随后单体结构的车架在车坛上成为主流，笼状的钢骨车架也逐渐由这种将车体与车架合二为一的单体车架所取代。

2. 车桥

车桥也称车轴，通过悬架和车架（或承载式车身）相连，两端安装汽车车轮。其功能是传递车架（或承载式车身）与车轮之间各方向的作用力。车桥可以是整体式的，像一个巨大的杠铃，两端通过悬架系统支撑着车身，因此，整体式车桥通常与非独立悬架配合；车桥也可以是断开式的，各自通过悬架系统支撑车身，所以断开式车桥与独立悬架配用。

3. 悬架

悬架是汽车的车架与车桥或车轮之间的一切传力连接装置的总称，其作用是传递作用在车轮和车架之间的力和力矩，并且缓冲由不平路面传给车架或车身的冲击力衰减由此引起的振动，以保证汽车能平顺地行驶。

4. 车轮

车轮与轮胎是汽车行驶系统中的重要部件，其主要功用：支持整车，缓和由路面传来的冲击力，通过轮胎同路面的附着作用来产生驱动力与制动力，保证汽车正常转向及保持直线行驶。车轮通常由两个主要部件（轮辋和轮辐）组成，轮辋是在车轮上安装和支承轮胎的部件，轮辐是在车轮上介于车轴和轮辋之间的支承部件。车轮除上述部件外，有时还包含轮毂。

项目一　车架与车桥

项目导入

汽车上有如此多的总成机构，这些机构总得有装配的基础，那就是所谓的车架。但是货车的车架很清晰，轿车的车架好像很难直观地观察到，其结构特点到底是怎样的呢？

任务一　车架结构认知

学习目标

知识目标：
1. 了解车架的基本功用。
2. 掌握不同类型车架的基本结构。

能力目标：
1. 能正确识别车架的结构形式。
2. 会分析车架各部分的作用。

情感目标：
1. 激发、满足学生的求知欲和好奇心，培养学生学习的兴趣。
2. 鼓励学生积极参与教学活动，使学生获得成功的体验，建立和增强学生学习专业知识的信心。

任务描述

通过实物或图片，能识别车架类型，会分析车架各部分的作用，了解车架功用，掌握不同类型车架的基本结构及应用场合。

知识链接

一、车架的功用及要求

汽车车架俗称"大梁"，是整个汽车的基体。其上装有发动机、变速器、传动轴、前后桥、车身等总成和部件。

车架的功用是支承、连接汽车的各总成，使各总成保持相对正确的位置；并承受汽车内外的各种载荷。车架的结构形式应满足以下要求：

（1）满足汽车总体布置的要求。汽车在复杂的行驶过程中，固定在车架上各总成和部件之间不应发生干涉。

（2）具有足够的强度与合适的刚度。

（3）结构简单，质量尽可能小。

（4）尽可能降低汽车的质心和获得较大的转向角，以保证汽车行驶时的稳定性和转向灵活性。

二、车架的类型与结构

现代汽车绝大多数都具有作为整车骨架的车架，其结构形式常见的有三种类型：边梁式车架、中梁式车架和承载式车身。

（1）边梁式车架由两根位于两边的纵梁和若干根横梁组成，用铆接法或焊接法将纵梁与横梁连接成坚固的刚性构架，如图2-1-1所示。

（2）中梁式车架主要由一根位于中央贯穿前后的纵梁和若干根横向悬伸托架组成，因此也称为脊骨式车架，如图2-1-2所示。

（3）承载式车身是部分轿车和大型客车没有专门的车架而是由车身兼起车架的作用，所有的载荷均由车身来承受，如图2-1-3所示。

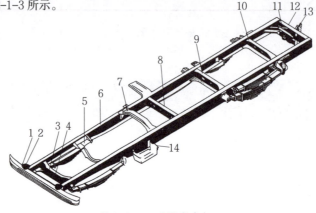

图2-1-1　边梁式车架

1- 保险杠；2- 挂钩；3- 前横梁；4- 发动机前悬置横梁；5- 发动机后悬置右（左）支架和横梁；
6- 纵梁；7- 驾驶室后悬置横梁；8- 第四横梁；9- 后钢板弹簧前支架横梁；10- 后钢板弹簧后支架横梁；
11- 角撑横梁组件；12- 后横梁；13- 拖钩部件；14- 蓄电池托架

图2-1-2　中梁式车架　　　　　　　　图2-1-3　承载式车身

任务实施

一、任务准备

（1）工作场景：实训工厂、车架。

（2）主要设备：部分实物或图片。

二、实施步骤

作业内容	图解	具体操作方法及要求	完成确认
典型车架识别之一		能正确识别货车及部分大型客车的车架（边梁式）。了解车架各部分的结构、作用及技术要求	
典型车架识别之二		能正确识别部分轿车的车身及车架（边梁式）。了解车架的结构、作用及技术要求	

续表

作业内容	图解	具体操作方法及要求	完成确认
典型车架识别之三		能正确识别部分轿车车架（X形）	
典型车架识别之四		能正确识别车架（中梁式），了解车架的结构、作用及技术要求	
典型车架识别之五		能正确识别车架（综合式），了解车架的结构、作用及技术要求	
典型车架识别之六		能正确识别部分轿车车架（承载式车身），了解车身的结构、作用及技术要求	
典型车架识别之七		能正确识别部分大客车车架（整体承载式车身），了解车身的结构、作用及技术要求	
典型车架识别之八		了解部分轿车车架（半承载式车身），了解车身的结构、作用及技术要求	

任务评价

任务评价表

评价内容	赋分	序号	具体指标	分值	得分 自评	得分 组评	得分 师评
仪容仪表	15	1	工作服、鞋、胸卡穿戴整洁	5			
		2	发型、指甲等符合工作要求	5			
		3	不佩戴首饰、钥匙、手表等	5			
教学过程	60	4	正确识别各型边梁式车架	10			
		5	正确识别各型中梁式车架	10			
		6	正确识别各型综合式车架	10			
		7	正确识别各型承载式车身	10			
		8	操作完成情况	10			
		9	学生回答问题情况	10			
职业素养	25	10	出勤情况	10			
		11	服从安排，积极参加组内活动	5			
		12	认真执行6S工作	10			
			综合得分	100			

1. 汽车行驶系统的功用是什么?
2. 汽车行驶系统是如何分类的?
3. 汽车行驶系统有哪些部件和总成组成? 各起什么作用?
4. 汽车车架的作用是什么? 其类型有哪些?
5. 汽车车架的结构形式应满足哪些要求?

任务二　车桥结构认知

知识目标:
1. 了解车桥的基本功用。
2. 掌握不同类型车桥的基本结构。
3. 了解车轮定位的概念及作用。

能力目标:
1. 能正确识别车桥的结构形式。
2. 会分析车桥各部分的作用。

情感目标:
1. 引导学生学会倾听、主动交流、相互合作、尊重他人, 掌握科学的学习方法和养成良好的学习习惯。
2. 结合课程, 培养学生正确的价值观, 养成良好的道德素养。

通过实物或图片, 能识别车桥类型, 会分析车桥各部分的作用, 了解车桥功用, 掌握不同类型车桥的基本结构及应用场合。

一、车桥的功用

车桥（也称车轴）通过悬架与车架（或承载式车身）相连接, 两端安装汽车车轮。车架所承受的垂直载荷通过车桥传到车轮, 车轮上的滚动阻力、驱动力、制动力和侧向力及其弯矩、转矩又通过车桥传递给悬架和车架, 故车桥的作用是传递车架与车轮之间的各向作用力及其所产生的弯矩和转矩。

二、车桥的分类

按悬架结构不同, 车桥分为整体式和断开式两种。整体式车桥的中部是刚性实心或空心梁, 与非独立悬架配用；断开式车桥为活动关节式结构，与独立悬架配用。

按车桥上车轮的作用不同，车桥分为转向桥（图 2-1-4）、驱动桥、转向驱动桥（图 2-1-5）、支持桥 4 种类型，其中转向桥和支持桥都属于从动桥。

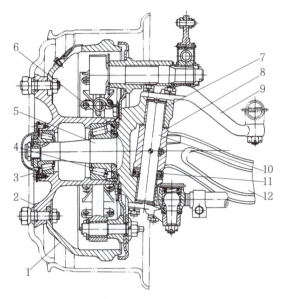

图 2-1-4 转向桥

1- 制动鼓；2- 轮毂；3,4- 圆锥滚子轴承；5- 转向节；6- 油封；7- 衬套；8- 调整垫片；9- 转向节臂；10- 主销；11- 推力滚子轴承；12- 前梁

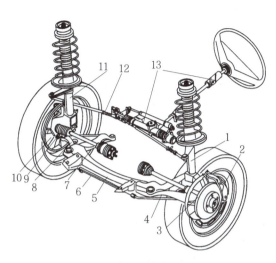

图 2-1-5 桑塔纳轿车转向驱动桥

1,11- 悬架；2- 前轮制动器总成；3- 制动盘；4,8- 下摇臂；5- 副车架；6- 横向稳定杆；7- 传动轴总成；9- 球形头；10- 车轮轴承壳；12- 横拉杆；13- 转向装置总成

三、车轮定位

为了保证汽车直线行驶的稳定性和操纵的轻便性，减少轮胎和其他机件的磨损，转向车轮、转向节和前轴三者与车架的安装应保持一定的相对位置关系，这种安装位置关系称为转向车轮定位，也称前轮定位。

1. 主销后倾

主销安装在前轴上，其上端略向后倾斜，这种现象称为主销后倾，如图 2-1-6 所示。在垂直于汽车支承平面的纵向平面内，主销轴线与汽车支承平面垂线之间的夹角叫主销后倾角。主销后倾角的作用主要为了保持汽车直线行驶的稳定性，并在汽车转向时能使前轮自动回正。

2. 主销内倾

主销安装在前轴上，其上端略向内倾斜，这种现象称为主销内倾，如图 2-1-7 所示。在垂直于汽车支承平面的横向平面内，主销轴线与汽车支承平面垂线之间的夹角称为主销内倾角。主销内倾的作用是使转向轮自动回正，并使转向操纵轻便。

主销后倾和主销内倾都具有使车轮自动回正及保证汽车直线行驶稳定性的作用，但其区别在于：主销后倾角的回正作用随着车速的增大而增大，而主销内倾的回正作用几乎与车速无关。

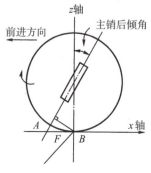

图 2-1-6 主销后倾角

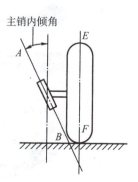

图 2-1-7 主销内倾角

3. 转向车轮外倾

转向车轮安装在转向节上时，其旋转平面上端向外倾斜，这种现象称为转向车轮外倾。车轮旋转平面与垂直于车辆支承面的纵向平面之间的夹角称为前轮外倾角，如图 2-1-8 所示。车轮外倾角的作用是提高车轮工作的安全性和转向操纵的轻便性。

4. 前轮前束

车轮安装在车桥上，两前车轮的中心平面不平行，其前端略向内侧倾斜，这种现象称为前轮前束。两前轮后端距离 A 大于前端距离 B，其差值 $A-B$ 称为前轮前束值，如图 2-1-9 所示。前轮前束的作用是消除因车轮外倾所造成的不良后果，保证车轮不向外滚动，防止车轮侧滑和减轻轮胎的磨损。

前轮前束值可以通过改变转向横拉杆的长度来调整。一般汽车前束值为 0～12mm。因为斜交轮胎的胎面和胎肩容易产生较大的变形，从而产生较大的外倾推力，所以，斜交轮胎采用的车轮前束值大于子午线轮胎所采用的车轮前束值。有些汽车前轮外倾角接近于零甚至为负值，故车轮前束值也采用零或负值。

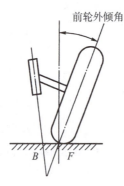
图 2-1-8　前轮外倾角

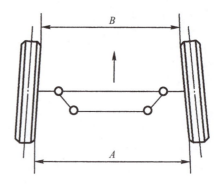
图 2-1-9　前轮前束

一、任务准备

（1）工作场景：实训工厂、车桥。
（2）主要设备：部分实物或图片。

二、实施步骤

作业内容	图解	具体操作方法及要求	完成确认
典型车桥识别之一		能正确识别货车驱动桥，了解车桥的结构、作用及技术要求	
典型车桥识别之二		能正确识别货车转向桥，了解车桥的结构、作用及技术要求	
典型车桥识别之三		能正确识别部分货车转向驱动桥，了解车桥的结构、作用及技术要求	
典型车桥识别之四		能正确识别轿车转向驱动桥，了解车桥的结构、作用及技术要求	

续表

作业内容	图解	具体操作方法及要求	完成确认
典型车桥识别之五		能正确识别部分轿车断开式后驱动桥，了解车桥的结构、作用及技术要求	
典型车桥识别之六		能正确识别部分轿车的后桥（支持桥），了解车桥的结构、作用及技术要求	

任务评价表

评价内容	赋分	序号	具体指标	分值	得分		
					自评	组评	师评
仪容仪表	15	1	工作服、鞋、胸卡穿戴整洁	5			
		2	发型、指甲等符合工作要求	5			
		3	不佩戴首饰、钥匙、手表等	5			
教学过程	60	4	正确识别各型转向桥	10			
		5	正确识别各型驱动桥	10			
		6	正确识别各型转向驱动桥	10			
		7	正确识别各型支持桥	10			
		8	操作完成情况	10			
		9	学生回答问题情况	10			
职业素养	25	10	出勤情况	10			
		11	服从安排，积极参加组内活动	5			
		12	认真执行6S工作	10			
综合得分				100			

1. 汽车车桥的作用是什么？其类型有哪些？
2. 汽车转向轮定位包含哪几个要素？

项目二　车轮与轮胎

项目导入

4s 店中来了一辆大众汽车，胎侧与路肩相撞鼓包了，车轮也擦伤了，幸好没有爆胎，否则非常危险。这就需要完成拆卸车轮，更换轮胎等一系列工作。车轮是汽车上重要的部件，关系到行车安全，正确的检查维修非常重要，我们先要了解车轮与轮胎的结构和常见的维修项目。

任务一　车轮与轮胎结构认知

学习目标

知识目标：
1. 了解车轮及轮胎的基本功用。
2. 掌握不同类型车轮及轮胎的基本结构。

能力目标：
1. 能识别各型号车轮、轮胎。
2. 会分析各型号车轮、轮胎的特点及应用。

情感目标：
1. 激发、满足学生的求知欲和好奇心，培养学生学习的兴趣。
2. 鼓励学生积极参与教学活动，使学生获得成功的体验，建立和增强学生学习专业知识的信心。

任务描述

通过实物或图片，能识别车轮、轮胎类型，会分析车轮、轮胎各部分的作用，了解车轮、轮胎功用，掌握不同类型车轮、轮胎的基本结构及应用场合。

知识链接

一、车轮的认知

汽车车轮总成如图 2-2-1 所示，主要由车轮和轮胎两大部分组成。

（一）车轮的功用

车轮是介于轮胎和车桥之间承受负荷的旋转组件，其功用是安装轮胎，承受轮胎与车桥之间的各种载荷。

（二）车轮的构造

车轮一般由轮毂、轮辐和轮辋组成，如图 2-2-2 所示。

1. 轮毂

轮毂用于连接车轮与车桥，通过圆锥滚子轴承装在车桥或转向节轴颈上。

图 2-2-1　车轮总成
1-轮胎；2-车轮；3-平衡片

2. 轮辐

轮辐用于将轮毂和轮辋连接起来。按轮辐的结构不同，车轮可以分为辐板式和辐条式，如图2-2-3和图2-2-4所示。

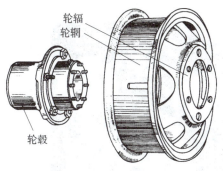
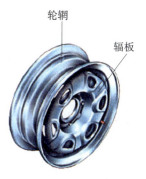

图2-2-2 车轮的组成　　图2-2-3 辐板式车轮　　图2-2-4 辐条式车轮

3. 轮辋

轮辋也叫钢圈，用于安装和固定轮胎。

轮辋是轮胎的装配基础，原则上每种轮胎只配用一种标准轮辋，必要时也可使用与标准轮辋相接近的容许轮辋。

按其结构不同，轮辋的常见结构形式有深槽式轮辋、平底式轮辋和对开式轮辋，如图2-2-5所示。

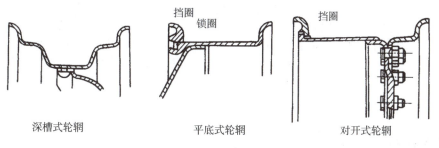

图2-2-5 轮辋的常见结构形式

国产轮辋规格用一组数字、字母和符号组合表示，分为几部分，各部分的含义及具体内容如下：

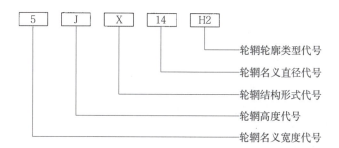

轮辋名义宽度代号：以数字表示，一般取小数点后两位，单位为英寸（in）。当以毫米（mm）表示时，要求轮胎与轮辋的单位一致。1in=25.4mm。

轮辋高度代号：用字母表示，常用代号及相应高度值见表2-2-1。

表2-2-1 轮辋的高度代号及高度值（单位：mm）

代号	C	D	E	F	G	H	J	K	L	P	R	S	T	V	W
尺寸	15.88	17.45	19.81	22.23	27.94	33.73	17.27	19.26	21.59	25.40	28.58	33.33	38.10	44.45	50.80

轮辋结构形式代号：用符号"×"表示一件式轮辋；用"—"表示多件式轮辋。一件式轮辋是指轮辋为整体式的，只有一件，而多件式轮辋由轮辋体、挡圈、锁圈等多个部件组成。

轮辋直径代号：以数字表示，单位为英寸。当以毫米表示时，要求轮胎与轮辋的单位一致。
轮辋轮廓类型代号：用几个字母表示，每个代号所表示的轮辋轮廓类型，如图2-2-6所示。
例：上海桑塔纳2000型轿车轮辋规格为5J×14，如图2-2-7所示，表示轮辋的名义宽度为5.0in，轮辋高度17.27mm，轮辋名义直径为14in，一件式，深槽轮辋。H2表示内外侧胎圈座均为采用圆峰设计。

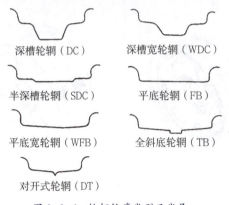

图2-2-6　轮辋轮廓类型及代号

图2-2-7　轮辋规格

4.合金车轮

与钢铁金属相比，合金可以提供出众的力量并且更加轻便。因此它便成了生产高品质车轮所需要的理想材料。实际上，现在世界级的跑车和高品质的车辆上均使用合金车轮。

当今高档车轮上使用的合金是铝、镁和一些其他元素的混合。在车轮生产中最普遍的铝的类型是356合金（也叫做T-6铝）。356合金中也或多或少包含了下列元素：钛、锌、镁、锰、铜、铁、硅等。

镁合金大约比铝合金要轻33%。有两种型号被普遍应用于车轮生产：AZ91E和ZE41A。

镁合金AZ91E和铝合金相比有低软化点和高扩张强度的特点。在压力或冲击下，它很快就会弯曲但是很快就会复原。它有非常好的耐热性，而且如果在合成时控制铜、锰、铁和镍的比例，被腐蚀的可能也会大大降低。

更加精炼和昂贵的是镁合金ZE41A。它拥有紧密的颗粒结构，且耐热度是AZ91E的两倍。这种合金使用的更加昂贵和稀有的材料如：铈、钛。

二、轮胎的认知

（一）轮胎的功用

轮胎是汽车直接与路面接触的重要部件，起到支承、缓冲、减振和提高附着性的作用。轮胎的状态和好坏直接影响到与路面的附着力、汽车的动力性、制动性和安全性，以及汽车行驶时的舒适性和平稳性。

（二）轮胎的类型

（1）按轮胎内空气压力的大小，轮胎分为高压胎（0.5～0.7MPa）、低压胎（0.2～0.5MPa）和超低压胎（0.2MPa以下）。

（2）按轮胎有无内胎，轮胎分为有内胎轮胎和无内胎轮胎（俗称真空胎）。

（3）按胎体帘布层结构的不同，轮胎分为斜交轮胎和子午线轮胎。

目前轿车上应用的轮胎主要是低压（或超低压）、无内胎的子午线轮胎。

（三）轮胎的构造

1.有内胎轮胎的构造

有内胎轮胎由外胎、内胎和垫带等组成，使用时安装在汽车车轮的轮辋上，如图2-2-8所示。

（1）垫带：垫带是一个环形的橡胶带，它垫在内胎与轮辋之间，以保护内胎不被轮辋和胎圈磨伤。

（2）内胎：内胎是一个环形的橡胶管，上面装有气门嘴，以便充入或排出空气，为使内胎在充气状态下不产生褶皱，其尺寸应稍小于外胎的内壁尺寸。

（3）外胎：外胎由胎面、帘布层、缓冲层和胎圈组成，如图2-2-9所示。

①胎面：胎面是轮胎的外表面，可分为胎冠、胎肩和胎侧三部分。

胎冠与路面直接接触，并产生附着力，使车辆行驶和制动。胎冠的外部是耐磨的橡胶，胎面上制有各种花纹，由于车轮使用环境不同，在胎面上制有的花纹也不同。

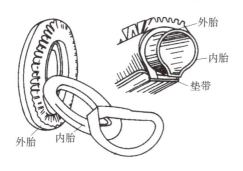

图 2-2-8 有内胎轮胎

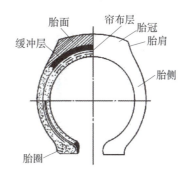

图 2-2-9 外胎的结构

胎肩是较厚的胎冠和较薄的胎侧间的过渡部分，一般也制有各种花纹，以提高该部位的散热性能。

胎侧又称胎壁，它由数层橡胶构成，覆盖轮胎两侧，保护内胎免受外部损坏。胎侧上标有厂家名称、轮胎尺寸及其他资料。

② 帘布层：帘布层是外胎的骨架，主要用于承受载荷，保持外胎的形状和尺寸，并使其具有足够的强度。帘布层通常由成双数的多层帘布用橡胶贴合而成，相邻层的帘线交叉排列。帘线可以是棉线、人造丝、尼龙和钢丝。按照帘布层帘线排列方式的不同，外胎可以分为斜交轮胎和子午线轮胎，如图 2-2-10 所示。

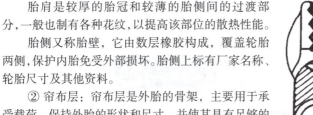

图 2-2-10 外胎的结构形式

斜交轮胎的帘布层和缓冲层各相邻层帘线交叉排列，各帘布层与胎冠中心线成 35°～40° 的交角，因而叫斜交轮胎。子午线轮胎的胎体帘布层与胎面中心线呈 90° 或接近 90° 角排列，帘线分布如地球的子午线，因而称为子午线轮胎。

子午线胎与斜交轮胎相比较具有行驶里程长、滚动阻力小、节约燃料、承载能力大、减振性能好、附着性能好、不易爆胎等优势，目前在汽车上应用广泛。

③ 缓冲层：缓冲层夹在胎面和帘布层之间，由两层或数层较稀疏的帘布和橡胶制成，弹性较大。其作用是加强胎面与帘布层之间的结合，防止汽车紧急制动时胎面与帘布层脱离，并缓和汽车行驶时所受到的路面冲击。

④ 胎圈：胎圈由钢丝圈、帘布层包边和胎圈包布组成，有很大的刚度和强度，可以使外胎牢固地安装在轮辋上。

2. 无内胎轮胎的构造

无内胎轮胎俗称真空胎，在外观上与普通轮胎相似，但是没有内胎及垫带。它的气门嘴用橡胶垫圈和螺母直接固定在轮辋上，空气直接充入外胎中，其密封性由外胎和轮辋来保证，如图 2-2-11 所示。

无内胎轮胎的内壁有一层橡胶密封层，有的在该层下面还有一层自粘层，能自行将刺穿的孔粘合。在胎圈外侧也有一层橡胶密封层，用以加强胎圈与轮辋之间的气密性。无内胎轮胎一旦被刺

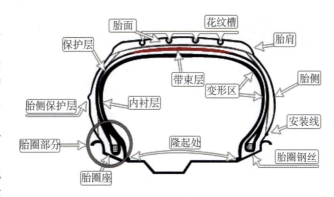

图 2-2-11 无内胎充气轮胎

破，穿孔不会扩大，故漏气缓慢，胎压不会急剧下降，仍能继续行驶一定距离，可消除爆胎的危险。

（四）轮胎的规格

轮胎的尺寸标注如图 2-2-12 所示。

轮胎的规格号模压在轮胎的侧壁上，以表示该轮胎的主要参数、结构以及所能承受的最大载荷和所能行驶的最高车速等信息。

1. 低压轮胎的规格

低压轮胎的规格用 B-d 表示，其中 B 表示轮胎断面宽度，"-" 表示低压轮胎，d 表示轮辋直径，单

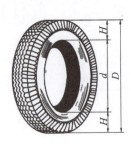

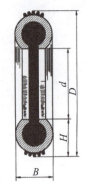

位均为 in（1in=25.4mm）。

例：9.00-20

"9.00"表示轮胎断面宽度为9.00in，"-"表示低压轮胎，"20"表示轮辋直径为20in。

2. 子午线轮胎的规格

子午线轮胎用 B Rd 表示，"R"表示子午线轮胎。国产轿车子午线轮胎断面宽 B 已全部改用公制单位 mm；载货汽车轮胎断面宽 B 有英制单位（in）和公制单位两种。而轮辋直径 d 的单位仍为英制单位（in）。

例：9.00R20

"9.00"表示轮胎断面宽度为9.00in，"R"表示子午线轮胎，"20"表示轮辋直径为20in。

图 2-2-12 轮胎的尺寸标注
D- 轮胎外径；d- 轮胎内径或轮辋直径；
B- 轮胎宽度；H- 轮胎高度

随着轮胎的扁平化，仅用断面宽度 B 和轮辋直径 d 已不能完全表示轮胎的规格，所以在子午线轮胎表达方法的基础上，又增添了许多新的内容。

以上海桑塔纳2000GSi轿车轮胎的规格 195/60 R 14 86 H 为例进行说明，如图 2-2-13 所示。

① 195 表示轮胎宽度 195mm。
② 60 表示扁平比为 60%。
③ R 表示子午线轮胎。
④ 14 表示轮胎内径 14in。
⑤ 86 表示荷重等级，即最大载荷质量，荷重等级为 85 的轮胎的最大载荷质量为 515kg。常见的荷重等级及对应的最大载荷质量见表 2-2-2。
⑥ H 表示速度等级，表明轮胎能行驶的最高车速，速度等级为 H 的轮胎的最高车速为 210km/h。常见的速度等级及对应的最高车速见表 2-2-3。

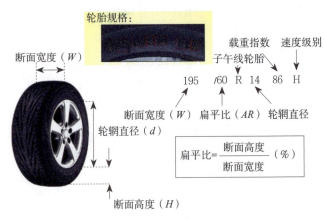

图 2-2-13 轮胎规格

表 2-2-2 荷重等级及对应的最大载荷质量

荷重等级	最大载荷质量 /kg	荷重等级	最大载荷质量 /kg	荷重等级	最大载荷质量 /kg	荷重等级	最大载荷质量 /kg	荷重等级	最大载荷质量 /kg	荷重等级	最大载荷质量 /kg
70	335	76	400	82	475	88	560	94	670		
71	345	77	412	83	487	89	580	95	690		
72	355	78	425	84	500	90	600	96	710		
73	365	79	437	85	515	91	615	97	730		
74	375	80	450	86	530	92	630	98	750		
75	387	81	462	87	545	93	650	99	775		

表 2-2-3 速度等级及对应的最高车速

速度等级	最高车速 /(km/h)	速度等级	最高车速 /(km/h)	速度等级	最高车速 /(km/h)	速度等级	最高车速 /(km/h)	速度等级	最高车速 /(km/h)
L	120	P	150	S	180	H	210	W	270 以下
M	130	Q	160	T	190	V	240	Y	300 以下
N	140	R	170	U	200	Z	240 以上		

另外，在轮胎规格前加"P"表示轿车轮胎，在胎侧标有"Reinforced"表示经强化处理，"Radial"表示子午线胎，"Tubeless"（或TL）表示无内胎（真空胎），"M + S"（Mud and Snow）表示适于泥地和雪地，"→"表示轮胎旋向，不可装反，如图2-2-14所示。

图 2-2-14　单导向标识

一、任务准备

（1）工作场景：实训工厂、车轮、轮胎。
（2）主要设备：部分实物或图片。

二、实施步骤

（一）车轮的认知

作业内容	图解	具体操作方法及要求	完成确认
典型车轮识别之一		能正确识别车轮（辐板式），了解车轮的结构、作用及技术要求	
典型车轮识别之二		能正确识别车轮（辐条式），了解车轮的结构、作用及技术要求	
典型车轮识别之三		能正确识别车轮（合金材质），了解车轮的结构、作用及技术要求	
典型车轮识别之四		能正确识别车轮（钢铁材质），了解车轮的结构、作用及技术要求	

111

续表

作业内容	图解	具体操作方法及要求	完成确认
典型车轮识别之五	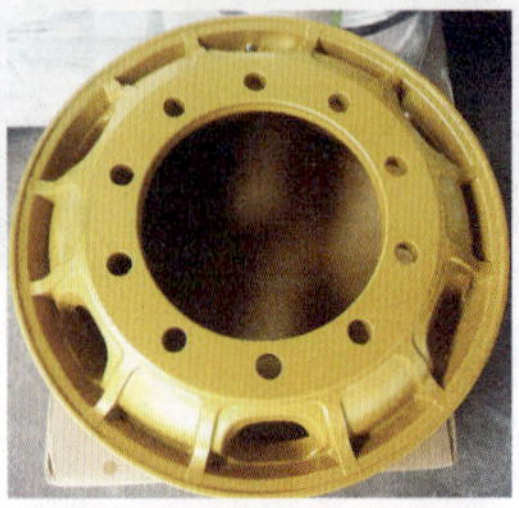	能正确识别车轮（货车、合金材质），了解车轮的结构、作用及技术要求	
典型车轮识别之六		能正确识别车轮（货车，钢铁材质、非一件式），了解车轮的结构、作用及技术要求	

（二）轮胎的认知

作业内容	图解	具体操作方法及要求	完成确认
典型轮胎识别之一		能正确识别轮胎（轿车轮胎），了解轮胎的结构、作用及技术要求	
典型轮胎识别之二		能正确识别轮胎（普通轿车轮胎），了解轮胎的结构、作用及技术要求	
典型轮胎识别之三		能正确识别轮胎（货车轮胎），了解轮胎的结构、作用及技术要求	
典型轮胎识别之四		能正确识别轮胎（全钢丝子午线轮胎），了解轮胎的结构、作用及技术要求	
典型轮胎识别之五		能正确识别轮胎（赛车轮胎），了解轮胎的结构、作用及技术要求	

续表

作业内容	图解	具体操作方法及要求	完成确认
典型轮胎识别之六		能正确识别轮胎（蜂巢轮胎），了解轮胎的结构、作用及技术要求	
典型轮胎识别之七		能正确识别轮胎（不同花纹的轮胎），了解轮胎的结构、作用及技术要求	

任务评价表

评价内容	赋分	序号	具体指标	分值	得分 自评	组评	师评
仪容仪表	15	1	工作服、鞋、胸卡穿戴整洁	5			
		2	发型、指甲等符合工作要求	5			
		3	不佩戴首饰、钥匙、手表等	5			
教学过程	60	4	车轮的认知	15			
		5	轮胎的认知	15			
		6	操作完成情况	15			
		7	学生回答问题情况	15			
职业素养	25	8	出勤情况	10			
		9	服从安排，积极参加组内活动	5			
		10	认真执行6S工作	10			
			综合得分	100			

1. 汽车车轮的功用是什么？它由哪几部分组成？
2. 国产轮辋的规格代号是如何规定的？
3. 汽车轮胎的功用是什么？轮胎的类型有哪些？
4. 汽车轮胎规格标记方法有哪些？
5. 子午线轮胎有何性能特点？
6. 有内胎轮胎由哪几部分组成？
7. 无内胎轮胎由哪几部分组成？

任务二　车轮和轮胎的拆装与检修

学习目标

知识目标：
1. 了解车轮和轮胎检修的内容。
2. 了解车轮和轮胎检修的方法。

能力目标：
1. 能正确完成车轮检修作业。
2. 能正确完成轮胎检修作业。

情感目标：
1. 鼓励学生积极参与教学活动，使学生获得成功的体验，建立和增强学生学习专业知识的信心。
2. 引导学生学会倾听、主动交流、相互合作、尊重他人，掌握科学的学习方法和养成良好的学习习惯。

任务描述

通过实物或图片，了解车轮和轮胎检修的内容；了解车轮和轮胎检修的方法，能检修轮胎和车轮。

知识链接

一、车轮的检修

（一）轮辋的检修

1. 轮辋变形的检验

平式轮辋边缘 20mm 内的圆跳动公差为 2.50mm。轿车深式轮辋中上的圆跳动公差与边缘附近的圆跳动公差为 2.00mm，变形后更换，以保证车轮滚动时的平稳性能并减轻轮胎的磨损。

平式轮辋的锁圈在自由状态下，对口重叠长度不得小于 45mm。否则说明锁圈的收缩弹性已经衰退，在轮胎气压作用下有崩脱的隐患，所以必须更换。严禁用压扁的方法增加对口重叠量。轮胎螺栓孔磨损大于 0.20mm 应进行修理或更换轮辋。

2. 轮辋组件的平衡

轿车的轮毂、轮辋、制动鼓组件的动不平衡量不得大于 400g·cm，车轮总成（包括轮胎）的动不平衡量应为 800～1000 g·cm。汽车大修或更换车轮总成中任一部件后均应重新进行动平衡检验，维护时粘补外胎也必须重新进行总成动平衡检验。拆装中，原平衡块不得拆除或移位。

（二）轮毂的检修

1. 轮毂轴承承孔磨损的检修

轮毂轴承承孔与轴承的配合过盈不得小于 0.009mm，轴承承孔磨损后可刷镀或喷焊修理。禁止铜焊修理，铜焊层硬度过低，修复后寿命过短，不但可靠性很低，也加大了修理费用。

2. 轮毂变形的检修

轮毂变形会引起车轮的不平衡，加大制动鼓的跳动误差，影响汽车的操纵性能和制动效能。轮毂变形后，以两轮毂轴承外座圈的锥面为基准，车削接合凸缘，凸缘的圆跳动公差为 0.15mm。

二、轮胎的检查

（一）胎面花纹要求

轮胎磨损过甚，花纹过浅，会成为重要的不安全因素。统计表明，轮胎全部问题的90%是发生在其寿命最后的10%的时间之内。过度磨损的轮胎，除容易爆破外，还会使汽车操纵稳定性变坏。汽车在雨中高速行驶时，由于不能把水全部从胎下排出，轮胎将会出现打滑现象，致使汽车失控。花纹越浅，水滑的倾向越严重，所以日常维护和各级维护时，应检查花纹深度。GB 7258—2017《机动车运行安全技术条件》规定，乘用车、摩托车和挂车轮胎胎冠上花纹深度应大于或等于1.6mm，其他机动车转向轮的胎冠花纹深度应大于或等于3.2mm；其余轮胎胎冠花纹深度应大于等于1.6mm。否则应停止使用。

（二）轮胎花纹深度的检查

轮胎花纹深度可用深度尺进行测量。

胎面磨耗标志位于胎面花纹沟底部，当胎面磨损到此处时，花纹沟断开，表明轮胎必须停止使用。为便于用户找到磨耗标志所在的位置，通常在磨耗标志对应的胎肩处标出"TWI"或者"△"等符号。这种磨耗标志按国家标准的规定，每只轮胎应沿周向等距离地设置不少于4处。

测量花纹深度，还可以知道轮胎成色和磨损速度是否正常。例如，若车上装用的新胎花纹深度是17mm，花纹磨损残留极限尺寸若为3mm，即花纹允许磨损约14mm。如果现在花纹已磨掉7mm，说明该胎的成色是1/2。若在该车使用条件下，轮胎行驶里程定额为70000km，可以算出，每千公里花纹磨损应为0.2mm。如果现在每千公里实际磨损量达到0.4mm，说明只能实现轮胎行驶里程定额的一半，这种现象常被称为"吃胎"。经常测量花纹深度，可以及时发现"吃胎"现象，以便及时查明原因，予以消除。

（三）花纹异常磨损的检查

检查轮胎花纹的异常磨损，可以发现故障的早期征兆和原因，以便及时排除影响轮胎寿命的不良因素，防止早期磨损和损坏。轮胎异常磨损，除磨损过快外，还有其他种种特征。将在车轮和轮胎的故障诊断中详细讲述。

一、任务准备

（1）工作场景：实训工厂、轮胎检修工位。
（2）主要设备：部分实物或图片。

二、实施步骤

作业内容	图解	具体操作方法及要求	完成确认
1.打开行李厢		打开行李厢门，同时检查行李箱门有无松动。如松动，应查明原因并紧固	
2.取出备胎		松开固定装置，双手取出轮胎。将轮胎放在专用轮胎架上检查	
3.检查有无裂纹或者损坏		边旋转边检查轮胎胎面和胎壁是否有裂纹、割痕或其他损坏，检查轮胎有无嵌入金属颗粒或者其他异物。轮胎至少转动1圈。如果磨损太大，应更换。如有异物，应将异物取出	

续表

作业内容	图解	具体操作方法及要求	完成确认
4.检查胎面沟槽深度		用干净的布清洁测量规；对测量规进行校零；沿轮胎圆周方向每120°测量1次胎筒沟槽深度。每次测量前均需要用干净的布清洁测量规。轮胎沟槽极限深度为1.6 mm，对于高速行驶车辆的轮胎要求为4mm。低于极限深度必须建议客户更换。检查同时可以通过观察与地面接触的轮胎表面的胎面磨耗指示标记轻易地检查胎面深度。观察位于轮胎侧面的轮胎三角形（▲）磨损标记，如果轮胎磨损达到磨损标志，必须更换轮胎	
5.检查有无异常磨损	①双肩磨损；②中间磨损；③薄边磨损；④单肩磨损；⑤跟部磨损	检查车胎的整个外围是否有均匀磨损或者阶段磨损	
6.检查轮胎气压		对轮胎气压表进行校零；将轮胎气压表测量头对准气门芯压下，按压轮胎气压表的手柄，读出轮胎气压读数；测量后，清洁轮胎气压表，并正确归位。车辆轮胎气压的标准值在车辆右侧B柱处有明确标志，轮胎气压表指示单位有kPa、bar、kg等，在读数时要注意单位之间的换算关系。轮胎的冷态充气压力为220kPa	
7.检查有无漏气		拧下气门芯帽，用毛刷蘸肥皂水，涂抹在气门芯上，察看是否有气泡冒出，以检查气门芯处是否有漏气现象。如果有气泡冒出说明气门芯漏气；检查完毕要用抹布将粘附在轮胎上的肥皂液清洁干净	
8.检查轮圈和轮盘损坏情况		用手摸、目视的方式，检查钢圈和轮毂是否损坏、腐蚀、变形和跳动	
9.同法检查其余4个车轮			

任务评价表

评价内容	赋分	序号	具体指标	分值	得分 自评	得分 组评	得分 师评
仪容仪表	15	1	工作服、鞋、胸卡穿戴整洁	5			
		2	发型、指甲等符合工作要求	5			
		3	不佩戴首饰、钥匙、手表等	5			

续表

评价内容	赋分	序号	具体指标	分值	得分 自评	得分 组评	得分 师评
教学过程	60	4	无人员受伤及设备损伤事故	15			
		5	学生听课认真态度	15			
		6	操作完成情况	15			
		7	学生回答问题情况	15			
职业素养	25	8	出勤情况	10			
		9	服从安排，积极参加组内活动	5			
		10	认真执行 5S 工作	10			
			综合得分	100			

1. 简述汽车轮辋的检修内容及方法。
2. 简述汽车轮毂的检修内容及方法。
3. 汽车轮胎花纹有哪些要求？
4. 简述汽车轮胎花纹深度的检查方法。

任务三　轮胎换位与动平衡

知识目标：
1. 了解轮胎换位的必要性。
2. 掌握车轮动平衡机的基本结构。

能力目标：
1. 能进行轮胎换位。
2. 会轮胎动平衡检测。

情感目标：
1. 引导学生学会倾听、主动交流、相互合作、尊重他人，掌握科学的学习方法和养成良好的学习习惯。
2. 结合课程，培养学生正确的价值观，养成良好的道德素养。

通过实物或图片，了解轮胎换位的必要性及换位方法；掌握车轮动平衡机的操作，会进行轮胎动平衡检测。

一、轮胎换位

1. 轮胎换位的必要性

因驱动轮的位置、载荷和行驶路况等因素的不同，汽车上各轮胎的磨损情况也不一样。因此，为避免轮胎长时间受单一方向的磨损（偏磨），应定期适时地交换轮胎位置，使轮胎磨损均衡，在轮胎的整个生命周期内提供更好的操作性能，进而延长轮胎的使用寿命。

为保证前后胎使用寿命相对一致，应当参照汽车生产厂商随车配备的《产品使用手册》给出的相关提示进行换位，如果厂商未对具体轮胎换位期限加以规定，建议每行驶 8000km 到 10000km 将轮胎换位一次，四轮驱动车辆每 6000km 换位一次。

2. 轮胎换位的方式

根据车辆的驱动形式不同，轮胎的换位方式也各不相同，如图 2-2-15 所示。一般用轮胎换位方式如下：

前轮驱动车辆：将左后调至右前、右后调至左前、左前调至左后、右前调至右后。

后轮驱动车辆：将左前调至右后、右前调至左后、左后调至左前、右后调至右前。

四轮驱动车辆：前后左右轮全部交叉对调，即左前调至右后、右前调至左后、左后调至右前、右后调至左前。

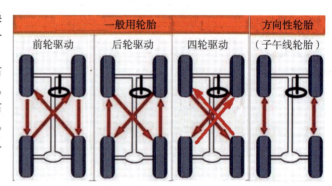

图 2-2-15 轮胎换位方式

3. 轮胎换位注意事项

（1）通常车辆前、后轮轮胎的气压是不同的，在换位后应按轮胎所在位置调整轮胎胎压。

（2）单导向（有方向性花纹）轮胎的换位方法要特别注意。必须小心注意保持正确的旋转方向。只能前后轮直向对调，不能左右交叉。

（3）子午线轮胎的旋转方向应始终保持不变，推荐单边换位法。

二、车轮不平衡的危害及原因

1. 车轮不平衡的危害

车轮总成是高速旋转部件，如果其不平衡，在高速行驶时会产生共振，影响操纵稳定性和乘坐舒适性，加速轮胎的磨损，甚至会造成严重的交通事故。因此，汽车在使用和维修过程中，必须进行车轮动平衡检测和调整。

2. 车轮不平衡的原因

（1）质量分布不均匀，如轮胎产品质量欠佳，翻新胎、补胎、胎面磨损不均匀及在外胎与内胎之间垫带等。

（2）轮辋、制动鼓变形。

（3）轮毂与轮辋加工质量不佳，如中心不准、轮胎螺栓孔分布不均、螺栓质量不佳等。

3. 车轮动平衡的方法

车轮动平衡，就是根据动平衡机检测结果，在相应位置沿轮辋分配平衡块，抵消车轮总成中较重的那部分。

平衡块又称配重，一般有卡夹式平衡块和粘贴式平衡块，粘贴式平衡块如图 2-2-16 所示。

卡夹式平衡块用于大多数轮辋有卷边的车轮，如图 2-2-17 所示。对于铝镁合金轮辋，因无卷边可夹，则使

图 2-2-16 粘贴式平衡块

用粘贴式平衡块，平衡块通过背面的高强度双面胶固定在轮辋内壁上，如图 2-2-18 所示。

图 2-2-17　卡夹式平衡块用于轮辋有卷边的车轮　　图 2-2-18　粘贴式平衡块用于轮辋无卷边的车轮

三、认识车轮动平衡机

下面以 BRIGHT-CB66 离车式车轮动平衡机为例进行介绍，如图 2-2-19 所示。

1. 基本结构

离车式车轮动平衡机一般由驱动装置、转轴与支承装置、传感器、仪表板和安全罩等组成。相配套的工具有大螺距螺母、轮辋宽度测量尺、平衡块拆卸钳、大小锥体、平衡块等，如图 2-2-20 所示。

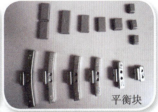

图 2-2-19　车轮动平衡机　　　　　图 2-2-20　动平衡机配套的工具

2. 控制板及指示灯

（1）动平衡机的控制面板，如图 2-2-21、表 2-2-4 所示。

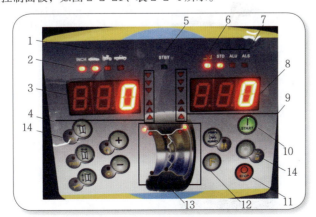

图 2-2-21　动平衡机的控制面板

表2-2-4　动平衡机控制面板各部分的功能

位置	功能描述
1	CAR/MOT/SUV（轿车/摩托车/越野车）轮胎模式选择指示灯。三个红色指示灯组，显示选择的模式
2	测量单位指示灯（红色）：inch（开）-mm（关）
3、8	内、外侧不平衡量显示
4、9	内、外侧不平衡量位置/角度显示
5	休眠状态指示灯
6	自动测量轮胎尺寸功能的开启（on）-关闭（off）指示灯
7	平衡模式选择，一般选"STD"
10	启动按键
11	停止按键
12	F功能按键，可辅助进入其他按键的附属功能
13	各模式不平衡量位置指示灯。七个红色的LED指示灯。具体位置取决于所选择的轮胎类型和平衡模式
14	每一个标准按键都有一个主功能（在大圆圈内所示）和附属功能（在小圆圈内显示）

（2）如图2-2-22所示为动平衡机的轮胎参数输入按键。

3.轮胎动平衡机使用注意点

（1）操作时应严格按使用要求进行，应小心安放车轮总成，防止平衡机的中心轴变形，确保机器正常工作，延长其使用寿命。

（2）轮胎装夹必须牢固可靠，防止出现松动现象。检测前必须盖防护罩，方可起动平衡机。

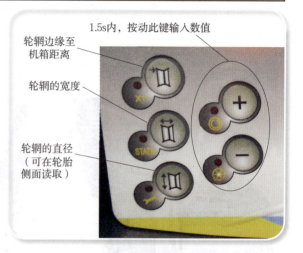

图2-2-22　动平衡机的轮胎参数输入按键

一、任务准备

（1）工作场景：实训工厂、轮胎动平衡工位。
（2）主要设备：轮胎、轮胎动平衡机。

二、实施步骤

（一）车轮动平衡检测相关准备工作

作业内容	图解	具体操作方法及要求	完成确认
1.检测前处理		对被测车轮总成进行清洗，去掉泥土、砂石，拆掉旧平衡块	
2.检测前调整		检查轮胎气压，并充气至规定气压值	

续表

作业内容	图解	具体操作方法及要求	完成确认
3.安装车轮		根据轮辋中心孔的大小选择匹配的定位锥体，将车轮总成安装于平衡机上，并用开合螺母锁紧 注意：严禁冲击和敲打主轴	

（二）车轮动平衡检测

作业内容	图解	具体操作方法及要求	完成确认
1.测量轮辋至机箱距离		打开电源开关，检查指示装置是否正常 拉出平衡机边缘上的标尺抵在轮辋边缘，测量轮辋边缘到机箱的距离，读出此刻度尺的数值（93mm），而后先按功能键，在1.5s内按［+］或［-］键输入93mm	
2.测量轮辋宽度		用专用卡尺量出轮辋宽度（6.7in），而后先按功能键，在1.5s内按［+］或［-］键输入6.7in	
3.读取轮辋直径		在轮胎上读取轮辋直径（15in），而后先按功能键，在1.5s内按［+］或［-］键输入15in	
4.动平衡检测		放下防护罩，车轮旋转，平衡测试开始，微机自动采集数据 当车轮自动停转后，从指示装置读出车轮总成内、外动不平衡量	
5.确定不平衡点		抬起车轮防护罩，用手慢慢旋转车轮，至内侧不平衡指示灯全亮，停止转动车轮，此时轮辋内侧最高点（12点钟位置）为内侧不平衡位置	
6.加装平衡片		根据动平衡机显示的动不平衡量，在轮辋相应内侧的上部（时钟12点位置）位置，加装指示装置显示的相应质量的平衡块。重复上述操作，在轮辋外侧加上相应的平衡块，平衡块装卡要牢固	
7.复检		重新启动动平衡机，进行动平衡试验，直至动不平衡量小于5g，机器显示"0、0"时为止	

续表

作业内容	图解	具体操作方法及要求	完成确认
8.结束工作		取下车轮，关闭电源，清洁整理场地，动平衡检测和调整结束	

任务评价表

评价内容	赋分	序号	具体指标	分值	得分 自评	得分 组评	得分 师评
仪容仪表	15	1	工作服、鞋、胸卡穿戴整洁	5			
		2	发型、指甲等符合工作要求	5			
		3	不佩戴首饰、钥匙、手表等	5			
教学过程	60	4	车轮动平衡检测准备工作	15			
		5	车轮动平衡检测	15			
		6	学生听课认真态度	10			
		7	操作完成情况	10			
		8	学生回答问题情况	10			
职业素养	25	9	出勤情况	10			
		10	服从安排，积极参加组内活动	5			
		11	认真执行6S工作	10			
			综合得分	100			

1. 简述汽车轮胎换位的必要性。

2. 简述汽车轮胎换位有哪些方法。

3. 简述汽车轮胎换位中应注意哪些问题。

4. 简述汽车车轮不平衡的危害及原因。

5. 调整车轮动平衡的方法有哪些？

6. 轮胎动平衡机使用有哪些注意事项？

项目三　悬架

项目导入

由于汽车行驶的路面不可能绝对平坦，但是乘客在车中的颠簸感并不是很强烈，说明车轮与车身的连接里面有奥秘，总是在杂志上看到对汽车悬架的点评，那悬架到底是什么呢？

任务一　悬架结构认知

知识目标：
1. 了解悬架的基本功用。
2. 掌握不同类型悬架的基本结构。

能力目标：
1. 能正确识别悬架。
2. 能准确识别悬架各部分的名称。

情感目标：
1. 激发、满足学生的求知欲和好奇心，培养学生学习的兴趣。
2. 鼓励学生积极参与教学活动，使学生获得成功的体验，建立和增强学生学习专业知识的信心。

通过实物或图片，能识别悬架的类型，会分析悬架的各部分的作用，了解悬架的功用，掌握不同类型悬架的基本结构及应用场合。

一、悬架的作用与组成

1. 悬架的功用

悬架是车身与车轮之间的一切传力连接装置的总称，其作用是：
（1）弹性地连接车桥与车架或车身。
（2）衰减弹性系统引起的振动。
（3）导向作用，使车轮按一定的轨迹相对车身运动。

2. 悬架的组成

现代汽车的悬架结构形式有很多，但一般都由弹性元件、导向装置、减振器和横向稳定杆等部件组成，如图 2-3-1 所示。

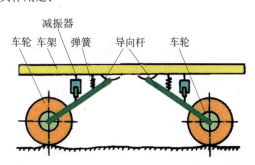

图 2-3-1　悬架组成示意图

（1）弹性元件：它使车身与车轮之间保持弹性连接，可以缓和不良路面带来的冲击和承受并传递垂直载荷。

（2）导向装置：用来传递纵向和横向间的各种力和力矩，并确定车轮相对于车身运动的关系。

（3）减振器：用来减轻对路面产生的冲击，使振动减弱，提高乘坐的舒适性和驾驶的稳定性。

（4）横向稳定杆：可以防止车身发生过大的倾斜，提高汽车行驶的平顺性、舒适性、操纵的稳定性。

二、悬架的分类

悬架的结构形式很多，分类方法也不尽相同。按导向机构形式来分，可分为非独立悬架和独立悬架两大类，如图 2-3-2 所示。

1. 非独立悬架

左右两上车轮安装在一根整体式车轿上，车桥通过悬架和车架相连。当一侧车轮因路面不平整等原因而发生变化时，另一侧车轮的位置也相应发生变化。

2. 独立悬架

车桥是做成断开的，两侧车轮相对独立于各自的悬架和车身。这样，当一侧车轮因路面不平整等原因而发生变化时，另一侧车轮的位置几乎不发生变化。

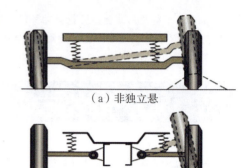

（a）非独立悬

（b）独立悬架

图 2-3-2　非独立悬架和独立悬架

三、弹性元件

汽车上常用的弹性元件主要包括钢板弹簧、螺旋弹簧、扭杆弹簧等。

1. 钢板弹簧

钢板弹簧的中部通过 U 形螺栓与刚性的驱动桥相连接，如图 2-3-3 所示；钢板弹簧的后端卷耳通过橡胶衬套及吊耳销与车架上的摆动吊耳相连接，形成摆动式的铰链支点，这种连接方式能使钢板弹簧变形时两端卷耳间的距离有伸缩的余地。由于轮胎和钢板弹簧的共同作用，改善了汽车的行驶平顺性。

2. 螺旋弹簧

螺旋弹簧是用弹簧钢钢棒料卷制而成，它们有刚度不变的圆柱形螺旋弹簧和刚度可变的圆锥形螺旋弹簧，如图 2-3-4、图 2-3-5 所示。

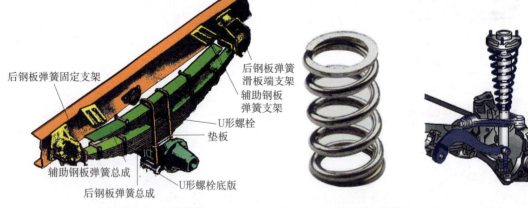

图 2-3-3　钢板弹簧　　图 2-3-4　圆柱形螺旋弹簧　　图 2-3-5　圆锥形螺旋弹簧

螺旋弹簧大多应用在独立悬架上，尤以前轮独立悬架采用广泛，如图 2-3-6 所示。有些轿车后轮非独立悬架也有采用螺旋弹簧作弹性元件的，如图 2-3-7 所示。由于螺旋弹簧只承受垂直载荷，它用作弹性元件的悬架要加设导向机构和减振器。它与钢板弹簧相比具有不需润滑，防污性强，占用纵向空间小，弹簧本身质量小的特点，因而现代轿车上广泛采用。

3. 扭杆弹簧

扭杆弹簧的扭杆用合金弹簧钢做成，具有较高的弹性，既可扭曲变形又可复原，它的一端与车架固定连接，另一端与悬架控制臂连接，通过扭杆的扭转变形达到缓冲作用，如图 2-3-8 所示。汽车运行时，

图 2-3-6 前轮独立悬架采用的螺旋弹簧

图 2-3-7 后轮非独立悬架采用的螺旋弹簧

车轮受到不平地面的影响上下运动，控制臂也会随之上升或下降。当车轮向上时控制臂上升，使扭杆被迫扭转变形，吸收冲击能量。当冲击力减弱时，杆的自然还原能力能迅速恢复到它原来的位置，使车轮回到地面，避免车架受到颠簸。扭杆弹簧单位重量的储能量较大，且占用的空间位置最小，易于布置，还可以适度调整车身的高度，所以不少乘用车悬挂采用扭杆弹簧。

4. 橡胶弹簧

橡胶弹簧是利用橡胶本身的弹性来起作用的弹性元件。它可以承受压缩载荷和扭转载荷。当橡胶弹簧在外力作用下而变形时，便产生内部摩擦，以吸收振动。橡胶弹簧的优点是：可以制成任何形状；使用时无噪声；不需要润滑。但橡胶弹簧不适于支承重载荷。所以，橡胶弹簧主要用作辅助弹簧，或用作悬架部件的衬套、垫片、垫块、挡块及其他支承件。如图 2-3-9 所示。

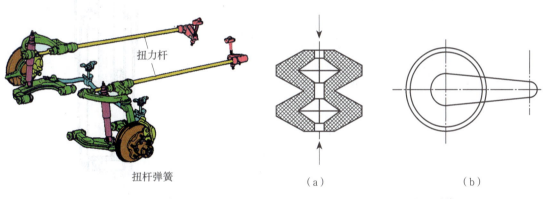

图 2-3-8 扭杆弹簧　　　　图 2-3-9 橡胶弹簧

5. 气体弹簧

气体弹簧是在一个密封的容器中充入压缩气体（气压为 0.5～1MPa），利用气体的可压缩性实现其弹簧作用的弹性元件。这种弹簧的刚度是可变的，因为作用在弹簧上的载荷增加时，容器中的定量气体受压缩，气压升高，弹簧的刚度增大；反之，当载荷减小时，弹簧内的气压下降，刚度减小，故它具有较理想的弹性特性。

气体弹簧分为空气弹簧（图 2-3-10）和油气弹簧（图 2-3-11）两种。空气弹簧又有囊式和膜式两种形式。

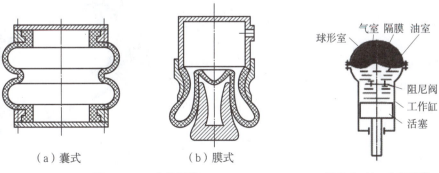

图 2-3-10 空气弹簧　　　　图 2-3-11 油气弹簧

四、减振器

双向作用筒式减振器,如图2-3-12、图2-3-13所示。

图2-3-12 双向作用筒式减振器(一)

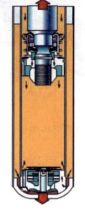

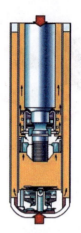

图2-3-13 双向作用筒式减振器(二)

双向作用筒式减振器上端与车相连接,下端用球铰链与悬架下摇臂相连接,能承受前桥各向作用力和力矩,使前轮不发生偏摆,提高汽车的稳定性和舒适性。双向作用筒式减振器工作原理,如图2-3-14所示。在压缩行程时,指汽车车轮移近车身,减振器受压缩,此时减振器内活塞杆1向下移动。活塞下腔室的容积减少,油压升高,油液流经流通阀8流到活塞上面的腔室(上腔)。上腔被活塞杆1占去了一部分空间,因而上腔增加的容积小于下腔减小的容积,一部分油液于是就推开压缩阀2,流回贮油缸5。这些阀对油的节约形成悬架受压缩运动的阻尼力。减振器在伸张行程时,车轮相当于远离车身,减振器受拉伸。这时减振器的活塞向上移动。活塞上腔油压升高,流通阀8关闭,上腔内的油液推开伸张阀4流入下腔。由于活塞杆的存在,自上腔流来的油液不足以充满下腔增加的容积,主使下腔产生一真空度,这时储油缸中的油液推开补偿阀7流进下腔进行补充。由于这些阀的节流作用对悬架在伸张运动时起到阻尼作用。

由于伸张阀弹簧的刚度和预紧力设计的大于压缩阀,在同样压力作用下,伸张阀及相应的常通缝隙的通道截面积总和小于压缩阀及相应常通缝隙通道截面积总和。这使得减振器的伸张行程产生的阻尼力大于压缩行程的阻尼力,达到迅速减振的要求。

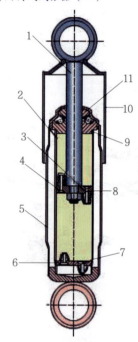

图2-3-14 双向作用筒式减振器结构

1-活塞杆;2,6-压缩阀;3-活塞;4-伸张阀;5-贮油缸;7-补偿阀;8-流通阀;9-导向座;10-防尘罩;11-油封

五、横向稳定杆

1. 横向稳定杆作用

由于汽车高速行驶转弯时,车身会产生较大的侧向倾斜和侧向角振动。而为了提高悬架的侧倾角刚度,减小侧倾,常在悬架中加设稳定器。

2. 横向稳定杆结构

弹簧钢制成的横向稳定杆呈扁平的U形,横向地安装在汽车前端或后端(也有轿车前后都装横向稳定器),如图2-3-15所示。杆的中部的两端自由地支承在两个橡胶套筒内,套筒固定于车架上。横向稳定杆的两侧纵向部分的末端通过支杆与悬架下摆臂上的弹簧支座相连。

图2-3-15 横向稳定杆结构

1-悬架;2-控制臂;3-横向稳定杆

126

3. 横向稳定杆结构与原理

当两则悬架变形相同时，横向稳定器不起作用。当两侧悬架变形不等时，车身相对路面横向倾斜时，车架一侧移近弹簧支座，稳定杆的同侧末端就随车架向上移动，而另一侧车架远离弹簧座，相应横向稳定杆的末端相对车架下移，横向稳定杆中部对于车架没有相对运动，而稳定杆两边的纵向部分向不同方向偏转，于是稳定杆被扭转。

弹性的稳定杆产生扭转内力矩就阻碍悬架弹簧的变形，减少了车身的横向倾斜和横向角振动。

一、任务准备

（1）工作场景：实训工厂、悬架 PPT。
（2）主要设备：部分实物或图片。

二、实施步骤

悬架结构认知：

作业内容	图解	具体操作方法及要求	完成确认
1. 典型悬架识别之一		能正确识别悬架（货车钢板弹簧式非独立悬架），了解悬架的结构、作用及技术要求	
2. 典型悬架识别之二		能正确识别悬架（部分轿车螺旋弹簧式非独立悬架），了解悬架的结构、作用及技术要求	
3. 典型悬架识别之三		能正确识别悬架（带横向稳定杆的非独立悬架），了解悬架的结构、作用及技术要求	
4. 典型悬架识别之四		能正确识别悬架（独立悬架），了解悬架的结构、作用及技术要求	
5. 典型悬架识别之五		能正确识别悬架（空气悬架），了解悬架的结构、作用及技术要求	
6. 典型悬架识别之六		能正确识别桑塔纳、捷达轿车后悬架（纵臂扭转梁式独立悬架），了解此悬架的结构、作用及技术要求	

续表

作业内容	图解	具体操作方法及要求	完成确认
7.典型汽车减振器识别		能正确识别汽车减振器（双向作用筒式减振器），了解减振器的结构、作用及技术要求	
8.典型汽车钢板弹簧识别		能正确识别汽车钢板弹簧，了解钢板弹簧的结构、作用及技术要求	
9.典型汽车螺旋弹簧识别		能正确识别汽车螺旋弹簧，了解螺旋弹簧的结构、作用及技术要求	
10.典型汽车空气弹簧识别		能正确识别汽车空气弹簧，了解空气弹簧的结构、作用及技术要求	

任务评价表

评价内容	赋分	序号	具体指标	分值	得分		
					自评	组评	师评
仪容仪表	15	1	工作服、鞋、胸卡穿戴整洁	5			
		2	发型、指甲等符合工作要求	5			
		3	不佩戴首饰、钥匙、手表等	5			
教学过程	60	4	典型汽车悬架识别	10			
		5	汽车减振器的结构认知	10			
		6	汽车弹性元件结构认知	10			
		7	学生听课认真态度	10			
		8	操作完成情况	10			
		9	学生回答问题情况	10			
职业素养	25	10	出勤情况	10			
		11	服从安排，积极参加组内活动	5			
		12	认真执行6S工作	10			
			综合得分	100			

1. 汽车悬架的功用是什么？它由哪几部分组成？
2. 汽车上常见的悬架有哪些？其结构特点是什么？
3. 汽车上常见的弹性元件有哪些？其结构特点是什么？
4. 简述双向筒式减震器的工作原理。
5. 简述横向稳定杆的作用及结构。

任务二　非独立悬架的拆装与检修

知识目标：
1. 了解非独立悬架功用。
2. 掌握非独立悬架的基本结构。

能力目标：
1. 能正确识别非独立悬架。
2. 会分析非独立悬架各部分的作用及其关系。

情感目标：
1. 鼓励学生积极参与教学活动，使学生获得成功的体验，建立和增强学生学习专业知识的信心。
2. 引导学生学会倾听、主动交流、相互合作、尊重他人，掌握科学的学习方法和养成良好的学习习惯。

通过实物或图片，能识别非独立悬架类型，会分析非独立悬架各部分的作用，了解非独立悬架功用，掌握不同类型非独立悬架的基本结构及应用场合。

一、非独立悬架的特点和类型

1. 非独立悬架的特点

（1）非独立悬架结构简单，工作可靠，易于维修，寿命长，适合重载。广泛应用于货车的前、后悬架。在轿车中，非独立悬架一般用于后桥。

（2）悬架的结构，特别是导向机构的结构，随所采用的弹性元件的不同而有差异。在非独立悬架中大多数采用钢板弹簧作为弹性元件，转弯时车身倾斜度小，车轮定位几乎不因其上、下运动而改变，轮胎磨损较小。

（3）缺点是左、右车轮的运动相互影响，容易产生跳动和摇摆现象。

2. 非独立悬架的类型

非独立悬架常见的型式有钢板弹簧式和螺旋弹簧式等。

二、钢板弹簧式非独立悬架

非独立悬架采用钢板弹簧作为弹性组件，通常是将钢板弹簧纵向布置，因此也称为纵置板簧式非独立悬架。

如图 2-3-16 所示为解放 CA1092 型汽车的前悬架。钢板弹簧中部用 U 形螺栓固定在前桥上；钢板弹簧的前端卷耳用钢板弹簧销与前支架相连，形成固定式铰链支点，起传力和导向作用；而后端卷耳则用吊耳销与可在车架上摆动的吊耳相连，形成摆动式铰链支点，从而保证了弹簧变形时两卷耳中心线间的距离有改变的可能。

钢板弹簧销钻有轴向和径向油道，通过油嘴将润滑脂注入至衬套处进行润滑，可以延长弹簧的使用寿命。

减振器的上、下两个吊环通过橡胶衬套和减振器连接销 13 分别与减振器上支架 7 和减振器下支架 12 相连接。盖板 4 上装有橡胶缓冲块 5，以限制弹簧的最大变形，并防止弹簧直接碰撞车架。

如图 2-3-17 所示为变刚度汽车后悬架，它是由主、副钢板弹簧叠合而成，是中型货车后悬架常用的结构形式。

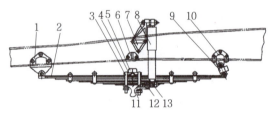

图 2-3-16 解放 CA1092 型汽车前悬架

1- 钢板弹簧前支架；2- 前钢板弹簧；3-U 形螺栓；
4- 盖板；5- 缓冲块；6- 限位块；7- 减振器上支架；
8- 减振器；9- 吊耳；10- 吊耳支架；11- 中心螺栓；
12- 减振器下支架；13- 减振器连接销

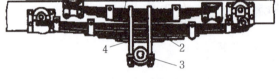

图 2-3-17 变刚度汽车后悬架

1- 副钢板弹簧；2- 主钢板弹簧；3- 车轴；4-U 形螺栓

当汽车空载或实际装载质量不大时，副钢板弹簧不承受载荷而由主钢板弹簧单独工作。在重载或满载情况下，车架相对车桥下移，使车架上副簧滑板式支座与副簧接触，主、副簧共同工作，一起承受载荷而使悬架刚度增大，以保证车身振动频率不致因载荷增大而变化过大。

这种结构形式的悬架刚度虽可变化，但变化得很突然，对汽车行驶平顺性不利。

为了提高汽车的平顺性，有的轻型货车上采用将副簧置于主簧下面的渐变刚度钢板弹簧，如图 2-3-18 所示。主簧由五片较薄钢板弹簧片组成，副簧由五片较厚的弹簧片组成，它们用中心螺栓固定在一起。在小载荷时，仅主簧起作用，而当载荷增加到一定值时，副簧开始与主簧接触，悬架刚度随之相应提高，弹簧特性变为非线性。当副簧全部接触后，弹簧特性又变为线性的。

这种渐变刚度钢板弹簧的特点是副簧逐渐地起作用，因此悬架刚度的变化比较平稳，从而改善了汽车行驶平顺性。但在使用中因主簧与副簧之间容易存积泥垢，对悬架刚度的渐变有一定影响。如果在主、副簧外装上护套，则可消除此缺点。

我国南京汽车联营公司引进的依维柯轻型货车的后悬架，就采用了渐变刚度钢板弹簧，由四片厚度为 9mm 的主簧和两片厚度为 15mm 的副簧组成。

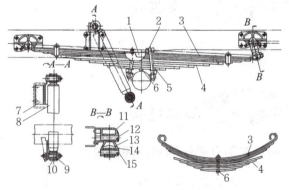

图 2-3-18 渐变刚度钢板弹簧后悬架

1- 缓冲块；2- 上盖板；3- 主钢板弹簧；4- 副钢板弹簧；
5-U 形螺栓；6- 中心螺栓；7- 减振器支架；8- 筒式减振器；9- 减振器下轴销；10- 橡胶衬垫；11- 支架；
12- 吊耳销；13- 吊耳；14- 尼龙衬套；15- 钢板弹簧销

三、螺旋弹簧非独立悬架

图 2-3-19 所示为典型的螺旋弹簧非独立后悬架。

螺旋弹簧非独立悬架一般只用作轿车的后悬架。螺旋弹簧上端装在车身上的支座中，下端装在纵向下推力杆上。由于螺旋弹簧只能承受垂直载荷，所以必须设置导向装置来承受并传递纵向力和横向力。导向装置包括纵向推力杆和横向导杆。两根纵向下推力杆和两根纵向上推力杆的一端均与车身相铰接，另一端则均与后桥相铰接。纵向上、下推力杆用以传递牵引力、制动力等纵向力及其力矩。当车轮因路面不平上下跳动而致使后桥与车身之间的距离发生变化时，纵向上、下推力杆可绕其与车身的铰支点作上、下纵向摆动，以控制后桥的运动规律。

横向导杆的一端与车身铰接，另一端与后桥铰接。横向导杆用以传递悬架系统的横向力。当后桥与车身间的距离发生变化时，横向导杆也可绕其铰支点作上、下横向摆动。在这一过程中，为不致使车身与后桥在横向产生过大的相对位移，要求横向导杆与后桥之间的空间夹角尽可能小，使横向导杆与后桥尽可能保持平行。两个减振器的上端铰接在车身支架上，下端铰接在车桥的支架上。

图 2-3-19 螺旋弹簧非独立后悬架结构示意图

四、空气弹簧非独立悬架

汽车在行驶时由于载荷和路面的变化，要求悬架刚度随着变化。当空车时车身被抬高，满载时车身则被压得很低，会出现撞击缓冲块的情况。因而对于不同类型汽车提出不同的要求，矿山及大型客车要求其空车与满载时的车身高度变化不大；对于轿车要求在好路上降低车身高度，提高车速行驶；在坏路上提高车身，可以增大通过能力。因而要求车身高度随使用要求可以调节。

空气弹簧非独立悬架可以很容易地实现车身高度的自动调节。一般，随着载荷的不同而改变空气弹簧内空气压力的方法达到这个目的，如图 2-3-20 所示。

图 2-3-20 空气弹簧非独立悬架示意图

五、油气弹簧非独立悬架

相对其他弹簧而言，具有体积小、质量轻、承载能力强、容易实现车身高度调节并兼有阻尼减振和自润滑等特点。与传统的被动悬架相比，基本功用是相同的，只是加入液压传动控制技术，形成与传统的被动悬架所区别。

优点是具有非线性变刚度特性，非线性阻尼特性，易于实现车身高度调节，油气弹簧的单位储能比其他弹簧较大，因减振器置于悬架缸内，故不需制造专用减振器；拥有刚性闭锁，可使车辆承受较大负荷。

油气悬架集众多优点于一身，相应的缺点是制造维护成本高，需要配置额外控制装置来进行控制。

任务实施

一、任务准备

（1）工作场景：实训工厂、非独立悬架 PPT。

（2）主要设备：部分实物或图片。

非独立悬架的拆装与检修

二、实施步骤

（一）悬架检查

作业内容	图解	具体操作方法及要求	完成确认
1.减振器减振力检查		通过上下摇动车身确定减振器的缓冲力大小，并且检查车身停止摇动需要花多长时间。方法是：用力按下保险杠，然后松开，如果汽车有2～3次跳跃，则说明减振器工作良好	
2.车辆倾斜的检查		目测检查车辆是否倾斜，如图所示。如果车辆倾斜，则需要验证下述各项：轮胎气压，左、右轮胎或者车轮尺寸的偏差；不均匀的车辆负荷分配。再根据情况采取不同的处理方法	
3.工作温度检查		使汽车在道路条件较差的路面上行驶10km左右后停车，用手摸减振器外壳，如果不够热，说明减振器内部无阻力，减振器工作不良。若左右两个减振器温度一高一低，且温度相差过大，则温度低的减振器工作不良	
4.泄漏检查	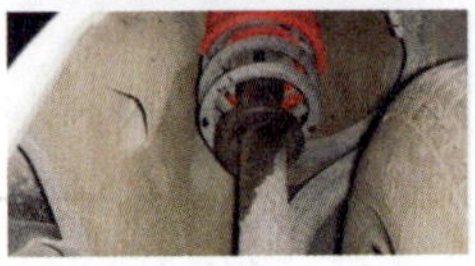	举升车辆，检查减振器外部有无油迹，如图所示，说明减振器漏油。减振器一般不进行修理，出现故障的减振器必须成对更换	

（二）后减振器总成的拆卸和安装

作业内容	图解	具体操作方法及要求	完成确认
1.准备工作		（1）车辆停放周正，安装防护用品 （2）拆卸轮胎 （3）举升车辆至合适位置 （4）取下轮胎	
2.支承后桥		（1）在左右车轮下方垫上合适厚度的软垫 （2）放下举升机小剪，使车轮下方抵住软垫，以车身的重量压缩螺旋弹簧（压至合适的位置即可）	
3.拆下减振器上螺栓		拆下减振器上固定螺栓 此螺栓为一次性使用零件，需要换新件	

续表

作业内容	图解	具体操作方法及要求	完成确认
4.拆下减振器下螺栓	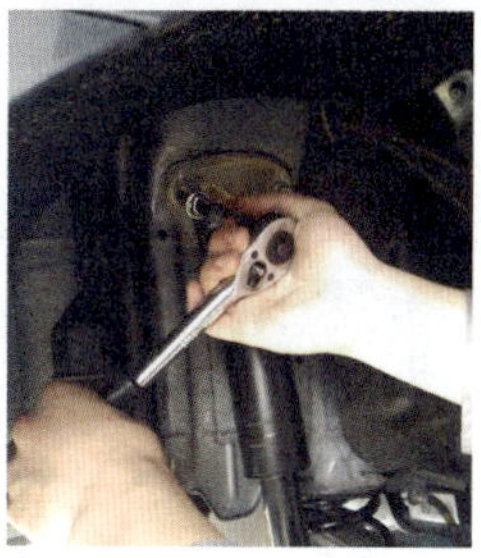	拆下减振器下固定螺栓 此螺栓为一次性使用零件，需要换新件	
5.取出减振器		取出减振器，并检查减振器的工作情况	
6.取出螺旋弹簧		缓缓地举升车辆（小剪），卸去后桥螺旋弹簧的压力，直至螺旋弹簧离开支座 取出螺旋弹簧及上下隔振垫，并检查	
7.安装螺旋弹簧		（1）在弹簧上安装好上下隔振垫。 （2）如图所示安装弹簧，将弹簧标签朝向车辆的后部，确保弹簧下部固定在下弹簧座上，上部对准上弹簧座 （3）缓缓地降下车辆（小剪），利用车身的重量压缩弹簧，直至螺旋弹簧完全落座	
8.安装减振器		（1）安装新的减振器上固定螺栓，并紧固至100N·m （2）安装新的减振器上固定螺栓	
9.安装车轮	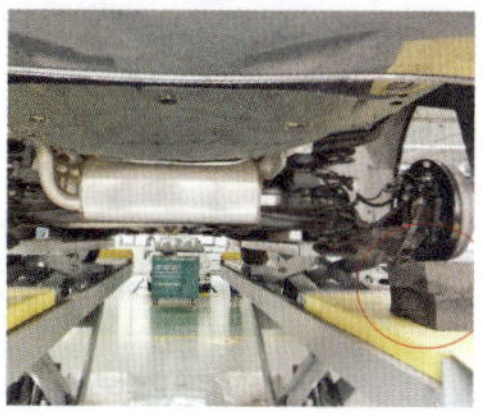	举升车辆至合适位置，取出车轮下方软垫 安装轮胎 将举升机，紧固轮胎螺栓至规定扭矩 按6S要求，做好结束工作	

笔记

 任务评价

任务评价表

评价内容	赋分	序号	具体指标	分值	得分		
					自评	组评	师评
仪容仪表	15	1	工作服、鞋、胸卡穿戴整洁	5			
		2	发型、指甲等符合工作要求	5			
		3	不佩戴首饰、钥匙、手表等	5			
教学过程	60	4	悬架的就车检查	10			
		5	后减振器的拆卸	10			
		6	后减振器的安装	10			
		7	学生听课认真态度	10			
		8	操作完成情况	10			
		9	学生回答问题情况	10			
职业素养	25	10	出勤情况	10			
		11	服从安排，积极参加组内活动	5			
		12	认真执行 6S 工作	10			
综合得分				100			

 任务测评

1. 简述非独立悬架的特点及有哪些类型。
2. 简述钢板弹簧式非独立悬架的结构特点。
3. 简述螺旋弹簧式非独立悬架的结构特点。
4. 简述空气弹簧式非独立悬架的结构特点。
5. 简述油气弹簧式非独立悬架的结构特点。

任务三　独立悬架的拆装与检修

学习目标

知识目标：
1. 了解独立悬架的基本功用。
2. 掌握独立悬架的基本结构。

能力目标：
1. 能正确识别独立悬架的结构类型。
2. 会分析独立悬架各部分的作用及其关系。

情感目标：
1. 引导学生学会倾听、主动交流、相互合作、尊重他人，掌握科学的学习方法和养成良好的学习习惯。
2. 结合课程，培养学生正确的价值观，养成良好的道德素养。

任务描述

通过实物或图片，能识别独立悬架类型，会分析独立悬架各部分的作用，了解独立悬架功用，掌握不同类型独立悬架的基本结构及应用场合。

知识链接

一、独立悬架的特点和类型

1. 独立悬架的优点

（1）两侧车轮可以单独运动互不相干，能减小车身的倾斜和振动。
（2）减小了非簧载质量，有利于汽车的平顺性和操纵稳定性。
（3）采用断开式车桥，可以降低发动机位置，降低整车重心，从而提高汽车的行驶稳定性。
（4）车轮运动空间较大，可以降低悬架刚度，改善平顺性。

2. 独立悬架的缺点

（1）结构复杂、成本高。
（2）维修保养不便。
（3）因为结构复杂，会侵占一些车内乘坐空间。

3. 独立悬架的类型

现代轿车大都是采用独立式悬架系统，按其结构形式的不同，独立悬架系统又可分为双叉臂式（横臂式、纵臂式）、多连杆式、烛式以及麦弗逊式悬架系统等，如图2-3-21所示。

二、麦弗逊式悬架

麦弗逊式悬架，如图2-3-22所示。几乎是目前使用最广泛的悬架类型了，结构简单、成本低廉、可

（a）横臂式独立悬架　（b）纵臂式独立悬架

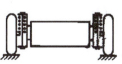（c）烛式悬架　（d）麦弗逊式悬架

图2-3-21　四种基本类型的独立悬架示意图

靠耐用是其主要特点。它主要由螺旋弹簧、减振器、三角形下摆臂组成,如图2-3-23所示。这样组成的麦弗逊式悬架只能上下跳动,而不能左右运动,并且可以通过设置减振器的行程,来设定悬架的软硬。

图2-3-22 麦弗逊式悬架

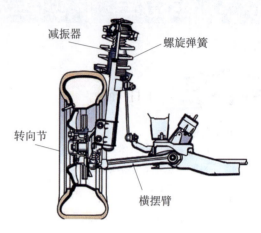

图2-3-23 麦弗逊式悬架结构示意图

这种悬架最大的优点除了结构简单、成本低廉之外,还有它不影响驾驶舱体积。麦弗逊悬架体积很小,适用那些对空间要求较高的车型。另外它的响应较快、制造成本低。

麦弗逊式悬架的缺点也很明显,由于弹簧和减振只能上下运动,因此它对左右横向的冲击缺乏阻挡,横向刚度小、稳定性不佳、转弯侧倾较大,影响车辆过弯车身姿态的保持。目前,麦弗逊式悬架多用于中小型轿车、中低端SUV前悬架,比如捷达、桑塔纳、长城等车型的前悬架。

三、双叉臂式悬架

双叉臂式悬架又称双A臂、双横臂式悬架,如图2-3-24所示,是这种车轮在汽车横向平面内摆动的结构。它们都是由两个三点式杆件(A臂)加一个两点式杆件构成的悬架结构,如图2-3-25所示。相比麦弗逊式悬架,它的横向刚度更好;对于车辆俯仰抑制更好,并且给予工程师设计自由度更高。它的缺点也显而易见,由于结构略显复杂,所以占用空间大,杆件数量增加使得其成本高。

图2-3-24 双叉臂式悬架

图2-3-25 双叉臂式悬架结构示意图

这两个横臂可以吸收横向上的力,支柱则主要承担车身重量,而且两个叉臂的顶点(也就是A的顶点)负责转向,因此双叉臂悬挂最大的优点就是可以精准控制车轮的设定,让车身在过弯时尽可能地保证侧倾最小。同时,车轮跳动会呈现弧形轨迹,轮胎可以自适应路面,保证接地面积,体现出较好的贴地性。总体就是横向刚度大、抗侧倾性能优异、抓地性能好、路感清晰。

这种悬架比常见的麦弗逊悬架多了上面一个叉臂,而这个叉臂又不可避免地会侵占驾驶舱空间。另外它的制造成本高、悬架定位参数设定复杂。目前,双叉臂式悬架多用于运动型轿车、超级跑车以及高档SUV前后悬架,比如马自达、途锐等。

四、多连杆式悬架

多连杆式悬架,可分为多连杆前悬架和多连杆后悬架系统,如图 2-3-26 所示。其中前悬架一般为三连杆或四连杆式独立悬架;后悬架则一般为四连杆或五连杆式后悬架系统,其中五连杆式后悬架应用较为广泛,如图 2-3-27 所示。

图 2-3-26 多连杆式悬架

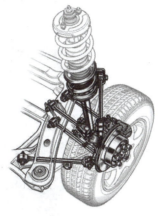

图 2-3-27 五连杆式后悬架

多连杆悬架结构相对复杂,材料成本、研发实验成本以及制造成本远高于其他类型的悬架,而且其占用空间大,中小型车出于成本和空间考虑极少使用这种悬架。

但多连杆式悬架舒适性能是所有悬架中最好的,操控性能也和双叉臂式悬架难分伯仲,高档轿车由于空间充裕,且注重舒适性能和操控稳定性,所以大多使用多连杆悬架,可以说多连杆悬架是高档轿车的绝佳搭档。

它的优点就是设计自由度大,路面冲击对车身影响小,利于提高舒适度。当然对布置空间需求大,成本高,设计复杂,调校难,零部件数量多这些缺点也伴随着它。目前,多连杆悬架多用于比较高档的轿车和 SUV,比如奔驰、宝马、奥迪等车型。

一、任务准备

(1)工作场景:实训工厂、独立悬架 PPT。
(2)主要设备:部分实物或图片。

二、实施步骤

通过实物或图片,能识别独立悬架类型,会分析独立悬架各部分的作用,了解独立悬架功用,掌握不同类型独立悬架的基本结构及应用场合。

(一)前减振器总成的拆卸

作业内容	图解	具体操作方法及要求	完成确认
1.准备工作		(1)车辆停放周正,安装防护用品 (2)拆卸轮胎 (3)举升车辆至合适位置	

独立悬架的拆装与检修

续表

作业内容	图解	具体操作方法及要求	完成确认
2.取下制动软管	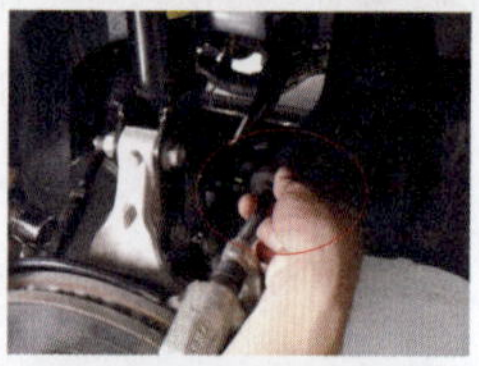	将制动软管从减振器柱管支架上分离	
3.拆下转向节螺母及螺栓		拆下减振器与转向节连接螺母,取出螺栓 此螺栓、螺母为一次性使用零件,需要换新件	
4.拆下稳定杆螺母		用专用工具拆下稳定连杆与减振器柱管连接螺母 此螺母为一次性使用零件,需要换新件	
5.降下车辆	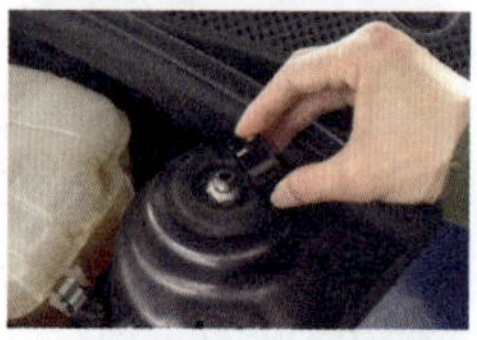	(1)降下车辆,打开发动机盖 (2)取下减振器支座防尘罩	
6.拆卸减振器支座螺母		用专用扳手,拆卸减振器支座固定螺母 取下减振器支座板	
7.取出减振器总成		将减振器总成从转向节上分离 将前减振器总成从车辆上取出	

（二）前减振器总成的分解

作业内容	图解	具体操作方法及要求	完成确认
1.专用压具准备		准备好专门的螺旋弹簧压缩工具 将减振器总成固定在专用压具上	

续表

作业内容	图解	具体操作方法及要求	完成确认
2.压缩弹簧		调整好压具上的固定压板及活动压板 均匀用力将压具压下，压缩螺旋弹簧至合适位置	
3.拆卸减振器支座螺母		使用专用工具拆下减振器支座固定螺母 依次取下隔振垫垫圈、支座隔振垫总成、支座轴承总成、减振垫、支柱防尘罩等	
4.松开压具		松开压具，检查减振器各零部件	
5.检查减振器工作情况	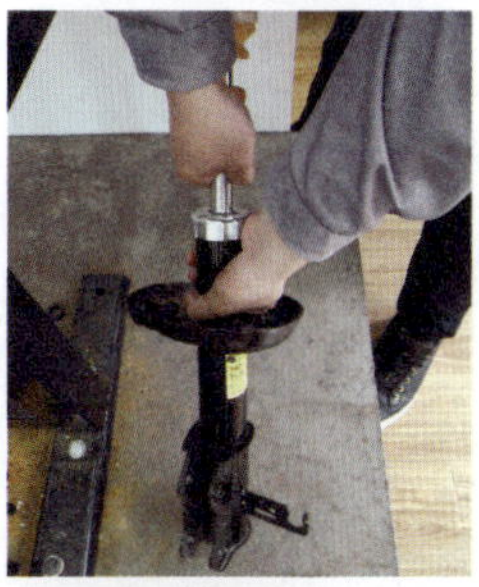	用拉压法检查减振器工作情况	
6.减振器组装		将减振器固定在专用压具上 依次装入：减振器下隔振垫、弹簧、防尘罩、减振垫、支座轴承、支座隔振垫、隔振垫垫圈 调整好专用压具的固定压板及活动压板，压住螺旋弹簧，均匀用力压下，压缩螺旋弹簧至合适位置 用专工具装上减振器支座固定螺母，并紧固至70N·m 放松压具，将减振器总成从压具上取下，准备装车	

（三）前减振器总成的安装

作业内容	图解	具体操作方法及要求	完成确认
1. 安装减振器支座固定螺母		将减振器总成从车辆下方装入至减振器支座 装入支座板 用专用工具安装支座固定螺母，并紧固至45N·m 装上支座防尘罩	
2. 连接转向节		将减振器柱插入转向节 安装新的转向节螺母和螺栓，紧固至90N·m。再转60°～70°紧固	
3. 安装稳定杆连杆螺母	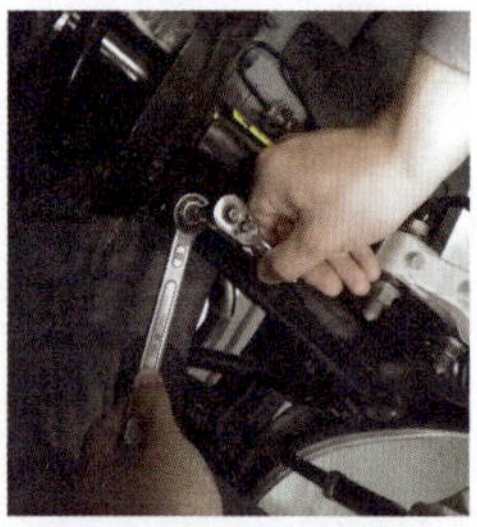	安装新的稳定杆连杆螺母，并紧固至65N·m	
4. 安装制动软管	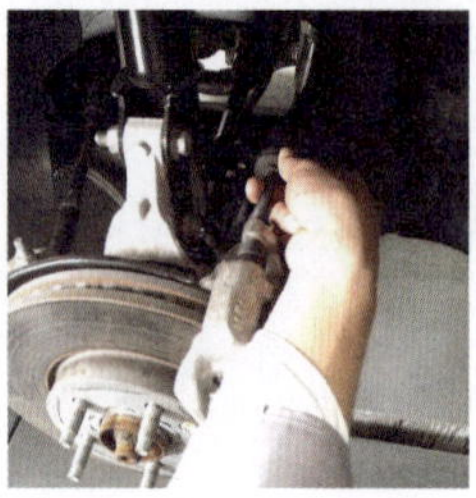	将制动软管安装至减振器柱上	
5. 安装前轮		安装前轮和车轮总成，按规定力矩紧固 降下车辆 按6S要求，做好结束工作	

 任务评价

任务评价表

评价内容	赋分	序号	具体指标	分值	得分		
					自评	组评	师评
仪容仪表	15	1	工作服、鞋、胸卡穿戴整洁	5			
		2	发型、指甲等符合工作要求	5			
		3	不佩戴首饰、钥匙、手表等	5			
教学过程	60	4	前减振器总成的拆卸	10			
		5	前减振器总成的分解检查	10			
		6	前减振器总成的安装	10			
		7	学生听课认真态度	10			
		8	操作完成情况	10			
		9	学生回答问题情况	10			
职业素养	25	10	出勤情况	10			
		11	服从安排，积极参加组内活动	5			
		12	认真执行 6S 工作	10			
			综合得分	100			

 任务测评

1. 简述独立悬架的特点及类型。
2. 简述麦佛逊式悬架的结构特点。
3. 简述双叉臂式悬架的结构特点。
4. 简述多连杆式悬架的结构特点。

单元三　汽车转向系统

汽车转向系统作为汽车底盘的重要组成部分，在汽车在行驶过程中，需按驾驶员的意志经常改变其行驶方向，即所谓汽车转向。就轮式汽车而言，实现汽车转向的方法是：驾驶员通过一套专设的机构，使汽车转向桥（一般是前桥）上的转向轮相对于汽车纵轴线偏转一定角度。在汽车直线行驶时，往往转向轮也会受到路面侧向干扰力的作用，自动偏转而改变行驶方向。此时驾驶员也可以利用这套机构使转向轮向相反方向偏转，从而使汽车恢复原来的行驶方向。这套由驾驶员操纵使转向轮偏转和回位的机构，就称为汽车转向系统。

一、汽车转向系统的功用

汽车转向系统的功用是按照驾驶人的意愿改变汽车的行驶方向和保持汽车稳定的直线行驶。

二、汽车转向系统的基本组成

尽管汽车转向系统的结构形式复杂多样，但转向系统都是由操作机构、转向器和转向传动机构三个基本部分组成。

三、汽车转向系统的分类

汽车转向系统按转向动力源的不同，分为机械转向系统和动力转向系统两大类。

机械转向系统是以驾驶员的体力（手力）作为转向动力的转向系统，其中所有传力部件都是机械的，如图3-0-1所示。

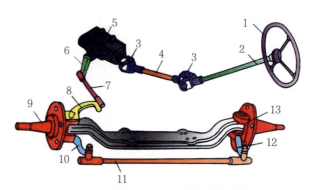

图3-0-1　机械转向系统组成和布置示意图

1-转向盘；2-转向轴；3-转向万向节；4-转向传动轴；5-转向器；6-转向摇臂；7-转向直拉杆；8-转向节臂；9-左转向节；10-左转向梯形臂；11-转向横拉杆；12-右转向梯形臂；13-右转向节

动力转向系统是兼用驾驶员体力和外界动力为转向助力的转向系统，通常有液压助力（图3-0-2）和电动助力（图3-0-3）两种。它是在机械转向系统的基础上加设一套转向助力装置，从而减少驾驶员的体力消耗，提高驾驶的舒适性。

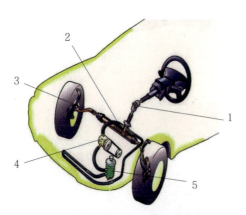

图3-0-2　液压助力转向系统组成和布置示意图
1-转向传动轴万向节；2-转向器；3-转向拉杆；
4-转向助力泵；5-储油罐

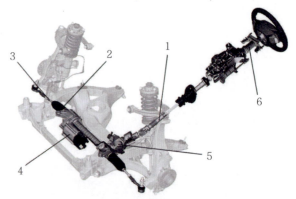

图3-0-3　电动助力转向系统组成和布置示意图
1-转向传动轴；2-防尘罩；3-转向拉杆；
4-转向助力电机；5-转向器；6-转向柱

项目一　机械转向系统

项目导入

机械转向系统是汽车转向系统中的重要组成部分，关系到汽车行驶的操作性和安全性，它们能够让汽车在行驶过程中改变行驶方向，并使作用在转向盘上的力矩传递到车轮上。本项目主要介绍汽车机械转向系统的组成、各组成部件的结构原理、各零部件检修及机械转向系统常见故障的诊断方法。

任务一　机械转向系统结构认知

知识目标：
1. 了解机械转向系统由哪些机构或零部件组成。
2. 熟悉机械转向系统各组成机构或零部件的结构、工作原理。
3. 掌握转向器的类型、结构和工作原理。
4. 掌握机械转向系统的工作原理。

能力目标：
1. 能正确识记机械转向系统各零部件。
2. 能正确描述机械转向系统组成和工作原理。

情感目标：
1. 激发、满足学生的求知欲和好奇心，培养学生学习的兴趣。
2. 鼓励学生积极参与教学活动，使学生获得成功的体验，建立和增强学生学习专业知识的信心。

对机械转向系统的组成机构或零部件进行认知，并能识记各组成机构或零部件的名称、功用和安装位置。学会分析机械转向系统的工作过程。

一、转向操纵机构

转向操纵机构是驾驶员操纵转向器的工作机构，主要由转向盘、转向器、转向柱管、万向传动装置等组成，如图 3-1-1 所示为桑塔纳轿车转向操纵机构。转向柱管中部用橡胶垫和半圆形支架固定在驾驶室前围板上，下端插入铸铁支座的孔中。支座固定在转向操纵机构的支架上。当驾驶员需要改变汽车行驶方向时，转动转向操纵机构中的转向盘，转向盘旋转的方向和角度通过转向轴、万向节等部件传递给转向器，从而实现转向车轮方向的改变。

图 3-1-1　桑塔纳轿车转向操纵机构
1-转向盘；2-转向柱管；3-上转向柱；
4-下转向柱；5-转向器

汽车转向系统原理

转向轴穿过转向柱管，其下端支承在支座中的圆锥滚子轴承上，上部则通过衬套支承在转向柱管的内壁上，其上端用螺母与转向盘相连接。转向盘上装有电喇叭按钮及相应部件。转向轴通过万向传动装置与转向器中的转向蜗杆相连，万向传动装置（万向节）与转向传动轴用滑动花键相连。

二、转向器

转向器是将转向盘的转动变为转向摇臂的摆动或齿条轴的直线往复运动，并对转向操纵力矩进行放大的机构。转向器一般固定在汽车车架或车身上，转向操纵力通过转向器后还会改变传动方向。

转向器按照结构形式的不同，可分为齿轮齿条式、循环球式和蜗杆曲柄指销式三种类型。齿轮齿条式转向器由于结构简单，便于加工，操纵灵敏，维修方便，目前广泛应用于轻型货车和轿车上。

三、转向传动机构

转向传动机构是将转向器输出的力和运动传给转向车轮，并使左右车轮按照一定关系进行偏转的机构。

按照悬架的结构形式的不同，可分为与非独立悬架配用的转向传动机构、与独立悬架配用的转向传动机构两大类。

1. 转向传动机构的基本组成

转向传动机构主要由转向摇臂、转向直拉杆、转向节（包括转向节臂和梯形臂）、转向横拉杆等组成。

（1）转向摇臂。转向摇臂（也称转向垂臂）连着转向器和转向直拉杆，同时支承转向直拉杆。转向盘和转向器的运动传给转向摇臂，再由转向摇臂传给转向机构，使前轮转向。

（2）转向直拉杆。转向直拉杆是连接转向摇臂和转向节臂的杆件。

（3）转向节臂和梯形臂。转向直拉杆通过转向节臂与转向节相连。转向横拉杆两端经左、右梯形臂与转向节相连。转向节臂和梯形臂带锥形柱的一端与转向节锥形孔相配合，用键和锁紧螺母防止松动。臂的另一端带有锥形孔，与相应的拉杆球头销锥形柱相配合，同样用螺母紧固后插入开口销将螺母锁住。

（4）转向横拉杆。转向横拉杆是连接左右梯形臂的杆件。

2. 转向传动机构的工作过程

（1）与非独立悬架配用的转向传动机构。与非独立悬架配用的转向传动机构，如图3-1-2所示，它一般由转向摇臂、转向直拉杆、转向节臂、左右梯形臂和转向横拉杆等组成。各杆件之间都采用球形铰链连接，并设有防止松脱、缓冲吸振、自动消除磨损间隙的结构。

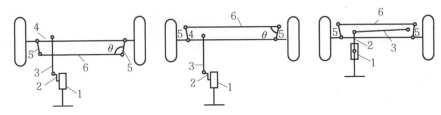

（a）转向梯形臂后置式　　（b）转向梯形臂前置式　　（c）转向直拉杆横置式

图3-1-2　与非独立悬架配用的转向传动机构

1-转向器；2-转向摇臂；3-转向直拉杆；4-转向节臂；5-梯形臂；6-转向横拉杆

（2）与独立悬架配用的转向传动机构。当转向轮采用独立悬架时，由于每个转向轮都需要相对于车架（或车身）作独立运动，所以，转向桥必须是断开式的。与此相应，转向传动机构中的转向梯形也必须分成两段［图3-1-3（a）］或三段［图3-1-3（b）］。转向摇臂1在平行于路面的平面上摆动，直接带动或通过转向直拉杆带动转向梯形运动。

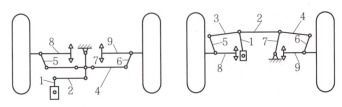

（a）两段式转向梯形机构　　（b）三段式转向梯形机构

图3-1-3　与独立悬架配用的转向传动机构

1-转向摇臂；2-转向直拉杆；3-左转向横拉杆；4-右转向横拉杆；5-左梯形臂；6-右梯形臂；7-摇杆；8-悬架左摆臂；9-悬架右摆臂

上海桑塔纳轿车的转向传动机构如图3-1-4所示。转向齿条一端输出动力，输出端铣有平面并钻孔，用两个螺栓与转向支架连接。支架下端的两个孔分别与左、右转向节臂连接。通过调节A、B可以改变两根横拉杆总成的长度，以调整前束。

为了避免转向轮的摆动、减缓传至转向盘上的冲击和振动，转向器上还装有转向减振器，减振器缸筒端固定在转向器壳体上，其活塞杆端经减振支架与转向齿条连接。

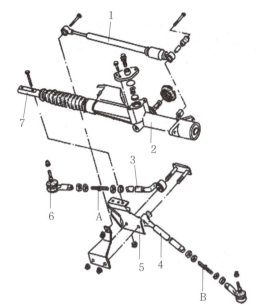

图3-1-4 上海桑塔纳轿车的转向传动机构
1-转向减振器；2-转向器壳体；3-右横拉杆；4-左横拉杆；
5-横拉杆支架；6-转向横拉杆接头；7-转向齿条

一、任务准备

（1）工作场景：理实一体化教室，桑塔纳轿车底盘教学台架，机械转向系统结构认知工作页。

（2）主要设备：齿轮齿条式转向器、循环球式转向器、蜗杆曲柄指销式转向器、世达工具、桑塔纳轿车底盘教学台架。

二、实施步骤

作业内容	图解	具体操作方法及要求	完成确认
1.机械转向系整体认知		能正确识别机械转向系统，了解机械转向系统的基本组成机构和零部件	
2.转向操作机构		能正确识别转向操作机构，了解转向操作机构的组成和工程过程	
3.转向器		能正确识别转向器，了解转向器的功用、类型、结构和工作原理	

145

作业内容	图解	具体操作方法及要求	完成确认
4.转向传动机构		能正确识别转向传动机构，了解转向传动机构的功用、类型、结构和工作原理	

任务评价表

评价内容	赋分	序号	具体指标	分值	得分		
					自评	组评	师评
仪容仪表	15	1	工作服、鞋、胸卡穿戴整洁	5			
		2	发型、指甲等符合工作要求	5			
		3	不佩戴首饰、钥匙、手表等	5			
教学过程	60	4	机械转向系统的基本组成	15			
		5	转向操作机构的认知	15			
		6	转向器的认知	15			
		7	转向传动机构的认知	15			
职业素养	25	8	出勤情况	10			
		9	服从安排，积极参加组内活动	5			
		10	认真执行 6S 工作	10			
			综合得分	100			

1. 汽车转向系统的功用是什么？
2. 汽车转向系统由哪些部件组成？
3. 汽车转向系统是怎样分类的？
4. 简述机械转向系统中转向操纵机构的功用及组成。
5. 简述机械转向系统中转向器的功用及分类。
6. 简述蜗杆曲柄指销式转向器的结构原理。
7. 简述机械转向系统中转向传动机构的功用及分类。

任务二　机械转向系统的基本检查

学习目标

知识目标：
1. 了解转向系统的工作要求。
2. 掌握转向盘自由行程的定义和检查方法。
3. 掌握机械转向系统基本检查的方法。

能力目标：
1. 能正确描述转向盘自由行程的定义和检查方法。
2. 能正确地对机械转向系统进行基本检查，并能对检查结果进行分析，寻找故障原因或部位。

情感目标：
1. 鼓励学生积极参与教学活动，使学生获得成功的体验，建立和增强学生学习专业知识的信心。
2. 引导学生学会倾听、主动交流、相互合作、尊重他人，掌握科学的学习方法和养成良好的学习习惯。

任务描述

通过本任务的学习和实践，了解转向系统的工作要求，掌握转向盘自由行程的定义和检查方法，并能对机械转向系统进行基本检查，对检查结果进行分析，寻找故障原因或部位。

知识链接

一、对汽车转向系统的要求

汽车转向系统作为汽车底盘的重要组成部分，在汽车在行驶过程中，关系到驾驶的安全性和舒适性，所以对转向系统的使用性能要求较高。

（1）工作可靠。要求行驶安全，转向系统强度、刚度较大，使用寿命长。
（2）操作轻便。转向省力，转向盘回转圈数少。
（3）操作过程中无颤动、无异响、无摆正。
（4）直线行驶稳定，具有自动回正能力。
（5）转向车轮受到冲击时，有正确的"路感"，不"打手"。
（6）检修调整简单方便。

二、转向盘自由行程的检查

在整个转向系统中，各传动件之间必然存在着装配间隙，而且这些间隙将随着零件的磨损而增大。在转向盘转动过程的开始阶段，驾驶员对转向盘所施加的转动力矩很小，只是用来克服转向系统内部的摩擦，使各传动件运动到其间的间隙完全消除，故可以认为这一阶段是转向盘空转阶段。

转向盘为消除间隙、克服弹性变形所空转过的角度称为转向盘自由行程。转向盘自由行程对于缓和路面冲击、避免驾驶员过度紧张造成汽车跑偏是有利的，但过大的自由行程会影响转向灵敏性。一般规定，转向盘从直行中间位置向任一方向的自由行程不超过15°，或转向盘自由行程不超过30mm，如图3-1-5所示。

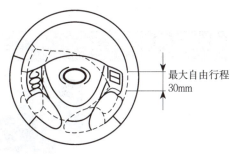

图 3-1-5　转向盘自由行程

147

三、机械转向系统的基本检查

机械转向系统的基本检查分为车上检查和车外检查。

（一）机械转向系统的车上检查

1. 检查转向系统的性能

采用路试的方法，或启动发动机，转动转向盘。转向盘应操作轻便，操作过程中无颤动、无异响。否则应检修机械转向系统组成机构和零部件的工作情况。

车辆直线行驶稳定，具有自动回正能力，无摆正、抖动。转向车轮受到冲击时，有正确的"路感"，不"打手"。否则应检查调整车辆四轮定位情况。

2. 检查转向盘自由行程

转向盘自由行程不符合标准，应检修机械转向系统组成机构和零部件有无过度磨损或松动的现象。

（二）机械转向系统的车外检查

（1）检查转向器（转向机）护套应无破损或漏油，如图3-1-6所示。否则应更换转向机护套。

（2）检查转向器（转向机）护套中，转向器与转向横拉杆的接头（万向传动装置）应无松动。否则应更换。

图3-1-6 转向器（转向机）护套漏油

（3）检查转向横拉杆球接头（与转向节相连）应无松动，转向横拉杆球接头护套应无破损或漏油，检查内、外转向杆应无弯曲变形，螺纹无损坏，如图3-1-7所示。否则应更换外转向横拉杆及转向横拉杆球接头。

（4）检查转向车轮轮胎磨损情况，轮胎应磨损均匀。若有横向羽状磨损，如图3-1-8所示，应通过四轮定位，调整转向横拉杆，即调整车轮前束。

图3-1-7 转向横拉杆球接头（与转向节相连）　　图3-1-8 轮胎横向羽状磨损

一、任务准备

（1）工作场景：实习工厂，机械转向系统的基本检查工作页。

（2）主要设备：科鲁兹轿车，钢直尺，记号笔，手电筒，手套，内三件套。

二、实施步骤

（一）机械转向系统的车上检查

作业内容	图解	具体操作方法及要求	完成确认
1.车身停放就位	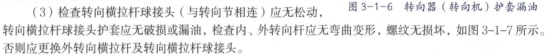	检查汽车停放在举升机工位上，应前后、左右位置合适	

续表

作业内容	图解	具体操作方法及要求	完成确认
2.安装车身挡块		正确地在后侧2个车轮的前后安装车身挡块，保证汽车检修过程的安全	
3.安装车内三件套		安装车内三件套：地板垫、座椅套、转向盘套	
4.检查转向系统的性能		启动发动机，分别向左右两方向转动转向盘。转向盘应操作轻便，操作过程中无颤动、无摆动、无异响。否则应检修机械转向系统组成机构和零部件的工作情况	
5.检查转向盘自由行程之一	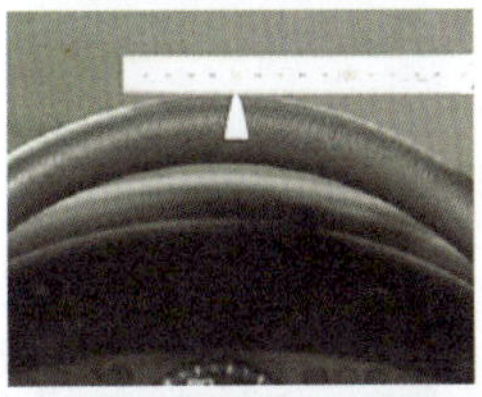	将车轮保持正前方位置。用记号笔在转向盘上做标记 用一把尺子套在转向盘的顶部	
6.检查转向盘自由行程之二	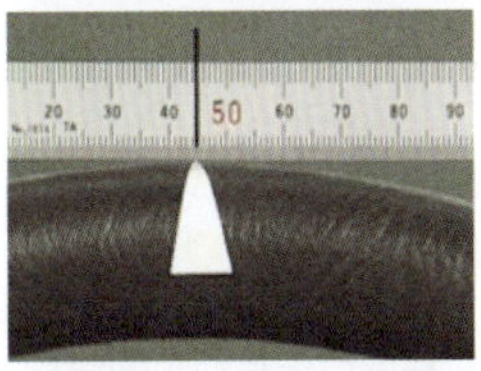	在保持前轮不转动的前提下，向左转动转向盘，测量出转向盘可以向左转动的最大距离	
7.检查转向盘自由行程之三	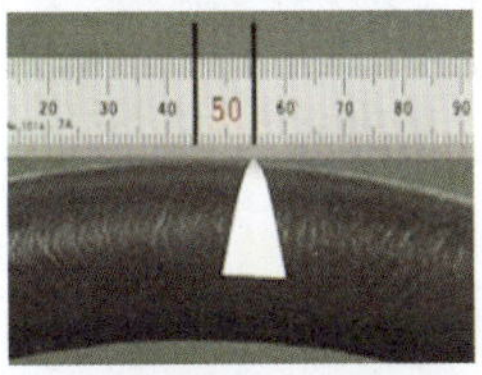	将转向盘转回到原始位置，然后用同样的方法向右转动进行测量	
8.检查转向盘自由行程之四	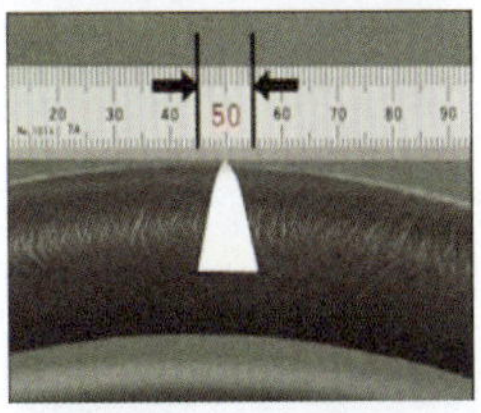	查阅相应维修手册中的规定值，若所示值处于规定范围30mm内，说明转向盘自由行程正常	
9.检查转向盘自由行程之五	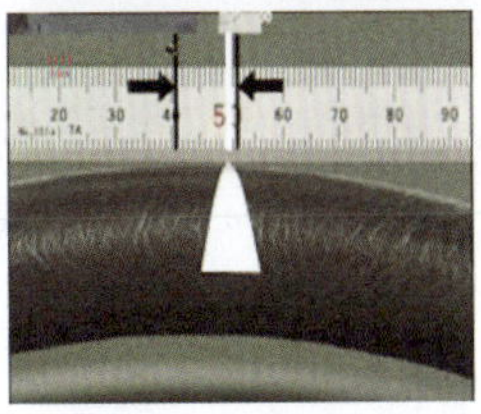	若左右自由转动量差异很大，超出标准，则应检查转向器本身 若发现自由行程过大，首先应检查调整转向器齿条压紧装置，然后依次检查机械转向系统各部位的固定情况，转向操纵机构和转向传动机构有无明显的松旷和间隙等	

（二）机械转向系统的车外检查

作业内容	图解	具体操作方法及要求	完成确认
1. 举升车辆		撤去车身挡块。安全可靠地支承并举升车辆 将车辆举升到合适位置后，可靠锁止举升机	
2. 检查转向器（转向机）护套	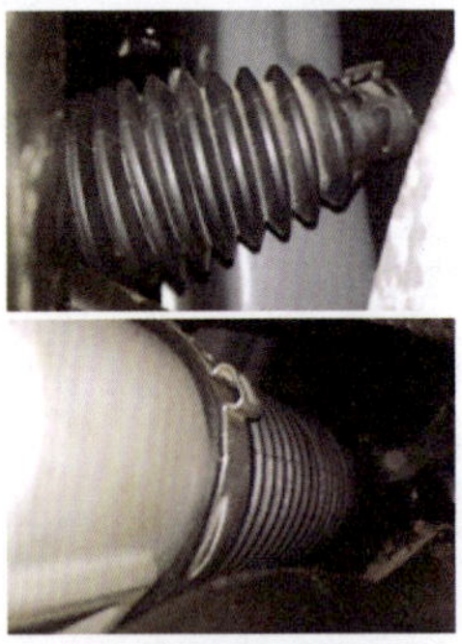	佩戴手套 检查转向器（转向机）护套应无破损或漏油。否则应更换转向机护套	
3. 检查转向器与转向横拉杆的接头（万向传动装置）		检查转向器（转向机）护套中，转向器与转向横拉杆的接头（万向传动装置）应无松动。否则应更换	
4. 检查转向横拉杆球接头		检查转向横拉杆球接头（与转向节相连）应无松动，转向横拉杆球接头护套应无破损或漏油，检查内、外转向杆无弯曲变形，螺纹无损坏，如图所示。否则应更换外转向横拉杆及转向横拉杆球接头	
5. 检查转向车轮轮胎磨损情况		检查转向车轮轮胎磨损情况，轮胎应磨损均匀。若有横向羽状磨损，如图所示，应通过四轮定位，调整转向横拉杆，即调整车轮前束	
6. 结束工作		解锁举升机，安全可靠地降下车辆。回收内三件套，清洁车辆 整理、归位、清洁工具设备，清洁场地	

任务评价表

评价内容	赋分	序号	具体指标	分值	得分		
					自评	组评	师评
仪容仪表	15	1	工作服、鞋、胸卡穿戴整洁	5			
		2	发型、指甲等符合工作要求	5			
		3	不佩戴首饰、钥匙、手表等	5			
教学过程	60	4	机械转向系统的要求	15			
		5	转向盘自由行程的定义	15			
		6	机械转向系统的车上检查	15			
		7	机械转向系统的车外检查	15			
职业素养	25	8	出勤情况	10			
		9	服从安排，积极参加组内活动	5			
		10	认真执行6S工作	10			
			综合得分	100			

1. 汽车对转向系统的要求有哪些？
2. 什么是转向盘自由行程？
3. 简述如何对机械转向系统进行基本检查。

任务三　转向操纵机构的拆装与调整

知识目标：
1. 了解转向操纵机构拆装与调整的注意事项。
2. 掌握转向操纵机构拆装与调整的方法。

能力目标：
1. 能正确描述转向操纵机构拆装与调整的注意事项。
2. 能正确地对转向操纵机构进行拆装与调整。

情感目标：
1. 引导学生学会倾听、主动交流、相互合作、尊重他人，掌握科学的学习方法和养成良好的学习习惯。
2. 结合课程，培养学生正确的价值观，养成良好的道德素养。

通过机械转向系统的基本检查，发现转向盘自由行程过大，或转向操纵机构有噪声，需要对转向操纵机构进行拆装与调整。通过本任务的学习和实践，了解转向操纵机构拆装与调整的注意事项，并能对转向操纵机构进行拆装与调整。

一、转向操纵机构的拆卸

以雪佛兰科鲁兹轿车为例。

（1）将转向盘从回正的位置转动180°到向下的位置。

注意：转动方向盘前，点火开关应处于"ON"挡，否则会损坏转向柱锁。

（2）断开蓄电池负极。

注意：断开蓄电池负极后，至少等待2min以上。等待电控系统放电完成，防止误激活安全气囊，造成不必要的伤害或经济损失。

（3）拆卸转向盘上盖（转向盘安全气囊、喇叭开关总成）。

用适当的撬具插入转向盘上盖两侧的开口中，小心撬开转向盘上盖的卡子，按箭头方向拆下转向盘上盖，断开安全气囊线束连接器，如图3-1-9所示。

图3-1-9　转向盘上盖的拆卸（一）

注意：拆卸转向盘上盖过程中，避免和转向盘上盖正面接触，避免触碰安全气囊线束连接器的插接头，取下转向盘上盖后，正面朝上，放置在安全可靠的地方，防止误激活安全气囊，造成不必要的伤害或经济损失。

（4）将转向盘回正并保持不动，汽车前轮转向正前位置。

注意：转动转向盘前，点火开关应处于"ON"挡，否则会损坏转向柱锁。

图 3-1-10　转向盘上盖的拆卸（二）
1- 转向盘紧固螺栓；2- 转向盘；3- 转向轴上对中标记

（5）拆卸转向盘。拆下转向盘紧固螺栓，紧固力矩为 30N·m，取下转向盘，断开相关线束连接器，注意转向轴的对中标记位于 6 点位置，如图 3-1-10 所示。

（6）使用合适撬具拆下转向柱上装饰盖，使用十字旋具拆下转向柱下装饰盖螺栓并取下下装饰盖，如图 3-1-11 所示。

图 3-1-11　转向柱下装饰盖的拆卸

（7）拆卸转向盘螺旋线圈和转向盘转角传感器。

拆下卸转向盘螺旋线圈 4 个固定螺栓 1，取下转向盘螺旋线圈 2 和安装在其下方的转向盘转角传感器，断开线束连接器，如图 3-1-12 所示。

图 3-1-12　转向盘螺旋线圈的拆卸
1- 固定螺栓；2- 转向盘螺旋线圈；3- 转向开关与托架总成

笔记

注意：不要随意旋转螺旋线圈，否则要重新对中。具体方法为顺时针旋转线圈的凸轮，直到线圈带停止，切勿用力过度，逆时针旋转线圈的凸轮约3周至中间位置，直到对中窗口露出黄色，这指示线圈的对中位置。

（8）拆卸转向开关与托架总成，断开线束连接器，如图3-1-13所示。

（9）拆卸仪表盘下饰板。拆卸左下角和右下角2个固定螺栓，拆卸左上角侧面的1个固定螺栓，拉开卡扣，取下仪表盘下饰板，脱开灯光开关线束，如图3-1-14所示。

图3-1-13　拆卸转向开关与托架总成

图3-1-14　拆卸仪表盘下饰板

（10）断开转向盘柱锁总成线束连接器，拆下转向盘柱锁总成上下左右方向共6个固定螺栓，取下转向盘柱锁总成。

（11）拆卸转向轴中间轴。拆下并报废2个中转向轴螺栓1，紧固力矩为25N·m，拆下转向轴中间轴2，如图3-1-15所示。

图3-1-15　转向轴中间轴的拆卸
1-转向轴螺栓；2-转向轴中间轴

（12）拆卸转向柱。

注意：用扎带固定住转向柱，防止转向柱掉落出现损坏。拆下4个转向柱固定螺栓，紧固力矩22N·m，取下转向柱。

二、转向操纵机构的安装与调整

采用与转向操纵机构拆卸相反的方法，安装转向操纵机构。

（1）安装转向柱，并用22N·m紧固4个转向柱固定螺栓。

注意：安装前用扎带固定住转向柱，防止转向柱掉落出现损坏。

（2）安装转向轴中间轴，使用新的2个中转向轴螺栓，紧固力矩为25N·m。

注意：与万向传动装置相连接的轴上的凹槽，应与转向轴螺栓孔对准，如图3-1-16所示。

（3）安装转向柱锁总成，紧固上下左右方向共6个固定螺栓，连接线束连接器。

（4）安装仪表盘下饰板。

（5）安装拆卸转向开关与托架总成，并连接线束连接器。

（6）安装转向盘螺旋线圈和转向盘转角传感器，并连接线束连接器。

图 3-1-16　转向轴中间轴的安装
1- 万向传动装置；2- 转向轴螺栓；3- 转向器齿轮轴

注意：不要随意旋转螺旋线圈，否则要重新对中。具体方法为顺时针旋转线圈的凸轮，直到线圈带停止，切勿用力过度，逆时针旋转线圈的凸轮约3周的位置，直到对中窗口露出黄色，这指示线圈的对中位置，如图3-1-17所示。

图 3-1-17　旋转螺旋线圈对中位置

（7）安装转向柱上装饰盖、下装饰盖，并紧固2个螺栓。

（8）安装转向盘，转向盘紧固螺栓，紧固力矩为30N·m。

注意：转向轴的对中标记位于6点位置。

（9）连接安全气囊线束连接器，安装转向盘上盖（转向盘安全气囊、喇叭开关总成）。

注意：拆卸转向盘上盖过程中，避免和转向盘上盖正面接触，避免触碰安全气囊线束连接器的插接头，取下转向盘上盖后，正面朝上，放置在安全可靠的地方，防止误激活安全气囊，造成不必要的伤害或经济损失。

（10）连接蓄电池负极。

一、任务准备

（1）工作场景：实习工厂，转向操纵机构的拆装与调整工作页。

（2）主要设备：轿车，常用拆装工具，世达工具套装，手电筒，手套，内三件套。

二、实施步骤

（一）转向操纵机构的拆卸

作业内容	图解	具体操作方法及要求	完成确认
1.车身停放就位		检查汽车停放在举升机工位上，应前后、左右位置合适	

续表

作业内容	图解	具体操作方法及要求	完成确认
2.安装车身挡块		正确地在前侧或后侧2个车轮的前后安装车身挡块，保证汽车检修过程的安全	
3.安装车内外三件套	 	安装车内三件套：地板垫、座椅套、转向盘套 安装车外三件套：前格栅布、两翼子板布	
4.调整转向盘和车轮位置		将转向盘从回正的位置转动180°到向下的位置 注意：转动方向盘前，点火开关应处于"ON"挡，否则会损坏转向柱锁	
5.断开蓄电池负极		注意：断开蓄电池负极后，至少等待2min以上。等待电控系统放电完成，防止误激活安全气囊，造成不必要的伤害或经济损失	
6.拆卸转向盘上盖	 	用适当的撬具插入转向盘上盖两侧的开口中，小心撬开转向盘上盖的卡子，按箭头方向拆下转向盘上盖，断开安全气囊线束连接器，如图所示 注意：拆卸转向盘上盖过程中，避免和转向盘上盖正面接触，避免触碰安全气囊线束连接器的插接头，取下转向盘上盖后，正面朝上，放置在安全可靠的地方，防止误激活安全气囊，造成不必要的伤害或经济损失	
7.调整转向盘和车轮位置		将转向盘回正并保持不动，汽车前轮转向正前位置 注意：转动方向盘前，点火开关应处于"ON"挡，否则会损坏转向柱锁	
8.拆卸转向盘	 	拆下转向盘紧固螺栓，紧固力矩为30N·m，取下方向盘，断开相关线束连接器，注意转向轴的对中标记位于6点位置	

续表

作业内容	图解	具体操作方法及要求	完成确认
9. 拆卸转向柱上、下装饰盖		使用合适撬具拆下转向柱上装饰盖，使用十字旋具拆下转向柱下装饰盖螺栓并取下下装饰盖	
10. 拆卸转向盘螺旋线圈和转向盘转角传感器		拆下卸转向盘螺旋线圈 4 个固定螺栓，取下转向盘螺旋线圈和安装在其下方的转向盘转角传感器，断开线束连接器 注意：不要随意旋转螺旋线圈，否则要重新对中。具体方法为顺时针旋转线圈的凸轮，直到线圈带停止，切勿用力过度，逆时针旋转线圈的凸轮约 3 周至中间位置，直到对中窗口露出黄色，这指示线圈的对中位置	
11. 拆卸转向开关与托架总成		拆卸转向开关与托架总成，断开线束连接器	
12. 拆卸仪表盘下饰板		使用撬具小心拆下仪表盘下饰板	
13. 拆卸转向盘柱锁总成	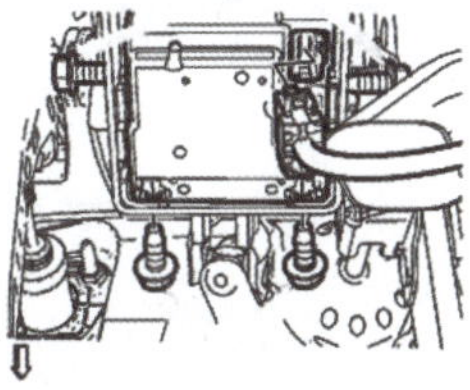	断开转向盘柱锁总成线束连接器，拆下转向盘柱锁总成上下左右方向共 6 个固定螺栓，取下转向盘柱锁总成	
14. 拆卸转向轴中间轴	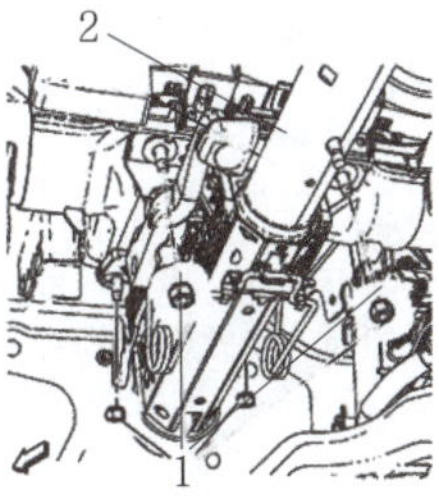	拆下并报废 2 个中转向轴螺栓 1，紧固力矩为 25N·m，拆下转向轴中间轴 2	
15. 拆卸转向柱	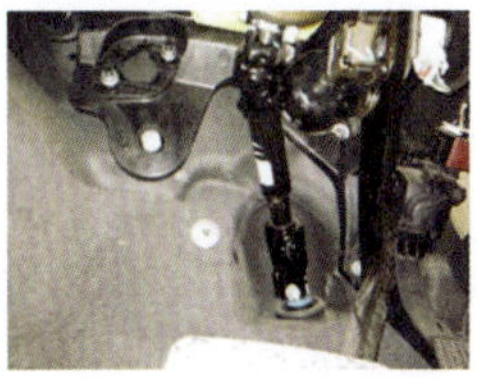	注意：用扎带固定住转向柱，防止转向柱掉落出现损坏。拆下 4 个转向柱固定螺栓，紧固力矩 22N·m，取下转向柱	

（二）转向操纵机构的安装与调整

作业内容	图解	具体操作方法及要求	完成确认
1.安装转向柱	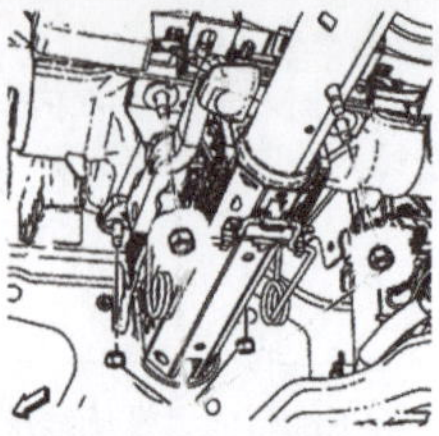	安装转向柱，并用22N·m紧固4个转向柱固定螺栓 注意：安装前用扎带固定住转向柱，防止转向柱掉落出现损坏	
2.安装转向轴中间轴	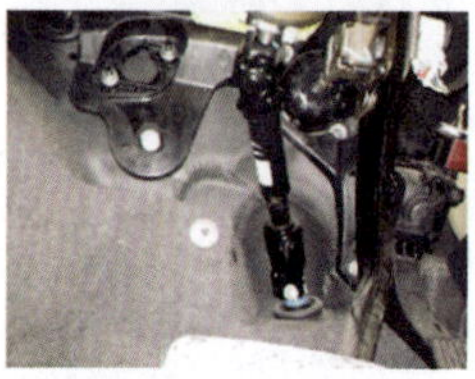	安装转向轴中间轴，使用新的2个中转向轴螺栓，紧固力矩为25N·m 注意：与万向传动装置相连接的轴上的凹槽，应与转向轴螺栓孔对准	
3.安装转向柱锁总成	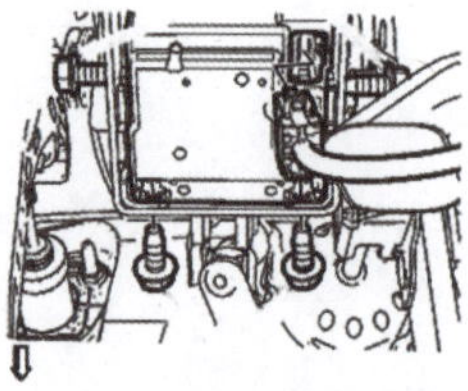	安装转向柱锁总成，紧固上下左右方向共6个固定螺栓，连接线束连接器	
4.安装仪表盘下饰板	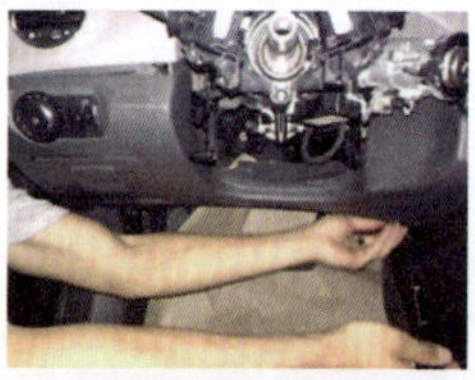	可靠地安装仪表盘下饰板	
5.安装拆卸转向开关与托架总成		可靠地安装拆卸转向开关与托架总成，并连接线束连接器	
6.安装转向盘螺旋线圈和转向盘转角传感器	 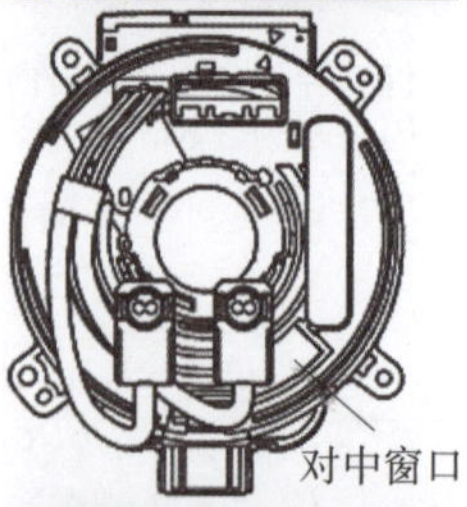	可靠地安装转向盘螺旋线圈和转向盘转角传感器，并连接线束连接器 注意：不要随意旋转螺旋线圈，否则要重新对中。具体方法为顺时针旋转线圈的凸轮，直到线圈带停止，切勿用力过度，逆时针旋转线圈的凸轮约3周的位置，直到对中窗口露出黄色，这指示线圈的对中位置 对中窗口	
7.安装转向柱上装饰盖、下装饰盖		可靠地安装转向柱上装饰盖、下装饰盖，并紧固2个螺栓	

续表

作业内容	图解	具体操作方法及要求	完成确认
8. 安装转向盘		安装转向盘，转向盘紧固螺栓，紧固力矩为 30N·m 注意：转向轴的对中标记位于 6 点位置	
9. 安装转向盘上盖		连接安全气囊线束连接器，安装转向盘上盖（转向盘安全气囊、喇叭开关总成） 注意：拆卸转向盘上盖过程中，避免和转向盘上盖正面接触，避免触碰安全气囊线束连接器的插接头，取下转向盘上盖后，正面朝上，放置在安全可靠的地方，防止误激活安全气囊，造成不必要的伤害或经济损失	
10. 连接蓄电池负极		可靠地连接蓄电池负极	
11. 结束工作		回收内外三件套，清洁车辆。整理、归位、清洁工具设备，清洁场地	

任务评价

任务评价表

评价内容	赋分	序号	具体指标	分值	得分		
					自评	组评	师评
仪容仪表	15	1	工作服、鞋、胸卡穿戴整洁	5			
		2	发型、指甲等符合工作要求	5			
		3	不佩戴首饰、钥匙、手表等	5			
教学过程	60	4	转向操纵机构的拆卸方法和注意事项	15			
		5	转向操纵机构的安装与调整的方法和注意事项	15			
		6	转向操纵机构的拆卸	15			
		7	转向操纵机构的安装与调整	15			
职业素养	25	8	出勤情况	10			
		9	服从安排，积极参加组内活动	5			
		10	认真执行 6S 工作	10			
			综合得分	100			

1. 简述如何拆卸转向操纵机构。
2. 简述如何安装和调整转向操纵机构。

任务四　转向传动机构的拆装与调整

知识目标：
1. 了解转向传动机构拆装与调整的注意事项。
2. 掌握转向传动机构拆装与调整的方法。

能力目标：
1. 能正确描述转向传动机构拆装与调整的注意事项。
2. 能正确地对转向传动机构进行拆装与调整。

情感目标：
1. 激发、满足学生的求知欲和好奇心，培养学生学习的兴趣。
2. 鼓励学生积极参与教学活动，使学生获得成功的体验，建立和增强学生学习专业知识的信心。

通过机械转向系统的基本检查，发现转向盘自由行程过大，汽车直线行驶时跑偏或转向轮胎有羽状磨损，需要对转向传动机构进行拆装与调整。通过本任务的学习和实践，了解转向传动机构拆装与调整的注意事项，并能对转向传动机构进行拆装与调整。

一、转向传动机构的拆卸

以雪佛兰科鲁兹轿车转向传动机构为例，如图3-1-18所示。

（1）拆卸轮胎，将转动转向盘转向横拉杆转向外侧，安全可靠地举升车辆到合适位置，并锁止举升机。

（2）松开转向横拉杆螺母，如图3-1-19所示。

（3）使用专用工具"拔出器"将转向传动机构外转向横拉杆从转向节上分离，专用工具使用原理如图3-1-20所示。

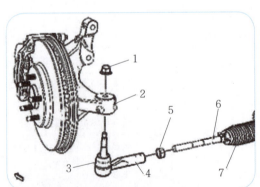

图3-1-18　转向传动机构

1- 转向横拉杆螺母；2- 转向节；3- 转向横拉杆球接头；4- 外转向横拉杆；5- 内转向横拉杆螺母；6- 内转向横拉杆；7- 转向器（转向机）护套

注意：除了执行"机械转向系统的基本检查"外，还需要清洁检查转向节的锥形内孔表面，若出现变形或过度磨损，需更换转向节。

（4）标记外转向横拉杆、内转向横拉杆螺母、内转向横拉杆的位置（或数螺纹牙数），以便安装调整定位，如图3-1-21所示。

（5）用开口扳手固定内转向横拉杆，用扳手松开转向传动机构内转向横拉杆螺母，拆下外转向横拉杆，如图3-1-22所示。

（6）拆下转向传动机构内转向横拉杆螺母，用鲤鱼钳取出转向机外护套卡箍，如图3-1-23所示。

图3-1-19 拆卸转向横拉杆螺母

图3-1-20 外转向横拉杆从转向节上分离

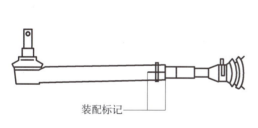

图3-1-21 做装配标记

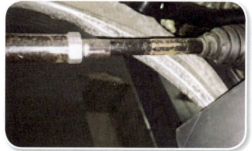

图3-1-22 拆卸内转向横拉杆螺母

图3-1-23 转向机外护套卡箍的折卸
1-内转向横拉杆螺母；2-转向机外护套卡箍

（7）在转向机上标记内护套卡箍的安装标记，用鲤鱼钳或一字旋具松开转向机内护套卡箍，拆下转向机护套，如图3-1-24所示。

图3-1-24 转向机护套的拆卸

1-转向机护套；2-转向机内护套卡箍

（8）用专用工具逆时针方向拆下内转向横拉杆，如图3-1-25所示。

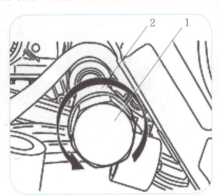

图3-1-25 内转向横拉杆的拆卸

1-专用工具；2-内转向横拉杆

二、转向传动机构的安装与调整

采用与转向操纵机构拆卸相反的方法，安装转向传动机构。

（1）在内转向横拉杆的螺纹上涂上螺纹锁止胶，用专用工具逆时针方向拆下内转向横拉杆并紧固至105N·m。

（2）安装转向机护套。安装时先将新的卡箍松松地安装在转向机护套的内侧，再将转向机护套安装在转向机上，调节至转向机上安装标记，使用鲤鱼钳内护套卡箍。

注意：安装前先给转向机护套内的组件涂抹润滑脂到标识位置；转向机护套必须位于转向机上正确的凹槽内。

（3）用鲤鱼钳安装转向机外护套卡箍。

（4）安装转向传动机构内转向横拉杆螺母。

（5）按照装配标记，安装外转向横拉杆、内转向横拉杆螺母、内转向横拉杆的位置，并紧固内转向横拉杆螺母60N·m。

（6）将转向传动机构外转向横拉杆装配到转向节上，安装转向横拉杆螺母，紧固力矩为35N·m。

（7）安装轮胎。

注意：所有作业完成后车辆必须进行车轮定位并调整转向横拉杆的长度，即调整车轮前束调整合格后方能交车。

任务实施

一、任务准备

（1）工作场景：实习工厂，转向传动机构的拆装与调整工作页。

（2）主要设备：科鲁兹轿车，常用拆装工具，世达工具套装，记号笔，手电筒，手套。

二、实施步骤

（一）转向传动机构的拆卸

作业内容	图解	具体操作方法及要求	完成确认
1.车身停放就位		检查汽车停放在举升机工位上，应前后、左右位置合适	
2.安装内外三件套		安装内外三件套	
3.拆卸轮胎，调整车轮位置		拆卸轮胎，将转向盘转向横拉杆转向外侧，以方便操作	
4.举升车辆	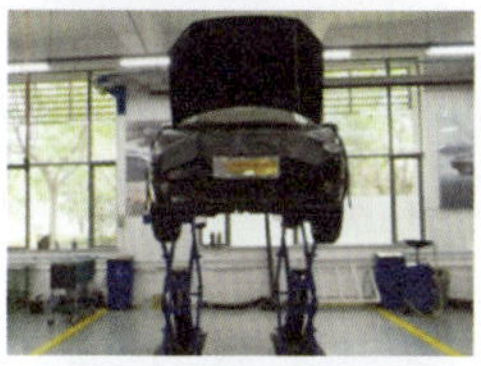	安全可靠地举升车辆到合适位置，并锁止举升机	
5.拆卸转向横拉杆螺母		分两次以上拆卸转向横拉杆螺母	
6.分离外转向横拉杆和转向节		使用专用工具"拔出器"将转向传动机构外转向横拉杆从转向节上分离。注意：除了执行"机械转向系统的基本检查"外，还需要清洁检查转向节的锥形内孔表面，若出现变形或过度磨损，需更换转向节	
7.做装配标记		标记外转向横拉杆、内转向横拉杆螺母、内转向横拉杆的位置（也可以数螺纹牙数），以便安装调整定位	
8.拆卸外转向横拉杆	 	用开口扳手固定内转向横拉杆，用扳手松开转向传动机构内转向横拉杆螺母，拆下外转向横拉杆	

续表

作业内容	图解	具体操作方法及要求	完成确认
9.拆卸转向机护套		用鲤鱼钳取出转向机外护套卡箍，如图所示	
	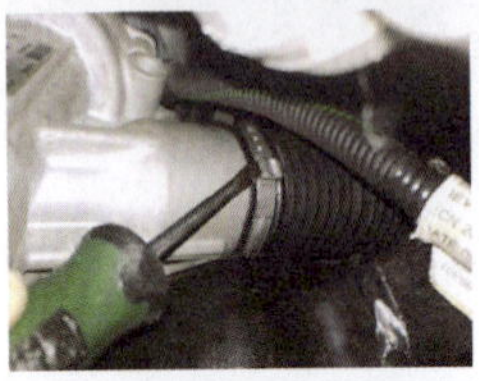	在转向机上标记内护套卡箍的安装标记，用鲤鱼钳或一字起松开转向机内护套卡箍，拆下转向机护套	
10.内转向横拉杆		用专用工具逆时针方向拆下内转向横拉杆	

（二）转向传动机构的安装与调整

作业内容	图解	具体操作方法及要求	完成确认
1.安装内转向横拉杆		在内转向横拉杆的螺纹上涂上螺纹锁止胶，用专用工具逆时针方向安装内转向横拉杆并紧固至105N·m	
2.安装转向机护套		安装时先将新的卡箍松松地安装在转向机护套的内侧，再将转向机护套安装在转向机上，调节至转向机上安装标记，使用鲤鱼钳内护套卡箍 注意：安装前先给转向机护套内的组件涂抹润滑脂到标识位置；转向机护套必须位于转向机上正确的凹槽内	
3.安装转向机外护套卡箍		用鲤鱼钳安装转向机外护套卡箍	
4.旋入内转向横拉杆螺母		旋入转向传动机构内转向横拉杆螺母	

续表

作业内容	图解	具体操作方法及要求	完成确认
5.安装外转向横拉杆		按照装配标记，安装外转向横拉杆、内转向横拉杆螺母、内转向横拉杆的位置，并紧固内转向横拉杆螺母60N·m	
6.安装外转向横拉杆装配到转向节上		将转向传动机构外转向横拉杆装配到转向节上，安装转向横拉杆螺母，紧固力矩为35N·m	
7.安装轮胎，定位调整		安装轮胎 注意：所有作业完成后车辆必须进行车轮定位并调整转向横拉杆的长度，即调整车轮前束调整合格后方能交车	
8.结束工作		清洁车辆。整理、归位、清洁工具设备，清洁场地	

任务评价

任务评价表

评价内容	赋分	序号	具体指标	分值	得分 自评	得分 组评	得分 师评
仪容仪表	15	1	工作服、鞋、胸卡穿戴整洁	5			
		2	发型、指甲等符合工作要求	5			
		3	不佩戴首饰、钥匙、手表等	5			
教学过程	60	4	转向传动机构的拆卸方法和注意事项	15			
		5	转向传动机构的安装与调整的方法和注意事项	15			
		6	转向传动机构的拆卸	15			
		7	转向传动机构的安装与调整	15			
职业素养	25	8	出勤情况	10			
		9	服从安排，积极参加组内活动	5			
		10	认真执行6S工作	10			
			综合得分	100			

1. 简述如何拆卸转向传动机构。
2. 简述如何安装和调整转向传动机构。

任务五　转向器的拆装与调整

知识目标：
1. 了解转向器拆装与调整的注意事项。
2. 掌握转向器构拆装与调整的方法。

能力目标：
1. 能正确描述转向器拆装与调整的注意事项。
2. 能正确地对转向器进行拆装与调整。

情感目标：
1. 鼓励学生积极参与教学活动，使学生获得成功的体验，建立和增强学生学习专业知识的信心。
2. 引导学生学会倾听、主动交流、相互合作、尊重他人，掌握科学的学习方法和养成良好的学习习惯。

通过机械转向系统的基本检查，发现转向盘自由行程过大或转向费力，需要对转向器进行拆装与调整。通过本任务的学习和实践，了解转向器拆装与调整的注意事项，并能对转向器进行拆装与调整。

车上转向器的拆装

以雪佛兰科鲁兹轿车为例。

（1）脱开转向操纵机构中转向中间轴和转向器的连接，参见"转向操纵机构的拆装与调整"。

（2）脱开转向传动机构中内转向横拉杆和转向器的连接，参见"转向传动机构的拆装与调整"。

（3）拆下前排气管，如图3-1-26所示。

注意：为避免被烫伤，应在排气系统冷却后再进行维修。拆卸排气系统零件时务必戴好安全眼镜和手套，否则从磨损的排气系统零件上掉落的铁锈和杂质会导致严重的人身伤害。

① 断开发动机前氧传感器11的线束连接器。
② 拆下并废弃传动系统和前副车架支座的2个M10螺栓5，紧固力矩60N·m。
③ 拆下前排气管吊架的2个M8螺栓6，紧固力矩22N·m。
④ 拆下2个排气管前吊架隔振垫螺母7，紧固力矩17N·m，取下2个排气消音器隔振垫9。
⑤ 拆下前排气管至排气消音器的2个螺母1，紧固力矩17N·m，取下衬垫2。
⑥ 拆下3个催化转化器至前排气管螺母3，紧固力矩17N·m，取下衬垫4。

单元三 汽车转向系统

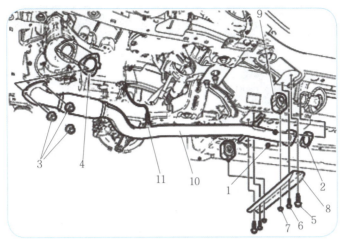

图 3-1-26 前排气管的拆卸

1- 前排气管至排气消音器的螺母；2,4- 衬垫；3- 催化转化器至前排气管螺母；
5- 传动系统和前副车架支座螺栓；6- 前排气管吊架螺栓；7- 排气管前吊架隔振垫螺母；
8- 排气管前吊架；9- 排气消音器隔振垫；10- 前排气管；11- 前氧传感器

⑦ 取下前排气管 10。

（4）拆下并废弃稳定杆连杆两侧的下螺母 2，紧固力矩 22N·m，拆下稳定杆连杆 1，并将稳定杆悬挂在车上，如图 3-1-27 所示。

（5）拆卸发动机舱下盖板。

（6）拆卸影响转向器拆装的附件，松开车架不超过 55mm，但不要脱开车架，以获得更多的空间。

（7）将 2 个线束插头从转向机器断开，拆下线束固定螺栓和支架。

（8）从车架上拆下并废弃 2 个转向器固定螺栓，紧固力矩 110N·m 从侧面抽出转向器。

（9）采用相反的方法装配转向器。

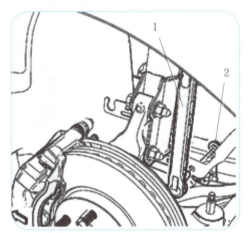

图 3-1-27 稳定杆连杆的拆卸

1- 连杆；2- 下螺母

一、任务准备

（1）工作场景：理实一体化教室，转向器的拆装与调整工作页。

（2）主要设备：齿轮齿条式转向器，常用拆装工具，世达工具套装，手套。

二、实施步骤

齿轮齿条式转向器的拆装与调整

作业内容	图解	具体操作方法及要求	完成确认
1. 做装配标记，拆卸调整螺塞、压簧		·从车上拆下转向器后，应在转向齿条上做上装配标记，以便安装时转向器对中 ·用内六角专用工具，拆下调整螺塞，取下调整螺塞、压簧	

蜗杆曲柄指销式转向器的拆装与检修

循环球式转向器的拆装与检修

齿轮齿条式转向器的拆装与检修

167

续表

作业内容	图解	具体操作方法及要求	完成确认
2. 取下压块		使用尖嘴钳取下压块	
3. 拆卸转向器主动齿轮罩盖		分两次以上拆下转向器主动齿轮罩盖的2个固定螺栓,紧固力矩20N·m	
4. 取下转向器主动齿轮和轴承总成		取下转向器主动齿轮和轴承总成	
5. 拆卸主动齿轮和轴承总成上的中间盖	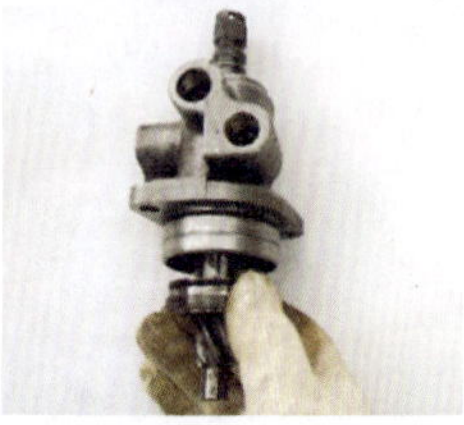	用专用工具拆下主动齿轮和轴承总成上的中间盖	
6. 分解主动齿轮和轴承总成	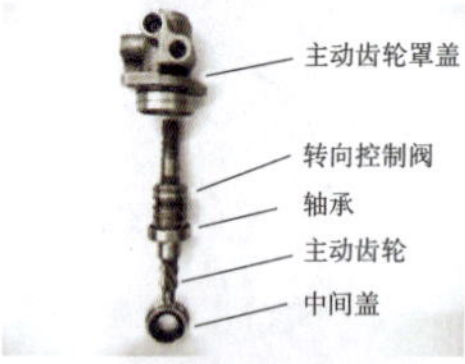	分解主动齿轮和轴承总成,分别为主动齿轮罩盖、主动齿轮、转向控制阀和轴承总成	
7. 拆卸密封罩和密封圈		用专用工具拆下密封罩和密封圈,也可以使用冲子错开180°敲击来拆卸或安装,紧固力矩50N·m	
8. 从转向器外壳中抽出齿条		从转向器外壳中抽出齿条	
9. 安装齿条		将齿条装入转向器外壳,并调整齿条面向转向器主动齿轮的方向	
10. 安装密封圈和密封罩		安装密封圈和密封罩,紧固力矩50N·m	

续表

作业内容	图解	具体操作方法及要求	完成确认
11. 组装主动齿轮和轴承总成	主动齿轮罩盖／转向控制阀／轴承／主动齿轮／中间盖	组装主动齿轮和轴承总成。安装中间盖到转向器主动齿轮总成上	
12. 装主动齿轮和轴承总成到转向器壳体上		按装配标记调整齿条位置，主动齿轮上的中间位置标记需对中 安装主动齿轮和轴承总成到转向器壳体上，分两次以上安装2个螺栓，紧固力矩20N·m	
13. 安装压块		安装压块，注意压块的凹槽与齿条的圆柱背面相配合	
14. 安装压簧和调整螺塞		安装压簧，用内六角专用工具安装调整螺塞，紧固力矩20N·m	
15. 结束工作		整理、归位、清洁工具设备，清洁场地	

任务评价表

评价内容	赋分	序号	具体指标	分值	得分		
					自评	组评	师评
仪容仪表	15	1	工作服、鞋、胸卡穿戴整洁	5			
		2	发型、指甲等符合工作要求	5			
		3	不佩戴首饰、钥匙、手表等	5			
教学过程	60	4	车上转向器拆装的方法	15			
		5	齿轮齿条式转向器的拆装与调整	45			

单元三 汽车转向系统

笔记

笔 记

续表

评价内容	赋分	序号	具体指标	分值	得分		
					自评	组评	师评
职业素养	25	6	出勤情况	10			
		7	服从安排,积极参加组内活动	5			
		8	认真执行 6S 工作	10			
			综合得分	100			

 **任务测评**

1. 简述如何从车上拆卸转向器。

2. 简述如何拆装与调整蜗杆曲柄指销式转向器。

3. 简述如何拆装与调整循环球式转向器。

4. 简述如何拆装与调整齿轮齿条式转向器。

项目二　动力转向系统

项目导入

随着经济的发展和人们对汽车驾驶和乘坐舒适性要求的提高，传统的机械转向系统已经不能满足当代汽车的要求。动力转向系统的出现弥补了传统转向系统的不足，在可以正常转向的情况下还可以减轻驾驶的疲劳强度，提高驾驶的安全性和舒适性。

任务一　液压助力转向系统结构认知

学习目标

知识目标：
1. 掌握液压助力转向系的组成。
2. 掌握液压助力转向系的工作原理。

能力目标：
1. 能正确识记液压助力转向系统各零部件。
2. 能正确描述液压助力转向系统的组成和工作原理。

情感目标：
1. 激发、满足学生的求知欲和好奇心，培养学生学习的兴趣。
2. 鼓励学生积极参与教学活动，使学生获得成功的体验，建立和增强学生学习专业知识的信心。

任务描述

通过本任务的学习和实践，掌握液压助力转向系的组成和工作原理，并能正确识记液压助力转向系统各零部件，能正确描述液压助力转向系统的组成和工作原理。

知识链接

一、液压助力转向系统的组成

液压助力转向系统是由机械转向系统和动力转向装置组成。动力转向装置由机械转向器、转向控制阀、转向动力缸以及将发动机输出的部分机械能转换为压力能的转向油泵、转向油罐等组成，如图 3-2-1、图 3-2-2 所示。

1. 转向器

转向器齿条的左端通过横拉杆支架与左、右横拉杆连接，齿条的右端通过活塞与工作缸连接。

2. 动力缸

动力缸设在转向器壳的左端，被活塞分隔成左、右压力腔，左、右压力腔通过油管与转向控制阀相连。

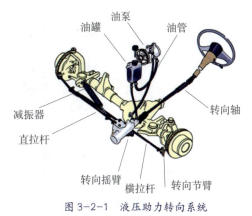

图 3-2-1　液压助力转向系统

液压转向助力系统

笔记

滑阀式转向
控制阀工作
原理

转阀式转向
控制阀工作
原理

3. 转向控制阀

转向控制阀与转向器主动齿轮加工或装配成一体，转向控制阀随着转向轴的转动改变液压助力油流入动力缸的方向，实现不同方向的转向助力。转向控制阀有滑阀式和转阀式两种。

（1）滑阀式转向控制阀。阀体沿轴向移动来控制油液流量的转向控制阀，称为滑阀式转向控制阀，如图3-2-3所示。当阀体1处于中间位置时，其两个凸棱与阀套环槽形成四条缝隙。中间的两个缝隙分别与动力缸两腔的油道相通，而两边的两个缝隙与回油道相通。当阀体向右移动很小的一个距离时，右凸棱将右外侧的缝隙堵住，左凸棱将中间的左缝隙堵住，则来自液压泵的高压油经通道5和中间的右缝隙流入通道4，继而进入动力缸的一个腔；而动力缸另一腔的低压油被活塞推出，经由通道6和左凸棱外侧的缝隙流回储油罐。

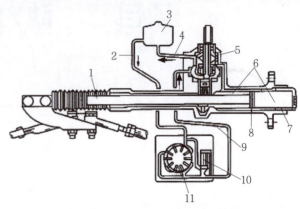

图 3-2-2 液压助力转向系统结构
1- 齿条；2- 低压油管；3- 储油罐；4- 回油管；
5- 转向控制阀；6- 压力腔；7- 动力缸；8- 活塞；
9- 高压油管；10- 压力流量控制阀；11- 转向油泵

（2）转阀式转向控制阀。阀体绕其轴线转动来控制油液流量的转向控制阀，称为转阀式转向控制阀，如图3-2-4所示。该转阀具有四个互相连通的进油道A，通道B、C分别与动力缸的左、右腔相连通。当阀体1顺时针转过一个很小的角度时，从液压泵来的压力油经通道A流入四个通道C，继而进入动力缸的一个腔内。另外四个通道B的进油腔被隔断，压力油不能进入，因而动力缸另一腔的低压油在活塞的推动下经回油道流回储油罐。

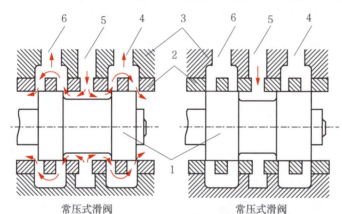

常压式滑阀　　　　　常压式滑阀

图 3-2-3 滑阀式转向控制阀的结构与工作原理
1- 阀体；2- 阀套；3- 壳体；4,6- 连接动力缸左右腔的通道；
5- 连接转向油泵输出管路的通道

4. 转向油泵

转向油泵为叶片泵，它由发动机曲轴通过皮带轮驱动，将液压油从储油罐泵入控制阀，以提供转向所需的动力源（高压油）。为了确保动力转向系统安全工作，防止液压系统工作压力超过系统允许的最大工作压力，在叶片泵内装有压力流量控制阀。当工作压力超过设定值时，压力油通过压力流量控制阀卸载使压力油返回进油口；当叶片泵供油量超过设定值时，多余的油经此阀流回到叶片泵进油口。

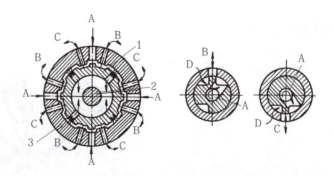

图 3-2-4 转阀式转向控制阀的结构与工作原理
1- 阀体；2- 扭杆（轴）；3- 壳体；A- 连接转向油泵输出管路的通道；B，C- 连接动力缸左右腔的通道；
D- 连通动力缸低压腔的回油通道

二、液压助力转向系统的工作原理

以桑塔纳 2000 型轿车使用的滑阀式转向控制阀的液压助力转向系统为例。

当汽车直线行驶时,如图 3-2-5(a)所示,转向盘处于中间位置,阀芯也处于中间位置,所有控制口接通,液压油毫无阻碍地流经转向控制阀返回到储油罐。

当向右转动转向盘时,如图 3-2-5(b)所示,转向力矩使得弹性扭力杆扭转,转向柱上的拨叉带动两个阀芯发生相对移动,即右边阀芯下移,使得进油通道开大;左边阀芯上移,关闭进油通道,此时左、右阀芯分别打开、关闭各自的回油通道。根据右边阀芯进油通道开度大小,来控制流入动力缸左压力腔的油的流量和油压。动力缸左压力腔的压力推动转向器活塞向右运动,起到助力作用。转向器活塞移动距离的大小,取决于施加在转向盘上转向力矩的大小。

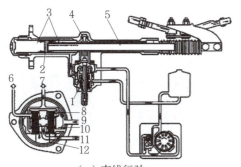
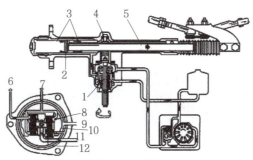

(a)直线行驶　　　　　　　　　　(b)向右转向

图 3-2-5　桑塔纳 2000 型轿车动力转向装置工作原理

1- 转向齿轮轴;2- 活塞;3- 压力腔;4- 转向齿轮;5- 转向齿条;6- 通向左压力腔;7- 通向右压力腔;
8- 回油节流阀;9- 进油口;10- 出油节流阀;11- 出油口;12- 阀芯

一、任务准备

(1)工作场景:理实一体化教室,液压助力转向系统认知工作页。

(2)主要设备:桑塔纳轿车底盘教学台架。

二、实施步骤

作业内容	图解	具体操作方法及要求	完成确认
1.液压助力转向系统的组成	1- 转向盘;2- 转向轴;3- 动力转向器;4- 左侧转向横拉杆;5- 低压油管;6- 高压油管;7- 动力转向油泵;8- 储油罐;9- 右侧转向横拉杆;10- 万向节	能正确识别液压助力转向系统的基本组成机构和零部件	
2.转向控制阀的结构和工作原理		能正确描述滑阀式和转阀式两种转向控制阀的工作原理	

续表

作业内容	图解	具体操作方法及要求	完成确认
3. 液压助力转向系统的工作原理		能正确描述液压助力转向系统的工作原理	

任务评价表

评价内容	赋分	序号	具体指标	分值	得分 自评	得分 组评	得分 师评
仪容仪表	15	1	工作服、鞋、胸卡穿戴整洁	5			
		2	发型、指甲等符合工作要求	5			
		3	不佩戴首饰、钥匙、手表等	5			
教学过程	60	4	液压助力转向系统的基本组成	15			
		5	滑阀式转向控制阀的结构与工作原理	15			
		6	转阀式转向控制阀的结构与工作原理	15			
		7	液压助力转向系统的工作原理	15			
职业素养	25	8	出勤情况	10			
		9	服从安排，积极参加组内活动	5			
		10	认真执行 6S 工作	10			
			综合得分	100			

1. 简述动力转向系统的基本功用。
2. 简述液压助力转向系统的基本组成。
3. 简述滑阀式转向控制阀的结构与工作原理。
4. 简述转阀式转向控制阀的结构与工作原理。
5. 简述液压助力转向系统的工作原理。

任务二 转向助力油的检查与更换

学习目标

知识目标：
1. 了解转向助力油的相关知识和使用注意事项。
2. 掌握转向助力油的检查与更换的方法。

能力目标：
1. 能正确描述转向助力油的使用注意事项。
2. 能正确地对转向助力油的检查与更换的方法。

情感目标：
1. 鼓励学生积极参与教学活动，使学生获得成功的体验，建立和增强学生学习专业知识的信心。
2. 引导学生学会倾听、主动交流、相互合作、尊重他人，掌握科学的学习方法和养成良好的学习习惯。

任务描述

本任务是按照汽车保养手册要求，对达到行驶里程的车辆的转向助力油，根据检查情况添加或更换。不同汽车企业对转向助力油的检查与更换的行驶里程或年限的规定略有不同。

知识链接

一、转向助力油的维护保养

一般厂家规定每2年（或3万公里），更换转向助力油，不同汽车企业对转向助力油的检查与更换的行驶里程或年限的规定略有不同。对于液压转向助力装置而言，在使用过程中会出现转向助力油变白、气泡、浑浊、变质、液位下降等现象，致使动力转向装置性能下降或丧失，造成汽车转向沉重。其主要原因是转向助力油与空气混合、转向助力油达到更换周期或管路存在泄漏。因此，需要定期检查、添加、更换转向助力油。

汽车转向助力油是汽车液压转向助力系统的工作介质，长期以来，液压转向助力油一直选用自动变速器油（ATF）替代，如上海桑塔纳2000系列轿车的转向助力油，但目前有采用转向助力专门用油的趋势。采用转向助力油可减小液压件磨损、防止氧化起泡、降低工作温度、保护油封及管路，使转向机构操作轻便、顺滑。转向助力油中含有去污添加剂的成分，可以有效清洁转向助力系统，如图3-2-6所示。

图3-2-6 转向助力油

转向助力油使用注意事项：

（1）转向助力油含有有毒物质，如果沾到皮肤应及时清洗干净。

（2）转向助力油具有腐蚀性，可能导致油漆失去光泽，也会导致橡胶配件老化，如有沾染应及时清洗。

（3）配有液力转向助力系统的汽车，在使用过程中避免原地打方向（打死方向）或方向打至极限（打死方向），长时间打死方向会烧蚀转向助力油泵。

二、转向助力油的检查与更换

1.转向助力油液位的检查

（1）操纵举升机将车辆举升到适当高度，使转向轮离开地面，可靠锁止举升机。

（2）调整转向盘，使车辆的两个前轮处于直线行驶的状态，如图3-2-7所示。

（3）清洁转向助力储液罐，转向助力系统的储液罐安装在发动机舱内发动机前方的位置，如图3-2-8所示。

图3-2-7 调整转向盘

图3-2-8 转向油储液罐安装位置

（4）用手旋下储液罐盖，使用抹布擦净标尺上的油迹。如图3-2-9所示，观察标尺上的刻度线。有些车储液罐的标尺与储液罐制成一体的，罐体上注有"MAX"和"MIN"刻度线，指示液压面的最高和最低极限的位置。

（5）先将盖旋紧储液罐上，然后再将盖旋下，观察标尺上显示的液面位置，如图3-2-10所示。

（6）转向助力油液面高度应在标尺的"MAX"和"MIN"刻度线之间。如果液面过低，应适当添加转向助力油，并按以下步骤检查系统是否有泄漏现象。

图3-2-9 擦净油标尺

图3-2-10 观察油标尺上液面位置

2.转向助力油泄漏的检查

（1）操纵举升机，将车辆举升至适当高度，并可靠锁止举升机，如图3-2-11所示。

（2）检查转向器壳及各油管接头处，是否有漏油现象，如图3-2-12所示。

（3）检查转向助力油泵及各管接头处，是否有漏油现象，如图3-2-13所示。

图3-2-11 举升车辆

图3-2-12 转向器油管接头

图3-2-13 转向助力油泵管接头

（4）检查储液罐及各管接头处，是否有漏油现象，如图 3-2-14 所示。

（5）拆下转向机护套与转向器连接端，检查防尘罩内是否存留助力液。如果防尘罩内存留助力液，说明转向器的动力油缸漏油，应更换转向器总成，拆下如图 3-2-15 所示。

图 3-2-14　储液罐管接头　　　　　图 3-2-15　转向机护套与转向器连接端

3. 转向助力油的排放

经检查，若转向助力油油质不合格或达到了厂家规定更换里程或年限，这时必须及时更换转向助力油，以下是转向助力油的更换操作。

（1）用手旋下储液罐盖，连接好转向助力油抽吸桶上的压缩空气管，用吸管吸出储液罐内的助力油，如图 3-2-16 所示。

（2）操纵举升机，将车辆举升至轮胎最低点距离地面约 300mm 的高度，并锁止举升机。

（3）在储液罐回油管下方垫好抹布，然后使用鲤鱼钳将转向器油管与储液罐连接端的压紧卡箍拆离，拆下储液罐回油管，如图 3-2-17 所示。

（4）轻轻拉出回油管，将一适当长度的软管与回油管和接油容器连接起来，如图 3-2-18 所示。

（5）启动发动机并保持怠速运转，同时左右转动转向盘至极限位置 10 次左右。

（6）排净助力液后，停止发动机运转和转动转向盘。

图 3-2-16　吸出储液罐内　　图 3-2-17　拆储液罐回油管　　图 3-2-18　回油管和接油容器连接
　　　　　的助力油

4. 转向助力油的加注

（1）将转向器的回油管用手安插到储油罐的管接头上，如图 3-2-19 所示。

（2）使用鲤鱼钳将回油管卡箍安装到位。

（3）将转向助力油加注到储液罐内，并保持液面达到"MAX"刻度线，如图 3-2-20 所示。

图 3-2-19　安装回油管到储油罐的管接头上　　　图 3-2-20　加注转向助力油

5. 系统排气

（1）左右转动转向盘至极限位置10次左右，观察储液罐中空气排放情况。

（2）当储液罐中不再有气泡出现后，操纵举升机，将车辆降落到地面上。

（3）启动发动机并保持怠速运转，再次左右转动转向盘至极限位置10次左右。

（4）重新检查储液罐内的助力液液面高度，应位于"MAX"和"MIN"刻度线之间。如果液面过低，应适当添加补充转向助力油；若液面高于"MAX"刻度线，应吸出多余助力液。

（5）然后再举升车辆，检查有无转向助力油渗漏现象。

（6）结束工作，放下车辆、收驾驶室三件套、升起车窗玻璃、清洁整理车辆、场地、设备、工具。

注意：废弃转向助力油做集中回收处理。

一、任务准备

（1）工作场景：实习工厂，转向助力油的检查与更换工作页。

（2）主要设备：配备液压动力转向系统的轿车，常用拆装工具，废油回收桶，转向助力油抽吸桶，手电筒，手套，内外三件套，抹布。

二、实施步骤

（一）转向助力油液位的检查

作业内容	图解	具体操作方法及要求	完成确认
1.车身停放就位		检查汽车停放在举升机工位上，应前后、左右位置合适	
2.安装车内外三件套		安装车内三件套：地板垫、座椅套、转向盘套 打开发动机舱盖，安装翼子板布、前格栅布 操纵举升机将车辆举升到适当高度，使转向轮离开地面，可靠锁止举升机 调整转向盘，使车辆的两个前轮处于直线行驶的状态	
3.清洁转向助力储液罐		清洁转向助力储液罐，转向助力系统的储液罐安装在发动机舱内发动机前方的位置	
4.旋下储液罐盖，擦净标尺		用手旋下储液罐盖，使用抹布擦净标尺上的油迹。如图所示，观察标尺上的刻度线。有些车储液罐的标尺与储液罐制成一体的，罐体上注有"MAX"和"MIN"刻度线，指示液压面的最高和最低极限的位置	

续表

作业内容	图解	具体操作方法及要求	完成确认
5. 检查转向助力油液位		先将盖旋紧储液罐上，然后再将盖旋下，观察标尺上显示的液面位置 转向助力油液面高度应在标尺的"MAX"和"MIN"刻度线之间。如果液面过低，应适当添加转向助力油，并按下面（二）步骤检查系统是否有泄漏现象	

（二）转向助力油泄漏的检查

作业内容	图解	具体操作方法及要求	完成确认
1. 举升车辆		操纵举升机，将车辆举升至适当高度，并可靠锁止举升机	
2. 检查转向器油管接头		检查转向器壳及各油管接头处，是否有漏油现象	
3. 检查转向助力油泵及各管接头		检查转向助力油泵及各管接头处，是否有漏油现象	
4. 检查储液罐及各管接头		检查储液罐及各管接头处，是否有漏油现象	
5. 检查转向器动力缸		拆下转向机护套与转向器连接端，检查防尘罩内是否存留助力液。如果防尘罩内存留助力液，说明转向器的动力油缸漏油，应更换转向器总成，拆下	

（三）转向助力油的排放

作业内容	图解	具体操作方法及要求	完成确认
1. 吸出储液罐内的助力油		用手旋下储液罐盖，连接好转向助力油抽吸桶上的压缩空气管，用吸管吸出储液罐内的助力油	

作业内容	图解	具体操作方法及要求	完成确认
2.举升车辆		操纵举升机,将车辆举升至轮胎最低点距离地面约300mm的高度,并锁止举升机	
3.拆下储液罐回油管		在储液罐回油管下方垫好抹布,然后使用鲤鱼钳将转向器油管与储液罐连接端的压紧卡箍拆离,拆下储液罐回油管	
4.连接储液罐回油管和接油容器		轻轻拉出回油管,将一适当长度的软管与回油管和接油容器连接起来	
5.排放转向助力油		起动发动机并保持怠速运转,同时左右转动转向盘至极限位置10次左右 排净助力液后,停止发动机运转和转动转向盘	

（四）转向助力油的加注

作业内容	图解	具体操作方法及要求	完成确认
1.安装储油罐的管接头		将转向器的回油管用手安插到储油罐的管接头上 使用鲤鱼钳将回油管卡箍安装到位	
2.加注转向助力油		将转向助力液加注到储液罐内,并保持液面达到"MAX"刻度线	
3.系统排气		（1）左右转动转向盘至极限位置10次左右,观察储液罐中空气排放情况 （2）当储液罐中不再有气泡出现后,操纵举升机,将车辆降落到地面上 （3）启动发动机并保持怠速运转,再次左右转动转向盘至极限位置10次左右 （4）重新检查储液罐内的助力液液面高度,应位于"MAX"和"MIN"刻度线之间。如果液面过低,应适当添加补充转向助力油;若液面高于"MAX"刻度线,应吸出多余助力液 （5）然后再举升车辆,检查有无转向助力油渗漏现象	

续表

作业内容	图解	具体操作方法及要求	完成确认
4.结束工作		解锁举升机，安全可靠地降下车辆。回收内三件套，清洁车辆 整理、归位、清洁工具设备，清洁场地	

任务评价表

评价内容	赋分	序号	具体指标	分值	得分		
					自评	组评	师评
仪容仪表	15	1	工作服、鞋、胸卡穿戴整洁	5			
		2	发型、指甲等符合工作要求	5			
		3	不佩戴首饰、钥匙、手表等	5			
教学过程	60	4	转向助力油液位的检查	15			
		5	转向助力油泄漏的检查	15			
		6	转向助力油的排放	15			
		7	转向助力油的加注	15			
职业素养	25	8	出勤情况	10			
		9	服从安排，积极参加组内活动	5			
		10	认真执行6S工作	10			
			综合得分	100			

1. 简述转向助力油使用的注意事项。
2. 简述转向助力油的检查方法。
3. 简述转向助力油的加注及系统排气方法。

任务三　电动助力转向系统结构认知

知识目标：
1. 掌握电动助力转向系统的组成。
2. 掌握电动助力转向系统的工作原理。

能力目标：
1. 能正确识记电动助力转向系统各零部件。
2. 能正确描述电动助力转向系统的组成和工作原理。

情感目标：
1. 引导学生学会倾听、主动交流、相互合作、尊重他人，掌握科学的学习方法和养成良好的学习习惯。
2. 结合课程，培养学生正确的价值观，养成良好的道德素养。

通过本任务的学习和实践，掌握电动助力转向系统的组成和工作原理，并能正确识记电动助力转向系统各零部件，能正确描述电动助力转向系统的组成和工作原理。

一、电动助力转向系统的组成

电动助力转向系统由机械转向系统和电动助力转向装置组成。电动助力转向装置由扭矩传感器（转矩传感器）、车速传感器、电子控制单元（ECU）、电动机和减速机构组成，如图3-2-21所示。

1. 扭矩传感器（转矩传感器）

扭矩传感器是测量驾驶员作用在转向盘上力矩的大小与方向的，有的扭矩传感器还能够测量转向盘转角的大小和方向。

扭矩传感器有接触式与非接触式两种。图3-2-22所示为一种接触式转矩传感器，它在转向轴与转向小齿轮之间安装了一个扭杆。当转向系统工作时，利用滑环和电位计测量扭杆的变形量并转换为电压信号，通过信号输出端将信号输出并转换得到所产生的转矩。

图3-2-23所示非接触式扭矩传感器中有两对磁极环，当输入轴与输出轴之间发生相对转动时，磁极环之间的空气间隙发生变化，从而引起电磁感应系数的变化，在线圈中产生感应电压，并将电压信号转换为转矩信号。非接触式转矩传感器的优点是体积小、精度高，缺点是成本较高。

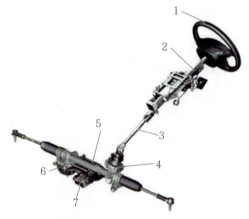

图 3-2-21　电动助力转向系统
1- 转向盘；2- 转向柱；3- 转向中间轴；
4- 扭矩传感器；5- 转向电动机；6- 转向器；
7- 电子控制单元

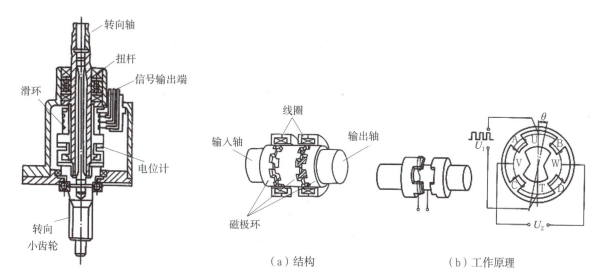

图 3-2-22 接触式扭矩传感器　　　　图 3-2-23 非接触式扭矩传感器

非接触式扭矩传感器的工作原理，如图 3-2-23（b）所示。在输出轴的极靴上分别绕有 A、B、C、D 四个线圈，转向盘处于中间位置时，扭杆的纵向对称面正好处于图示输出轴极靴 AC、BD 的对称面上。当在 U、T 两端加上连续的输入脉冲电压信号 U_i 时，由于通过每个极靴的磁通量相等，所以在 V、W 两端检测到的输出电压信号 $U_0=0$。转向时，由于扭杆和输出轴极靴之间发生相对扭转变形，极靴 A、D 之间的磁阻增加，B、C 之间的磁阻减少，各个极靴的磁通量发生变化，于是在 V、W 之间就出现了电位差。其电位差与扭杆的扭转角 θ 和输入电压 U_i 成正比。所以，通过测量 V、W 两端的电位差就可以测量出扭杆的扭转角，于是也就知道了转向盘施加的转矩。

2. 车速传感器

车速传感器有电磁感应式、霍尔式、光电式等多种形式，常见的为电磁感应式车速传感器，其结构、原理如图 3-2-24（a）所示，主要由永久磁铁、电磁感应线圈、转子等组成。转子一般安装在变速器输出轴上或车轮上，永久磁铁和电磁感应线圈安装在变速器壳体上或驱动桥壳，如图 3-2-24（c）所示。当输出轴转动，转子也转动，转子与传感器之间的空气间隙发生周期性变化，使电磁感应线圈中磁通量也发生变化，从而产生交流感应电压，如图 3-2-24（b）所示，并输送给电脑。交流感应电压随着车速（输出轴转速）具有两个响应特性，一是随着车速的增加，交流感应电压增加；二是随着车速的增加，交流感应电压脉冲频率也增加。电脑是根据交流感应电压脉冲频率大小计算车速。

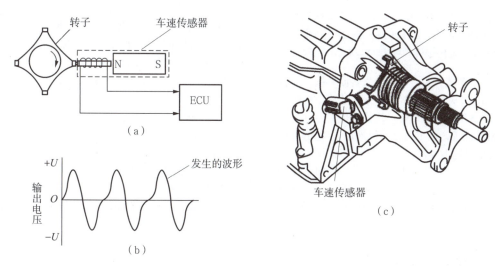

图 3-2-24 电磁式车速传感器的结构和原理

3. 电子控制单元（ECU）

电子控制单元的功能是，根据转矩传感器和车速传感器信号进行逻辑分析与计算后发出指令，控制电动机的动作。此外，ECU还有安全保护和自我诊断功能。通过采集电动机的电流、发电机电压、发动机工况等信号，判断其系统工作状况是否正常。一旦系统工作异常，将自动取消助力作用，同时还将进行故障诊断分析。

4. 电动机

电动机是EPAS系统的动力源，其功能是根据电子控制单元的指令输出适当的辅助转矩。目前采用较多的是永磁式直流电动机，分为有刷式和无刷式两种。电动机对电动转向助力系统的性能有很大影响，所以电动转向助力系统对电动机有很高的要求。不仅要求其转矩大、转矩波动小、转动惯量小、尺寸小、质量轻，而且要求其可靠性高、易控制。

5. 减速机构

电动助力转向系统的减速机构与电动机相连，起降速增扭作用。常采用蜗轮蜗杆减速机构、滚珠螺杆螺母减速机构和行星齿轮减速机构等。蜗轮蜗杆减速机构一般应用在转向轴助力的电动助力转向系统上。行星齿轮减速机构则被应用在齿条助力式电动助力转向系统和齿轮助力式电动助力转向系统。

蜗轮蜗杆减速机构，如图3-2-25所示。蜗杆5与电动机3的输出轴相连，通过蜗轮6和蜗杆的啮合传动将电动机的转矩作用到转向轴1上，以实现转向助力。

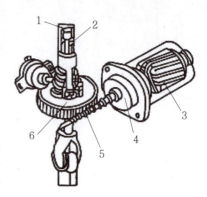

图 3-2-25 蜗轮蜗杆减速机构

1- 转向轴；2- 扭杆；3- 电动机；
4- 离合器；5- 蜗杆；6- 蜗轮

二、电动助力转向系统的工作原理

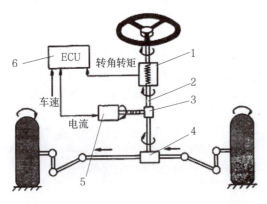

图 3-2-26 电动助力转向系统的工作原理

1- 扭矩传感器；2- 转向轴；3- 减速机构；
4- 齿轮齿条式转向器；5- 电动机；6-ECU

如图3-2-26所示为电动助力转向系统的工作原理图。当操纵转向盘时，装在转向盘轴上的扭矩传感器不断地测出转向轴上的转矩信号，该信号与车速信号同时输入到电子控制单元。电控单元根据这些输入信号，确定助力转矩的大小和方向，即确定电动机电流的大小和方向，实现转向助力大小和方向的调整。电动机的转矩加在汽车的转向机构上，使之得到一个与汽车工况相适应的转向作用力。

三、电动助力转向系统的特点

电动助力转向系统与传统液压式动力转向系统相比具有以下特点：

（1）改善汽车的转向性能。电动助力转向系统能在各种行驶工况下提供最佳作用力，减小路面不平度所引起的对转向系统的扰动，改善了汽车的转向性能。

（2）节能减排。电动助力转向系统只在转向时电动机才提供助力，相比液压式动力转向系统可节约燃油3%～5%，因而燃油经济性有了很大的提高。

（3）结构简单，生产维修简便。电动助力转向系统取消了油泵、传动带、密封件、液压软管、液压油及密封件等，其零件比传统液压式动力转向系统大大减少，因而质量更轻，结构更紧凑，在安装位置选择方面也更为方便，并且可以降低噪声。

（4）减少污染。由于电动助力转向系统不存在渗漏问题，因而减少了对环境的污染。

（5）节省动力，转向助力不受发动机的影响。液压动力转向系统工作时受发动机转速影响，在发动机转速高时助力大，发动机转速低时助力小。而电动助力转向系统不受发动机转速的影响，转向性能得到有效提高。

一、任务准备

（1）工作场景：理实一体化教室，电动助力转向系统认知工作页。

单元三　汽车转向系统

（2）主要设备：卡罗拉电动助力转向系统教学台架。

二、实施步骤

作业内容	图解	具体操作方法及要求	完成确认
1.电动助力转向系统的组成		能正确识别电动助力转向系统的基本组成机构和零部件 能正确描述各组成零部件的结构和工作原理	
2.电动助力转向系统工作原理		能正确描述电动助力转向系统工作原理	
3.电动助力转向系统的特点		能正确描述电动助力转向系统的特点	

任务评价表

评价内容	赋分	序号	具体指标	分值	得分 自评	得分 组评	得分 师评
仪容仪表	15	1	工作服、鞋、胸卡穿戴整洁	5			
		2	发型、指甲等符合工作要求	5			
		3	不佩戴首饰、钥匙、手表等	5			
教学过程	60	4	电动助力转向系统的基本组成	15			
		5	电动助力转向系统各组成部件的结构与工作原理	15			
		6	电动助力转向系统的工作原理	15			
		7	电动助力转向系统的特点	15			
职业素养	25	8	出勤情况	10			
		9	服从安排，积极参加组内活动	5			
		10	认真执行6S工作	10			
综合得分				100			

185

1. 简述电动助力转向系统的组成及相应的作用。
2. 简述电动助力转向系统的工作原理。
3. 简述电动助力转向系统的特点。

任务四 电动助力转向系统的检查与诊断

知识目标：
1. 了解电动助力转向系统的故障诊断与排除的过程。
2. 熟悉电动助力转向系统的电路。
3. 掌握利用诊断仪对电动助力转向系统进行自诊断的方法。
4. 掌握扭矩传感器相关电路的故障诊断与排除。

能力目标：
1. 能正确识读电动助力转向系统的电路。
2. 能正确地利用诊断仪对电动助力转向系统进行自诊断。
3. 能正确地对扭矩传感器相关电路进行故障诊断与排除。

情感目标：
1. 引导学生学会倾听、主动交流、相互合作、尊重他人，掌握科学的学习方法和养成良好的学习习惯。
2. 结合课程，培养学生正确的价值观，养成良好的道德素养。

一辆卡罗拉轿车送到 4S 店检修，车主描述有转向沉重的故障现象。维修技师对车辆进行了路试检查确定了转向沉重的故障现象。对机械转向系统的进行基本检查，结果正常。怀疑电动助力转向系统的电动助力转向装置存在故障，需要对电动助力转向装置进行故障诊断与排除。通过本任务的学习和实践，掌握电动助力转向系统的故障诊断与排除。

一、电动助力转向系统的电路认知

1. 卡罗拉轿车电动助力转向系统的组成

卡罗拉轿车电动助力转向系统的系统图，如图 3-2-27 所示。

卡罗拉轿车电动助力转向系统的电控系统由动力转向扭矩传感器、转角传感器、动力转向电动机、车轮转速传感器、组合仪表 ECU 等组成。

其中，在转向柱上单独设置了转角传感器，用于检测转向的方向和角度，用于转向助力的大小和方向的控制。防滑控制 ECU 通过车轮转速传感器的信号，计算出车速利用 CAN 总线发送给动力转向 ECU。电动助力转向系统的工作情况，通过 CAN 总线发送给主车身 ECU，主车身 ECU 通过 CAN 总线发送给组合仪表 ECU，在组合仪表上显示出来，如：电动助力转向系统故障或点亮故障指示灯。

2. 卡罗拉轿车电动助力转向系统的电路图

动力转向 ECU 电源电路，如图 3-2-28 所示。扭矩传感器相关电路，如图 3-2-29 所示。电动机相关电路，如图 3-2-30 所示。

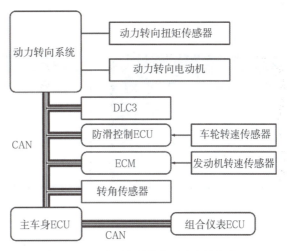

图 3-2-27 卡罗拉轿车电动助力转向系统

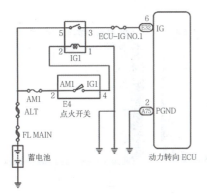

图 3-2-28 动力转向 ECU 电源电路

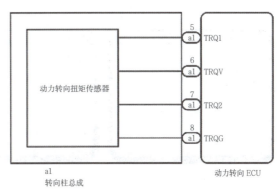

图 3-2-29 扭矩传感器相关电路

动力转向 ECU 的工作电源，由点火开关 E4 打开后，IG1 点火继电器线圈得电，IG1 点火继电器常开开关闭合。电流经蓄电池正极、FLMAIN 熔丝、ALT 熔丝、IG1/5、IG1/3、ECU-IG NO.1 熔丝、动力转向 ECU/E32/6 引脚，到达动力转向 ECU，通过动力转向 ECU/A75/2 引脚接地（蓄电池负极）。

扭矩传感器相关电路：扭矩传感器 a1 电源正极线 TRQV-a1/6，标准电压 7.5～8.5V。扭矩传感器 a1 电源负极线 TRQG-a1/8。扭矩传感器 a1 信号 1 线路 TRQ1-a1/6。扭矩传感器 a1 信号 2 线路 TRQ2-a1/7。扭矩传感器信号线的电压标准值为：当转向盘位于中心位置时 2.3～2.7V，当转向盘向右转时 2.5～4.7V 连续变化，当转向盘向左转时 0.3～2.5V 连续变化。

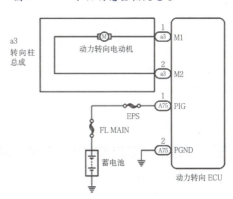

图 3-2-30 电动机相关电路

电动机相关电路：动力转向电动机的两端之间连接在动力转向 ECU 上。工作电源的电流经蓄电池正极、FLMAIN 熔丝、EPS 熔丝动力转向 ECU/A75/1 引脚，到达动力转向 ECU，通过动力转向 ECU/A75/2 引脚接地（蓄电池负极）。

二、电动助力转向系统的自诊断

（1）打开点火开关，观看组合仪表盘的故障指示灯，如图 3-2-31 所示。

（2）关闭点火开关，连接故障诊断仪金德 KT600，如图 3-2-32 所示。注意不要带电操作，以免损坏仪器设备。

图 3-2-31 转向系统故障指示灯

（a）关闭点火开关

（b）连接 KT600

图 3-2-32 连接 KT600 故障诊断仪

(3)打开点火开关,打开故障诊断仪电源开关,选择"汽车诊断"功能,如图3-2-33所示。
(4)选择日本车系、丰田汽车后,选择诊断座类型为"16PIN",如图3-2-34所示。

(a)选择车型　　　　　　　(b)选择诊断座类型

图3-2-33　选择"汽车诊断"功能　　　图3-2-34　选择车型和诊断座类型

(5)进入"电子辅助动力转向系统",选择"读取当前码",并记录当前故障代码,如图3-2-35所示。
(6)返回"功能选择"菜单,清除故障代码,并重新读取确认、记录当前故障代码,如图3-2-36所示。

(a)电子辅助动力转向系统　　　(b)读取故障码

图3-2-35　读取当前码　　　　　图3-2-36　重新读取确认、记录当前故障代码

(7)返回"功能选择"菜单,选择"读取数据流",查看相关数据流是否正常,从而分析判断故障所在,如图3-2-37所示。

扭矩传感器信号1和信号2的电压标准值为:当转向盘位于中心位置时2.3～2.7V,当转向盘向右转时2.5～4.7V连续变化,当转向盘向左转时0.3～2.5V连续变化。

(8)检查结果分析及判断。

三、扭矩传感器相关电路的故障诊断与排除

1.故障现象

转向沉重,组合仪表上转向系统故障指示灯常亮,如图3-2-38所示。

2.自诊断

(1)故障代码
C1512扭矩传感器2,如图3-2-36所示。
(2)数据流
①静态读取数据流。
读取数据流,如图3-2-37所示。
扭矩传感器1输出,2.5545V。
扭矩传感器2输出,0V。
②动态读取数据流。
扭矩传感器信号1电压随操作转向盘变化如下:当转向盘位于中心位置时2.5545V,当转向盘向右转时2.5～4.7V连续变化,当转向盘向左转时0.3～2.5V连续变化;扭矩传

图3-2-37　读取数据流

图3-2-38　转向系统故障指示灯常亮

感器信号2输出电压不随操作转向盘而变化，始终为0V。

3. 故障分析

通过以上诊断过程的检查，发现扭矩传感器2输出电压不正常，初步判断扭矩传感器信号2的信号线或扭矩传感器2本体故障。

4. 检测过程

以下为检测扭矩传感器所有相关电路的过程。

（1）万用表检查校零，0.5Ω，正常，如图3-2-39所示。

注意：手不能直接接触万用表正反表笔的金属测头，以免影响测量值。

（2）关闭点火开关，用万用表200Ω电阻挡，测量扭矩传感器电源电路的搭铁线T3/3到车身搭铁的阻值，0.8Ω，搭铁线正常，如图3-2-40所示。

图3-2-39　万用表检查校零

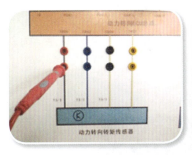  

图3-2-40　测量搭铁线路

（3）打开点火开关，用万用表20V电压挡，测量扭矩传感器电源电路的正极线T3/1到车身搭铁的电压，8V，供电电压正常，如图3-2-41所示。

（4）用万用表20V电压挡，测量扭矩传感器电源电路的信号1到车身搭铁的电压，2.55V，信号电压正常，如图3-2-42所示。

图3-2-41　测量供电电压

图3-2-42　测量信号1输出电压

(5)用万用表20V电压挡,测量扭矩传感器电源电路的信号2到车身搭铁的电压,0V,信号电压不正常,如图3-2-43所示。

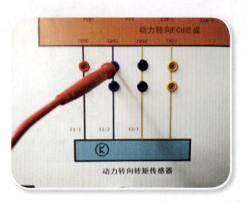

图3-2-43 测量信号2输出电压

(6)关闭点火开关,用万用表200Ω电阻挡,测量扭矩传感器信号2电路TR02-T3/2的电阻,无穷大,信号2输出电路不正常,如图3-2-44所示。

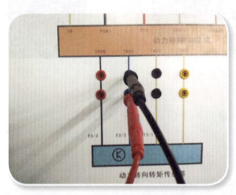

图3-2-44 测量信号2输出电路阻值

5.故障确认与排除

通过检测:
扭矩传感器电源电路的信号2到车身搭铁的电压,0V,不正常。
扭矩传感器信号2电路TR02-T3/2的电阻,无穷大,信号2输出电路不正常。
所以扭矩传感器信号2电路TR02-T3/2,断路。
修复扭矩传感器信号2电路TR02-T3/2的断路。

6.修复后检查

读取、清除并重新确认故障码,故障码消失。
仪表转向系统故障指示灯消失。
启动发动机或教学设备,转动转向盘,转向轻便,故障现象消失。

一、任务准备

(1)工作场景:理实一体化教室,电动助力转向系统故障诊断与排除的工作页。
(2)主要设备:卡罗拉轿车电动助力转向系统教学台架,金德KT600诊断仪,万用表,抹布。

二、实施步骤

（一）电动助力转向系统的自诊断

作业内容	图解	具体操作方法及要求	完成确认
1. 查看组合仪表盘的故障指示灯		打开点火开关，观看组合仪表盘的故障指示灯	
2. 连接故障诊断仪金德KT600	 	关闭点火开关，连接故障诊断仪金德KT600。注意不要带电操作，以免损坏仪器设备	
3. 选择"汽车诊断"功能		打开点火开关，打开故障诊断仪电源开关，选择"汽车诊断"功能	
4. 选择车型、诊断座类型	 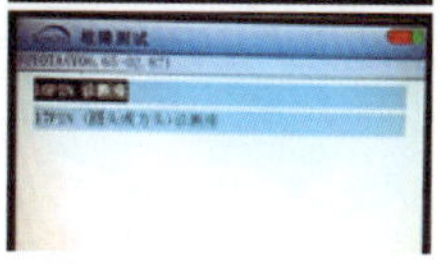	选择日本车系、丰田汽车后，选择诊断座类型为"16PIN"	
5. 进入故障系统，读取当前故障代码	 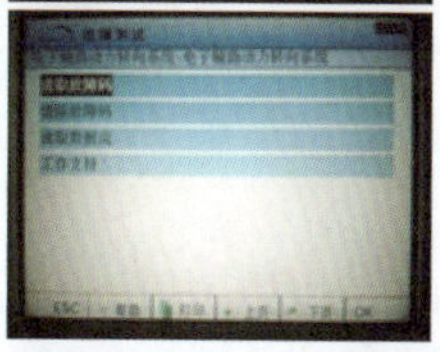	进入"电子辅助动力转向系统"，选择"读取当前码"，并记录当前故障代码	
6. 清除故障码，重新读取确认、记录当前故障代码	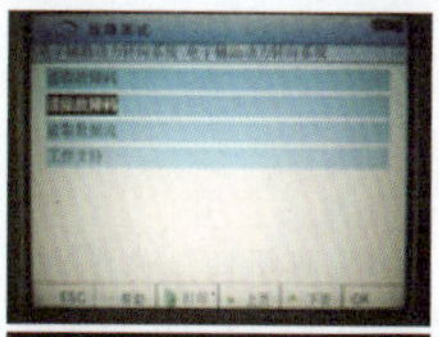 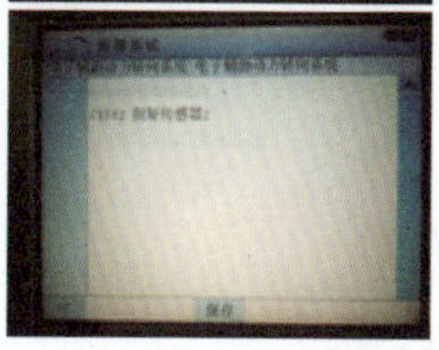	返回"功能选择"菜单，清除故障代码，并重新读取确认、记录当前故障代码	

续表

作业内容	图解	具体操作方法及要求	完成确认
7.读取数据流	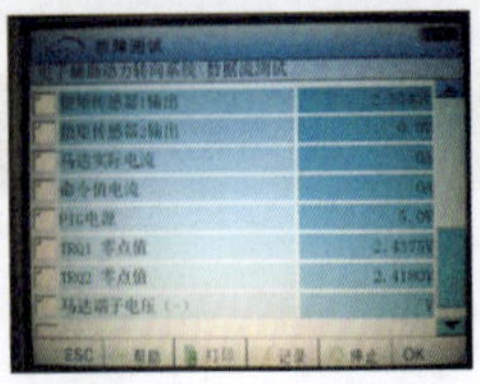	返回"功能选择"菜单，选择"读取数据流"，查看相关数据流是否正常，从而分析判断故障所在 扭矩传感器信号1和信号2的电压标准值为：当转向盘位于中心位置时2.3～2.7V，当转向盘向右转时2.5～4.7V连续变化，当转向盘向左转时0.3～2.5V连续变化	

（二）扭矩传感器相关电路的故障诊断与排除

作业内容	图解	具体操作方法及要求	完成确认
1.故障分析		通过以上诊断过程的检查，发现扭矩传感器2输出电压不正常，初步判断扭矩传感器信号2的信号线或扭矩传感器2本体故障 以下为检测扭矩传感器所有相关电路的过程	
2.万用表检查校零		万用表检查校零，0.5Ω，正常 注意：手不能直接接触万用表正反表笔的金属测头，以免影响测量值	
3.测量扭矩传感器电源电路的搭铁线	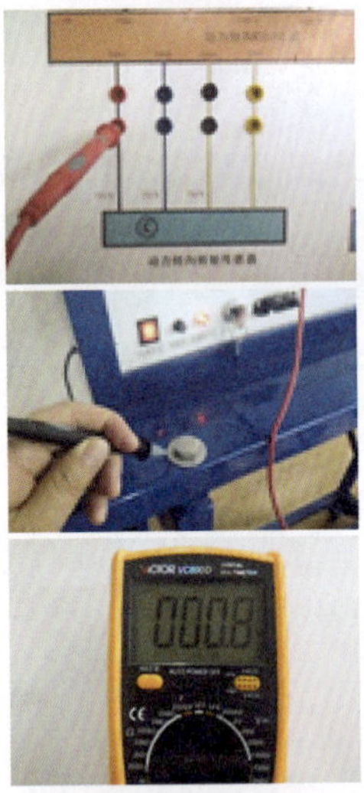	关闭点火开关，用万用表200Ω电阻挡，测量扭矩传感器电源电路的搭铁线 T3/3 到车身搭铁的阻值，0.8Ω，搭铁线正常	
4.测量扭矩传感器正极电源电路	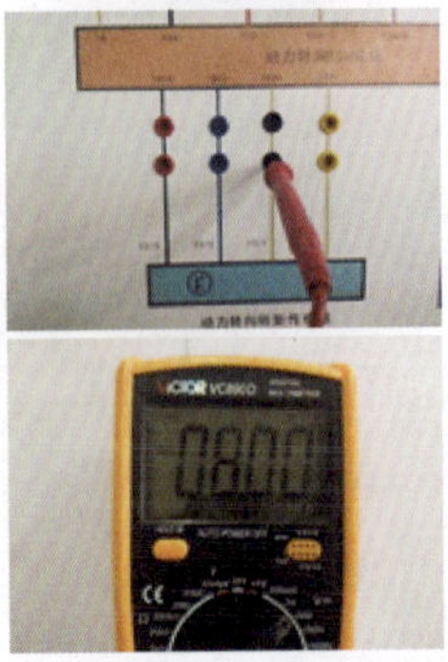	打开点火开关，用万用表20V电压挡，测量扭矩传感器电源电路的正极线 T3/1 到车身搭铁的电压，8V，供电电压正常	

续表

作业内容	图解	具体操作方法及要求	完成确认
5. 测量扭矩传感器电源电路的信号1电压	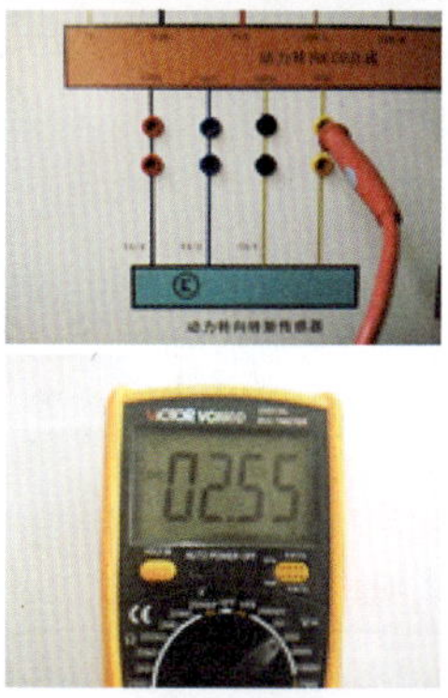	用万用表20V电压挡，测量扭矩传感器电源电路的信号1到车身搭铁的电压，2.55V，信号电压正常	
6. 测量扭矩传感器电源电路的信号2电压	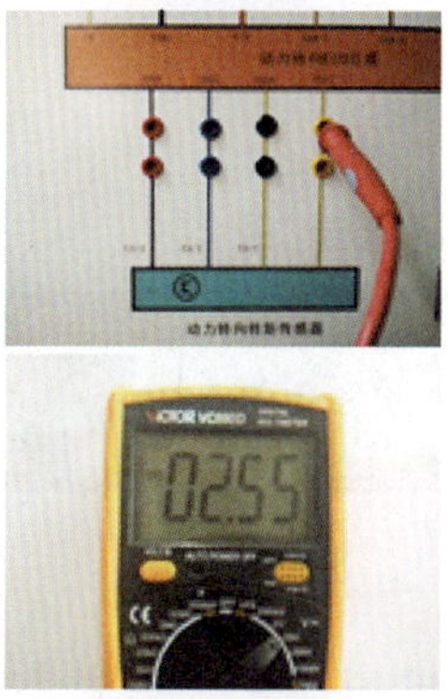	用万用表20V电压挡，测量扭矩传感器电源电路的信号2到车身搭铁的电压，0V，信号电压不正常	
7. 测量扭矩传感器信号2电路TR02-T3/2的电阻	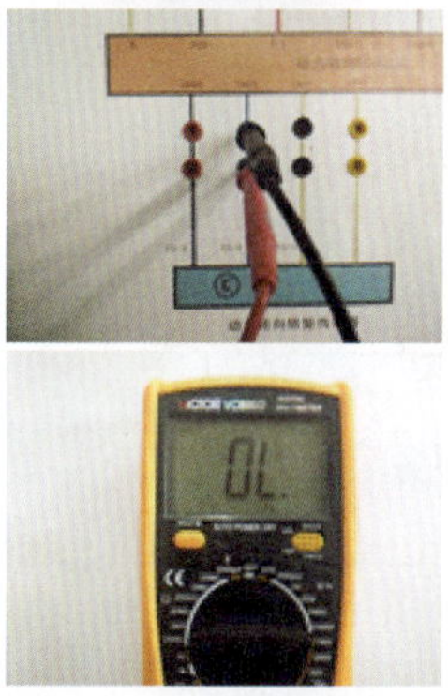	关闭点火开关，用万用表200Ω电阻挡，测量扭矩传感器信号2电路TR02-T3/2的电阻，无穷大，信号2输出电路不正常	
8. 故障确认与排除		通过检测： 扭矩传感器电源电路的信号2到车身搭铁的电压，0V，不正常 扭矩传感器信号2电路TR02-T3/2的电阻，无穷大，信号2输出电路不正常 所以扭矩传感器信号2电路TR02-T3/2，断路 修复扭矩传感器信号2电路TR02-T3/2的断路	
9. 修复后检查		读取、清除并重新确认故障码，故障码消失 仪表转向系统故障指示灯消失 启动发动机或教学设备，转动转向盘，转向轻便，故障现象消失	

笔记

续表

作业内容	图解	具体操作方法及要求	完成确认
10. 结束工作		整理、归位、清洁工具设备，清洁场地	

任务评价表

评价内容	赋分	序号	具体指标	分值	得分 自评	得分 组评	得分 师评
仪容仪表	15	1	工作服、鞋、胸卡穿戴整洁	5			
		2	发型、指甲等符合工作要求	5			
		3	不佩戴首饰、钥匙、手表等	5			
教学过程	60	4	正确识读电动助力转向系统的电路	15			
		5	了解电动助力转向系统的故障诊断与排除的过程	15			
		6	利用诊断仪对电动助力转向系统进行自诊断	15			
		7	对扭矩传感器相关电路进行故障诊断与排除	15			
职业素养	25	8	出勤情况	10			
		9	服从安排，积极参加组内活动	5			
		10	认真执行6S工作	10			
			综合得分	100			

1. 简要分析卡罗拉轿车电动助力转向系统扭矩传感器电路是怎样的。
2. 简述卡罗拉轿车电动助力转向系统自诊断的过程是怎样的。

单元四　汽车制动系统

汽车制动系统是指对汽车某些部分（主要是车轮）施加一定的力，从而对其进行一定程度的强制制动的一系列专门装置。

制动系统作用是：① 使行驶中的汽车按照驾驶员的要求进行强制减速甚至停车；② 使已停驶的汽车在各种道路条件下（包括在坡道上）稳定驻车；③ 使下坡行驶的汽车速度保持稳定。

汽车的制动分两大类：行车制动系统和驻车制动系统，如图 4-0-1 和图 4-0-2 所示。

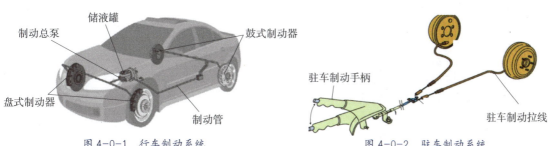

图 4-0-1　行车制动系统　　　　　　　图 4-0-2　驻车制动系统

制动系统工作原理

行车制动系统的功用是使正在行驶中的汽车减速或在最短的距离内停车。而驻车制动系统的功用是使已经停在各种路面上的汽车保持不动。但是，有时在紧急情况下，两种制动系统可同时使用而增加汽车制动的效果。有些特殊用途的汽车和经常在山区行驶的汽车，长期而又频繁地制动将导致行车制动装置过热，因此在这些汽车上往往增设各种不同的辅助制动系统，以便在下坡时稳定车速。行车制动系统由操纵机构、助力系统、液压系统、制动器、平衡控制器、制动指示灯等部件组成。并且行车制动系统根据制动形式又分为鼓式制动和盘式制动。

驻车制动系统又分为机械驻车制动系统和电子驻车制动系统。

机械驻车制动系统的操纵机构主要由驻车制动手柄、驻车制动拉索、平衡器、拉索调整器等部件组成。

电子驻车制动系统由电子驻车制动控制模块（EPBCM）总成、EPB 控制开关、制动拉索、驻车制动器、驻车制动警告灯、EPB 系统维修提醒指示灯组成。

笔记

项目一　制动器

项目导入

车轮制动器的功用是将气压或液压转变为制动器制动力，以迫使车轮停转，从而使路面对车轮产生一个与汽车行驶方向相反的汽车制动力，在该力作用下，使汽车迅速减速、维持一定的车速或停车。下面我们具体学习下制动器的理论知识与检修流程。

任务一　盘式车轮制动器的拆装与检修

 学习目标

知识目标：
1. 能叙述盘式车轮制动器的作用与组成。
2. 能叙述盘式车轮制动器的类型与工作原理。
3. 能叙述盘式车轮制动器的要求。

能力目标：
1. 熟悉盘式车轮制动器的拆装。
2. 熟悉盘式车轮制动器的检修。

情感目标：
1. 激发、满足学生的求知欲和好奇心，培养学生学习的兴趣。
2. 鼓励学生积极参与教学活动，使学生获得成功的体验，建立和增强学生学习专业知识的信心。

 任务描述

通过实物或图片能识别盘式车轮制动器的组成，会分析盘式车轮制动器的工作过程，然后对盘式车轮制动器进行检修等工作，排除汽车制动不良故障。

知识链接

一、盘式车轮制动器的分类及结构

1. 盘式车轮制动器的分类

汽车上用的盘式制动器主要有两种：一种是定钳盘式制动器，另一种是浮钳盘式制动器。

2. 浮钳盘式制动器的结构

浮钳盘式制动器主要由制动盘、内外摩擦衬块、制动钳壳体、制动钳支架、前制动轮缸活塞及弹簧等组成,结构如图4-1-1所示。

3. 定钳盘式制动器的结构

定钳盘式制动器的制动钳是固定的。制动过程中，不会产生

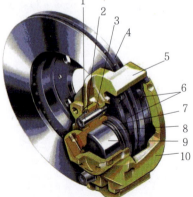

图4-1-1　浮钳盘式制动器的结构示意图
1-螺栓；2-橡胶衬套；3-塑料套；4-制动盘；5-制动钳支架；6-摩擦块；7-活塞防尘罩；8-油封；9-活塞；10-制动钳壳体

浮钳盘式制动器结构

定钳盘式制动器结构

相对于制动盘轴向移动，如图 4-1-2 所示。

二、盘式车轮制动器的工作原理

1. 浮钳盘式

（1）浮钳盘式制动器工作时，如图 4-1-3 所示。

踩下制动踏板，液压作用于制动轮缸时，制动轮缸内活塞移动，把制动钳内的摩擦衬块压向制动盘，同时，制动轮缸内也受到同样的液压，把制动钳朝制动盘方向推动，而位于相反一侧的制动摩擦衬块也压向制动盘，产生制动力，迫使制动盘停止转动。

（2）浮钳盘式制动器不工作时，如图 4-1-4 所示。

放松制动踏板，制动轮缸内的液压消失，使原被推压在活塞上而产生变形的橡胶圈恢复原状，把活塞推回原位，使制动摩擦衬块与制动盘之间保持原有的间隙。

2. 定钳盘式

跨置在制动盘 1 上的制动钳体 5 固定安装在车桥 6 上，它不能旋转也不能沿制动盘轴线方向移动，其内的两个活塞 2 分别位于制动盘 1 的两侧，如图 4-1-5 所示。

图 4-1-2 定钳盘式制动器结构

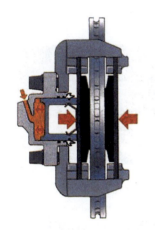

图 4-1-3 浮钳盘式制动器工作时

图 4-1-4 浮钳盘式制动器不工作时

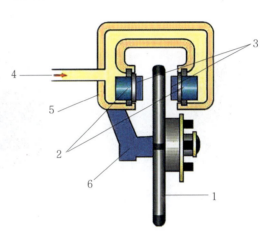

图 4-1-5 定钳盘式制动器结构示意图
1- 制动盘；2- 活塞；3- 摩擦片；4- 进油口；
5- 制动钳体；6- 车桥

制动时，制动油液由制动总泵（制动主缸）经进油口 4 进入钳体中两个相通的液压腔中，将两侧的摩擦片 3 压向与车轮固定连接的制动盘 1，从而产生制动。

这种制动器一般只运用于发动机功率较大、动力性强、加速性能高的运动型车辆上，如轿跑车、跑车等。

该制动器具备制动响应快、产生的制动力大、制动效能高等突出的优点。当然，也具有制动钳结构复杂、制动器尺寸过大、通风要求高、价格高等不足。

三、盘式车轮制动器的检修

1. 制动盘表面磨损厚度的检查

如图 4-1-6 所示，除检查制动盘表面的磨损外，可用卡尺检查制动盘的厚度，标准值为 12mm，使用极限为 10mm，超过极限应更换。桑塔纳 LX 型轿车，制动盘的磨损极限厚度为 8mm，厚度过小时，应换用新件。富康轿车制动盘的标准厚度为 10mm（实体），使用极限为 8mm；或制动盘的标准厚度为 20.4mm（通风型），使用极限为 18.4mm。

2. 制动盘跳动的检查

如图 4-1-7 所示，用百分表检查制动盘端面圆跳动量，使用极限为 0.08mm。桑塔纳 LX 型轿车，制动盘的端面圆跳动误差大于 0.06mm，制动盘表面出现明显的磨损台阶及拉伤沟槽，可进行机加工修复。

图 4-1-6 制动盘表面磨损厚度的检查

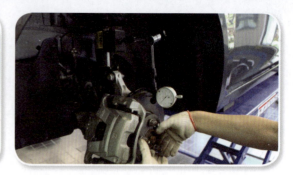

图 4-1-7 制动盘跳动的检查

3. 制动衬片厚度的检查

如图 4-1-8 所示,制动衬片的总厚度标准值为 14mm,使用极限为 7mm。制动衬片摩擦片厚度磨损极限的残余厚度应不小于 0.8mm。在未拆下时外制动衬片可通过轮辐上的孔检查其厚度,或拆下车轮后检查。

4. 制动钳体与活塞的检查

如图 4-1-9 所示,用内径表检查制动钳体的内孔直径,用千分尺检查活塞的外径,并可计算出活塞与钳体的间隙,标准值为 0.04～0.16mm,使用极限为 0.16mm。制动钳体漏油时,应更换活塞密封圈。

图 4-1-8 前制动器制动衬片厚度的检查

图 4-1-9 制动钳体与活塞的检查

如图 4-1-10 所示,在不拆下前制动器时也可通过车轮检视孔,用手电筒照明检查制动衬片厚度。当制动衬片厚度(包括底板)小于 7mm 时,说明制动衬片已磨损到了极限,必须更换。

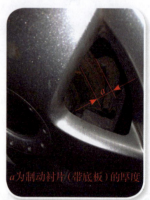

前轮

车轮上的检视孔

a 为制动衬片(带底板)的厚度

图 4-1-10 在不拆下前制动器时检查前制动衬片厚度

任务实施

一、任务准备

(1)工作场景:实训车间。

(2)主要设备:整车、扭力扳手、气动扳手(风炮)及套筒、世达工具一套等。

二、实施步骤

作业内容	图解	具体操作方法及要求	完成确认
1.拆卸轮胎		（1）车辆进入工位前，将工位卫生清理干净，排除障碍物，准备好相关的工具、物品、耗材等 （2）将车辆停放在举升机的中央位置，拉紧驻车制动装置，并将变速器置于空挡，分别将转向盘套、换挡手柄套、座椅套、地板垫进行安装、铺设 （3）拆卸前注意气动扳手的旋转方向，拆卸时一只手握紧气动扳手，另一只手护在要拆卸的螺母周围，防止螺母掉落。取下车轮，放在轮胎专用车或架子上	
2.拆下制动分泵定位螺栓		（1）拆下制动蹄上、下防振弹簧（保持弹簧） （2）工具拆下制动分泵定位螺栓，取下制动钳分泵，并挂好	
3.撬动制动蹄		（1）从支架上拆下两制动蹄，注意做好记号，并放好 （2）把制动钳活塞压回到制动钳壳体内。在压回活塞之前，应先将储油罐中的制动液抽出一部分，以免活塞回压时，引起制动液外溢，损坏车身油漆（或者用撬具插入制动蹄与制动盘的缝隙中，撬动制动蹄，使之离开制动盘）	
4.拆下制动盘		（1）拆下制动钳固定支架以及制动盘与轮毂的连接螺钉，取下制动钳固定支架和制动盘 （2）检查制动盘外观是否有裂纹，不平现象（端面跳动不超过0.06mm，制动盘正常厚度为20mm，极限17.8mm）；检查摩擦片厚度（如厚度小于7mm，必须更换），检查制动活塞和缸筒间隙（如间隙大于0.15mm时必须更换制动钳总成）	
5.前轮制动器的清洁		清洁制动盘	
		清洁制动蹄表面	
6.打磨摩擦表面		用细砂纸打磨制动盘	
		用细砂纸打磨制动蹄	

199

作业内容	图解	具体操作方法及要求	完成确认
7.制动盘的厚度检查		（1）摩擦表面是否有裂纹、变形、磨损、沟槽（极限为0.50mm） （2）制动盘的厚度检查，如图所示：用千分尺测量距制动盘边缘10.00mm处三点厚度（角度间隔120°），与标准厚度比较磨损极限为2mm • 如果制动盘的最小厚度测量值大于表面修整后最小允许厚度规格，则可根据可能出现的表面状况和磨损情况对制动盘进行表面修整 • 如果制动盘的最小厚度测量值等于或小于表面修整后最小允许厚度规格，则不能对制动盘进行表面修整 • 如果制动盘的最小厚度测量值等于或低于报废厚度规格，则制动盘需更换	
8.测量制动盘端面圆跳动量		盘的端面跳动量的检查：将制动盘固定在轮毂上，并用百分表检查其端面圆跳动量应不大于0.06mm	
9.测量摩擦片厚度		（1）摩擦表面是否出现过度光滑发亮、烧蚀或被污物污染 （2）厚度检查，用游标卡尺测量摩擦片三个点或四个点的厚度，使用极限为2.0mm （3）检查磨损是否均匀：最大不均匀磨损量为1.0mm	

各零件如没有损伤（检修可参见相应的内容），按拆卸的相反顺序进行安装。

附：桑塔纳2000制动系统主要螺纹连接件的扭矩如表4-1-1所示。

表4-1-1 桑塔纳2000制动系统主要螺纹连接件的扭矩　　　　　　　　　　　　N·m

螺纹连接件	扭矩	螺纹连接件	扭矩
制动钳支架紧固螺栓	70	真空助力器固定螺栓	20
制动钳体定位螺栓	40	后制动轮缸固定螺栓	20
制动底板固定螺栓	60	油管接头螺母	25
真空助力器与主缸连接螺栓	20	轮胎螺母	110
真空助力器支架固定螺栓	15		

任务评价表

评价内容	赋分	序号	具体指标	分值	得分		
					自评	组评	师评
仪容仪表	15	1	工作服、鞋、胸卡穿戴整洁	5			
		2	发型、指甲等符合工作要求	5			
		3	不佩戴首饰、钥匙、手表等	5			

续表

评价内容	赋分	序号	具体指标	分值	得分 自评	得分 组评	得分 师评
教学过程	60	4	盘式制动器的作用与组成	15			
		5	盘式制动器的类型与工作原理	15			
		6	盘式制动器进行拆卸与安装	15			
		7	盘式制动器进行检修	15			
职业素养	25	8	出勤情况	10			
		9	服从安排，积极参加组内活动	5			
		10	认真执行6S工作	10			
			综合得分	100			

笔记

任务测评

1. 汽车制动系统的作用是什么？
2. 汽车制动系统一般由哪几部分组成？相应的作用是什么？
3. 简述汽车制动系统的类型有哪些。
4. 简述汽车对制动系统的要求有哪些。
5. 简述盘式车轮制动器的分类及相应结构。
6. 简述浮钳盘式车轮制动器的工作原理。
7. 简述盘式车轮制动器有哪些检修内容。

任务二　鼓式车轮制动器的拆装与检修

学习目标

知识目标：
1. 能叙述出鼓式车轮制动器的作用、结构。
2. 能叙述出鼓式车轮制动器的类型与工作原理。

能力目标：
1. 进行鼓式车轮制动器的拆装。
2. 进行鼓式车轮制动器的检修。

情感目标：
1. 鼓励学生积极参与教学活动，使学生获得成功的体验，建立和增强学生学习专业知识的信心。
2. 引导学生学会倾听、主动交流、相互合作、尊重他人，掌握科学的学习方法和养成良好的学习习惯。

汽车底盘构造与维修

 笔记

 任务描述

通过实物或图片能识别鼓式车轮制动器的组成，会分析鼓式车轮制动器的工作过程，然后对鼓式车轮制动器进行检修等工作，排除汽车制动不良故障。

 知识链接

一、鼓式车轮制动器的结构

桑塔纳后轮制动器是最典型的轮缸式制动器，因为它是带有驻车制动的轮缸鼓式制动器。该轮缸式制动器一般由制动底板、后制动轮缸、拉力弹簧、制动杆、制动蹄、压杆、楔形块、制动鼓等组成，各零部件如图 4-1-11 所示。

图 4-1-11　桑塔纳后轮制动器分解图

1－制动底板；2－夹紧销；3－内六角螺钉；4－后制动轮缸；5－拉力弹簧；6－支承销；7－制动杆；8－弹性垫片；9－制动蹄；10－压缩弹簧；11－弹簧座；12－下拉力弹簧；13－压杆；14－上拉力弹簧；15－拉力弹簧；16－带楔形支座的制动蹄；17－楔形块

二、鼓式车轮制动器分类

1. 领从蹄式制动器

在制动鼓正向旋转和反向旋转时，都有一个领蹄和一个从蹄的制动器即称为领从蹄式制动器，如图 4-1-12 所示。

制动时两活塞施加的促动力相等。制动时，领蹄和从蹄在促动力 F 的作用下，分别绕各自的支承点旋转到紧压在制动鼓上。旋转着的制动鼓即对两制动蹄分别作用着法向反力 F_1 和 F_2，以及相应的切向反力 T_1 和 T_2。

可见，领蹄上切向合力 T_1 所造成的绕支点的力矩与促动力 F 所造成的绕同一支点的力矩是同向的。所以力 T_1 的作用结果是使领蹄 1 在制动鼓上压得更紧从而力 T_1 也更大。这表明领蹄具有"增势"作用。相反，从蹄具有"减势"作用。故两制动蹄对制动鼓所施加的制动力矩不相等。

倒车制动时，虽然蹄 2 变成领蹄，蹄 1 变成从蹄，但整个制动器的制动效能还是同前进制动时一样。在领从式制动器中，两制动蹄对制动鼓作用力 F_1 和 F_2 的大小是不相等的，因此在制动过程中对制动鼓产生一个附加的径向力。

凡制动鼓所受来自两蹄的法向力不能互相平衡的制动器称为非平衡式制动器。

2. 单向双领蹄式制动器

在制动鼓正向旋转时，两蹄均为领蹄的制动器称为双领蹄式制动器，如图 4-1-13 所示。

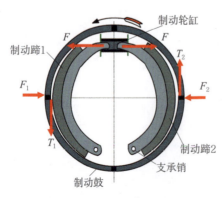

图 4-1-12　领从蹄式制动器

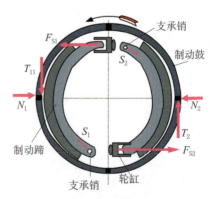

图 4-1-13　单向双领蹄式制动器

202

笔记

双领蹄式制动器与领从蹄式制动器在结构上主要有两点不相同，一是双领蹄式制动器的两制动蹄各用一个单活塞式轮缸，而领从蹄式制动器的两蹄共用一双活塞式轮缸；二是双领蹄式制动器的两套制动蹄、制动轮缸、支承销在制动底板上的布置是中心对称的，而领从蹄式制动器中的制动蹄、制动轮缸、支承销在制动底板上的布置是轴对称布置的。

在制动鼓正向旋转时，两蹄均为领蹄的制动器，可提高前进方向的制动效能。

倒车制动时，该制动器两制动蹄变为从蹄，制动效能下降很多。

3. 双向领蹄式制动器

无论是前进制动还是倒车制动，两制动蹄都是领蹄的制动器称为双向双领蹄式制动器，如图 4-1-14 所示。

双向领蹄式制动器工作原理

与领从蹄式制动器相比，双向双领蹄式制动器在结构上有三个特点，一是采用两个双活塞式制动轮缸；二是两制动蹄的两端都采用浮式支承，且支点周向位置也是浮动的；三是制动底板上的所有固定元件，如制动蹄、制动轮缸、回位弹簧等都是成对的，而且既按轴对称，又按中心对称布置。

在前进或倒驶时两制动蹄都为领蹄的制动器可使前进、倒驶两方向制动效能相同。结构上前进变倒驶时两蹄支承点和促动力作用点互换位置。

4. 单向自增力式制动器

单向自增力式制动器工作原理

浮动顶杆浮支于两蹄下端，单活塞式轮缸只作用于第一蹄上，如图 4-1-15 所示。

前进制动时，轮缸活塞加力于第一蹄，第二蹄受力于浮动顶杆，受力分析可知第二蹄产生制动力矩远大于第一蹄（两蹄均为领蹄）。前进时制动效能高于领从蹄双领从蹄式。倒驶时制动，两蹄均为领蹄但力臂大为减小，故制动效能较低。

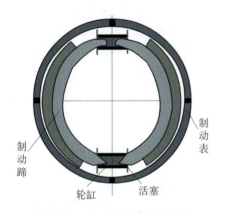

图 4-1-14　双向领蹄式制动器

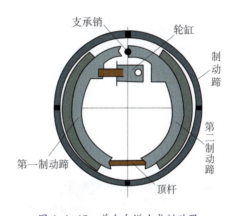

图 4-1-15　单向自增力式制动器

5. 双向自增力式制动器

双向自增力式制动器工作原理

制动鼓正向、反向旋转时均能借蹄鼓摩擦起作用，如图 4-1-16 所示。

（1）不制动时，两制动蹄的上端在回位弹簧的作用下浮支在支承销上，两制动蹄的下端在拉簧的作用下浮支在浮动的顶杆两端的凹槽中。

（2）汽车前进制动时，制动轮缸的两活塞向两端顶出，使前后制动蹄离开支承销并压紧到制动鼓上，于是旋转着的制动鼓与两制动蹄之间产生摩擦作用。由于顶杆是浮动的，前后制动蹄及顶杆沿制动鼓的旋转方向转过一个角度，直到后制动蹄的上端再次压到支承销上。此时制动轮缸促动力进一步增大。由于从蹄受顶杆的促动力大于轮缸的促动力，从蹄上端不会离开支承销。汽车倒车制动时，制动器的工作情况与上述相反。

图 4-1-16　双向自增力式制动器

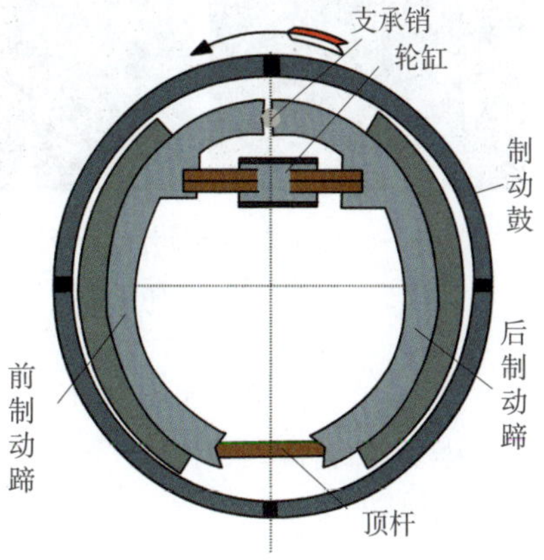

三、鼓式车轮制动器的工作原理

1. 轮缸式制动器工作时

踩下制动踏板，液压作用于制动分泵时，制动分泵内活塞移动，把制动蹄片推向制动鼓（图 4-1-17

中箭头所指），使摩擦衬片压紧旋转的制动鼓产生制动力，使车轮减速或停止转动。

2. 轮缸式制动器不工作时

放松制动踏板，制动分泵内的液压消失，制动蹄片在拉力弹簧（图4-1-18中箭头所指）的作用下开始回到原来位置，把活塞推回原位。这样，使制动摩擦衬块与制动鼓之间仍保持原有的间隙。

图 4-1-17 轮缸式制动器工作时

图 4-1-18 轮缸式制动器不工作时

四、鼓式制动器的检修

1. 后制动蹄片厚度检查

如图4-1-19所示，用卡尺1测量后制动蹄衬片（摩擦片）2的厚度，标准值为5mm，磨损极限为2.5mm，其铆钉头3与摩擦片2表面的深度不得小于1mm，以免铆钉头刮伤制动鼓内表面。（解体前其磨损程度可通过制动底板上的观察孔进行检查）。超过磨损极限时，应换用新的摩擦片或制动蹄摩擦片总成。

2. 后制动鼓内孔磨损与尺寸的检查

如图4-1-20所示，用游标卡尺测量，制动鼓内径磨损不得超过1mm（桑塔纳轿车其标准内径有ϕ180mm和ϕ200mm两种），否则，应换用新件。

用测量圆度工具3测量后制动鼓1内孔的不圆度，使用极限为0.03mm，超过极限应更换后制动鼓。

  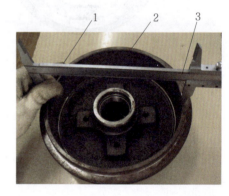

图 4-1-19 后制动蹄衬片（摩擦片）厚度的检查
1- 卡尺；2- 摩擦片；3- 铆钉头

图 4-1-20 后制动鼓内孔磨损及尺寸的检查
1- 后制动鼓；2- 卡尺；3- 测量圆度工具

3. 制动器定位弹簧及复位弹簧的检查

检查后制动器定位弹簧、上复位弹簧、下复位弹簧和楔形调整板拉簧的自由长度，若增长率达到5%，则应更换新弹簧。

如图4-1-21所示，检查上回位弹簧、定位弹簧、楔形调节块拉簧的自由长度，标准值分别为130mm、120mm、113mm（桑塔纳后轮制动器）。

4. 制动分泵泵体与活塞的检查

首先检查后制动分泵泵体内孔与活塞外圆表面的烧蚀、刮伤和磨损情况，然后测出分泵泵体内孔孔径、活塞外圆直径，并计算出活塞与泵体的间隙，如图4-1-22所示（间隙 $A=$ 泵体内径 $B-$ 活塞外径 C，间隙标准值为20.64cm）。

图4-1-21　复位弹簧检查

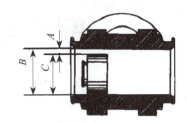

图4-1-22　后制动分泵活塞与泵体间隙的检查

鼓式车轮制动器的拆装与检修

一、任务准备

（1）工作场景：实训车间。

（2）主要设备：桑塔纳2000整车、专用工具VW637/2、气动扳手（风炮）及套筒、世达工具一套、尖嘴钳、一字旋具、鲤鱼钳、游标卡尺等。

二、实施步骤

作业内容	图解	具体操作方法及要求	完成确认
1.拆卸车轮		（1）车辆进入工位前，将工位卫生清理干净，排除障碍物，准备好相关的工具、物品、耗材等 （2）将车辆停放在举升机的中央位置，拉紧驻车制动装置，并将变速器置于空挡，分别将转向盘套、换挡手柄套、座椅套、地板垫进行安装、铺设 （3）将车轮装饰罩拆下 （4）使用风炮或车轮专用套筒拆卸轮胎，拆卸前注意风炮的旋转方向，拆卸时一只手握紧风炮，另一只手护在要拆卸的螺母周围，防止螺母掉落，取下车轮，放在轮胎专用车或架子上	
2.拆卸轮毂盖		准备拆卸制动鼓，在拆卸前要松开驻车制动才可以取出，用专用工具VW637/2拆下轮毂盖	
3.取下开口销		使用尖嘴钳取下开口销和开槽螺母，旋下调整螺母，取出止推垫圈	
4.拨动楔形块		用一字旋具通过制动鼓螺孔向上拨动楔形块，使制动鼓与制动蹄松开，并拉出制动鼓及其轴承	

205

续表

作业内容	图解	具体操作方法及要求	完成确认
5.取下开口销		用双手取下制动鼓	
6.取下制动蹄定位销、弹簧、弹簧座		用尖嘴钳子取下制动蹄定位销、弹簧、弹簧座	
7.制动蹄从支承凸台上分离		使用专用工具VW637/2将制动蹄总成从支承凸台上拆下	
8.分离手制动拉索		用鲤鱼钳分离手制动拉索	
9.取下上拉力弹簧		取下楔形件上的拉力弹簧和上拉力弹簧	
10.分离压杆和拉力弹簧		卸下制动蹄，分离压杆和拉力弹簧（或者采用如下方法：卸下制动蹄，将带压力杆的制动蹄卡在台虎钳上，拆下拉力弹簧，取下压杆。注意台虎钳是否有软金属作衬垫）	
11.清洁制动蹄表面		（1）检查摩擦片磨损是否超限（标准是5mm，极限是2.5mm）；检查制动鼓磨损是否超限（标准是200mm，极限是201mm，摩擦表面径向圆跳动为0.05mm，车轮端面圆跳动为0.20mm）；如果超限应更换新件 （2）制动器的清洁和摩擦件的打磨，使用抹布清洁制动蹄表面	
12.清洁制动底板		用抹布清洁制动底板	
13.用细砂纸打磨摩擦表面		用细砂纸打磨摩擦表面	

续表

作业内容	图解	具体操作方法及要求	完成确认
14.用细砂纸打磨摩擦表面		用细砂纸打磨摩擦表面	
15.润滑内轴承		各零件如没有损伤（检修可参见相应的内容），装复或更换步骤按拆卸的相反顺序进行。安装时，制动器楔形块上凸点朝向制动底板的方向，轴承要润滑，零件表面、工具、操作台要清洁	
16.润滑外轴承		各零件如没有损伤（检修可参见相应的内容），装复或更换步骤按拆卸的相反顺序进行。安装时，制动器楔形块上凸点朝向制动底板的方向，轴承要润滑，零件表面、工具、操作台要清洁	
17.制动鼓内孔磨损与尺寸的检查		用游标卡尺测量，制动鼓内径磨损不得超过1mm（桑塔纳轿车其标准内径为$\phi 180mm$和$\phi 200mm$两种），否则，应换用新件	

任务评价

任务评价表

评价内容	赋分	序号	具体指标	分值	得分		
					自评	组评	师评
仪容仪表	15	1	工作服、鞋、胸卡穿戴整洁	5			
		2	发型、指甲等符合工作要求	5			
		3	不佩戴首饰、钥匙、手表等	5			
教学过程	60	4	汽车鼓式制动器的作用与结构	15			
		5	汽车鼓式制动器的类型与工作原理	15			
		6	汽车鼓式制动器的拆装	15			
		7	汽车鼓式制动器的检修	15			
职业素养	25	8	出勤情况	10			
		9	服从安排，积极参加组内活动	5			
		10	认真执行6S工作	10			
			综合得分	100			

1. 简述鼓式车轮制动器的分类及相应结构。
2. 简述鼓式车轮制动器的工作原理。
3. 简述鼓式车轮制动器有哪些检修内容。

任务三 驻车制动器的检查与调整

知识目标：
1. 能叙述驻车制动的作用与组成。
2. 能叙述驻车制动的类型与工作原理。

能力目标：
1. 进行驻车制动操作机构进行拆装。
2. 进行驻车制动操作机构进行调整。

情感目标：
1. 引导学生学会倾听、主动交流、相互合作、尊重他人，掌握科学的学习方法和养成良好的学习习惯。
2. 结合课程，培养学生正确的价值观，养成良好的道德素养。

通过实物或图片能识别驻车制动器的组成，会分析驻车制动器的工作过程，然后对驻车制动器进行检修等工作，排除汽车制动不良故障。

一、驻车制动器的功用

驻车制动器的功用是汽车停驶后防止滑溜；便于上坡起步；行车制动失效后临时使用或配合行车制动进行紧急制动（其位置如图4-1-23所示）。

二、驻车制动器的类型及工作原理

1. 驻车制动器的类型

驻车制动装置的结构基本等同于行车制动器，也是由制动器（图4-1-24）和制动传动机构（图4-1-25）两部分组成。制动器有中央制动器（图4-1-26）和复合制动器（图4-1-27）两种类型。制动传动机构有机械式（图4-1-28）、液压式（图4-1-29）和气压式（图4-1-30）。

图4-1-23 驻车制动器位置

单元四 汽车制动系统

图 4-1-24 制动器

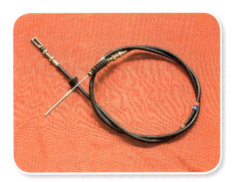

图 4-1-25 制动传动机构——拉索

图 4-1-26 中央制动器

图 4-1-27 复合制动器

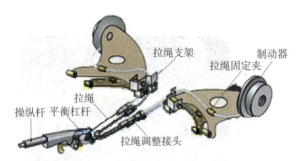

图 4-1-28 机械式制动传动机构

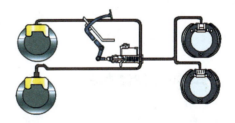

图 4-1-29 液压式制动传动机构

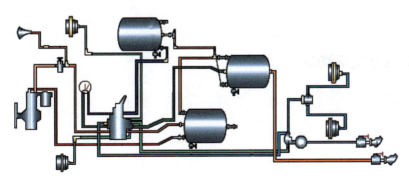

图 4-1-30 气压式制动传动机构

209

2. 驻车制动器工作原理

多数汽车的驻车制动器安装在变速器或分动器之后，也有少数装在主减速器主动轴的前端。因为其基本处在汽车中央的位置，所以这类制动装置又称中央制动装置。中央制动器多采用蹄鼓式制动器，它可采用高制动效能的自动增力式制动器，其外廓尺寸小，易于调整，防泥沙性能好，停车后没有制动热负荷，因而得到广泛应用。有的汽车由于底盘结构空间的限制或前轮驱动的原因，在后轮制动器中加装必要的机构，使之兼做驻车制动器，即为复合驻车制动装置，但是传动机构是相互独立的。复合制动装置有强力弹簧式和车轮制动式两种。目前重型载货汽车普遍采用中央制动器，而轿车则较多采用复合驻车制动装置。

（1）中央驻车制动装置。中央驻车制动装置按照制动器的类型又可分为增力式中央驻车制动装置和凸轮张开式中央驻车制动装置。

① 增力式中央驻车制动装置。解放 CA1092 驻车制动器为自增力鼓式制动机构，如图 4-1-31 所示。制动鼓工作直径 254mm，蹄片宽为 75mm，装在变速器后，传动轴之前。它主要由机械式拉杆操纵机构及驻车制动器等机件组成。

② 凸轮张开式中央制动装置（图 4-1-32）。东风 EQ1092 型汽车驻车制动装置采用的就是凸轮张开式中央制动装置，该驻车制动器与 CA1092 型汽车驻车制动器均为凸轮张开鼓式制动器，基本结构、拆装、维修方法基本相同，区别在于两制动蹄下端支承方式不一。

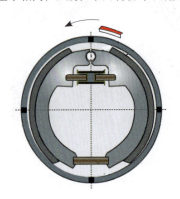
图 4-1-31 增力式中央驻车制动装置

图 4-1-32 凸轮张开式中央制动装置

（2）车轮制动式驻车制动装置。车轮制动式驻车制动装置是在后桥车轮制动器中，加装有必要的机构，使之兼充驻车制动器。目前多用于轿车上，它的驻车制动器与后车轮制动器共用，操纵机构独立，并由拉索驱动，如图 4-1-33 所示。

三、驻车制动系统的要求

（1）在空载状态下，驻车制动装置应能保证车辆在坡度为 20%（总质量为整备质量的 1.2 倍以下的车辆为 15%），轮胎与路面间的附着系数 ≥ 0.7 的坡道上正、反两个方向保持固定不动的时间 ≥ 5min。

（2）拉紧驻车制动器，空车平地用二挡应不能起步。

（3）驻车制动器操纵杆的工作行程不能超过全行程的 3/4。

图 4-1-33 车轮制动式驻车制动装置

（4）放松驻车制动操纵杆，变速器处于空挡，支起一支驱动轮，制动鼓应能用手转动且无摩擦声。

四、驻车制动器检查与调整

（一）中央制动式驻车制动器的检查与调整

1. 检查

汽车每行驶 12000km 左右时，应对驻车制动器的性能进行检查。驻车制动器应满足"三、驻车制动系统的要求"的性能。

2. 调整

（1）拉杆长度调整

当驻车制动器蹄鼓间隙过大时，可以将拉杆上的锁紧螺母松开，将制动操纵杆放松到最前端，然后，拧动拉杆上的调整螺母，即可实现制动间隙调整。将调整螺母拧紧，蹄鼓间隙减小；反之，则蹄鼓间隙增大。调整完毕后，将锁紧螺母锁紧。

（2）摇臂与凸轮相互位置的调整

① 通过拉杆长度的调整后，若操纵杆自由行程仍然偏大，则应调整摇臂与凸轮的相互位置。

② 将驻车制动杆向前放松至极限位置。

③ 将摇臂从凸轮轴上取下，反时针方向错开一个或数个齿后，再将摇臂装于凸轮轴上，并将夹紧螺栓紧固。

④ 重新调整拉杆上的调整螺母，直到有合适的驻车制动拉杆行程为止。调好后，制动间隙应为 0.2～0.4mm。

⑤ 驻车制动器调好后，完全放松驻车制动杆时，制动器蹄鼓间隙为 0.2～0.4mm。向后拉驻车制动杆时，应有两"响"的自由行程，从第三"响"时应开始产生制动，第五"响"时汽车应能在规定的坡道上停住。

（3）制动器的全面调整

先拧松偏心支承轴的锁紧螺母，用扳手转动偏心支承轴。当在摆臂末端用力转动摆臂张开凸轮时，两个制动蹄的中部同时与制动鼓接触。然后用扳手固定偏心支承销，同时拧紧偏心支承销的锁紧螺母。在拧紧锁紧螺母时，偏心支承销不得转动。

（二）车轮制动式驻车制动器检查与调整

1. 检查

（1）对驻车制动拉杆施加 196N（20kgf，44lbf）的力，确认拉杆行程在指定槽口数量内（聆听并计算棘齿的响声进行检查，槽口数量：8～9）。

（2）每个元件的固定状况（松动、间隙等）正常。检查以下内容：

① 有无弯曲、损坏和裂纹。如果出现故障，请更换。

② 制动拉线和均衡器有无磨损和损坏。如果出现故障，请更换。

③ 驻车制动开关。如果不能正常工作，请更换。

2. 调整

（1）拆卸控制台罩。

（2）拉起驻车制动拉杆，直到能够插入一个深套筒扳手。

（3）插入深套筒扳手调整螺母。旋转调整螺母完全松离电缆，然后松开踏板。

（4）踩下脚刹 10 次左右，然后调整后制动蹄片的间隙。

3. 注意事项

（1）确保牢固踩下脚刹。

（2）旋转制动鼓确认没有阻力。

（3）使用以下步骤调整驻车制动器拉线。

① 更换驻车制动电缆的时候，用 490N（50kgf，110lbf）的力操作驻车制动杆，进行 10 次。

② 拉起驻车制动拉杆，直到能够插入一个深套筒扳。

③ 使用深套筒旋转调节螺母，从而调整驻车制动拉杆行程。

④ 对驻车制动拉杆施加 196N（20kgf，44lbf）的力，确认拉杆行程在指定槽口数量内（聆听并计算棘齿的响声进行检查）。

⑤ 确认将驻车制动拉杆完全释放之后，后制动器上不受阻力。

一、任务准备

（1）工作场景：实训车间、驻车制动器 PPT。

（2）主要设备：整车、梅花扳手、撬板、世达工具一套等。

二、实施步骤

作业内容	图解	具体操作方法及要求	完成确认
1.用手拉住驻车制动杠杆		拉住驻车制动杠杆	
2.检查驻车制动杠杆行程		松开驻车制动器锁,并将驻车制动杠杆放回到关闭位置 注意:松开驻车制动器锁时要先往上拉驻车制动,然后按下驻车制动器锁,否则很难按下	
3.缓慢拉动驻车制动杠杆		(1)缓慢将驻车制动杠杆向上拉到底,并计算咔嗒声的次数 (2)标准驻车制动杠杆行程:200N时为6～9个槽口	
4.拆下仪表板左右装饰板		拆下仪表板左右装饰板(卡子)(拆卸时注意卡子方向,不可使用蛮力硬拉,或者用锤子、旋具等工具大力拆卸,防止卡子折断)	
5.拆下仪表盒总成		拆下仪表盒总成(2颗梅花螺丝钉、卡子)	
6.拆下换挡杆把手分总成		拆下换挡杆把手分总成(逆时针旋转)	
7.拆下中央仪表组装饰板总成		拆下中央仪表组装饰板总成(卡子)	

续表

作业内容	图解	具体操作方法及要求	完成确认
8.拆下地板控制台上面板分总成		拆下前1、2号地板控制台嵌入件、地板控制台上面板分总成（卡子）	
9.拆卸地板控制台		取下地板控制台毡垫（4颗10#螺栓）	
10.取下地板控制台总成	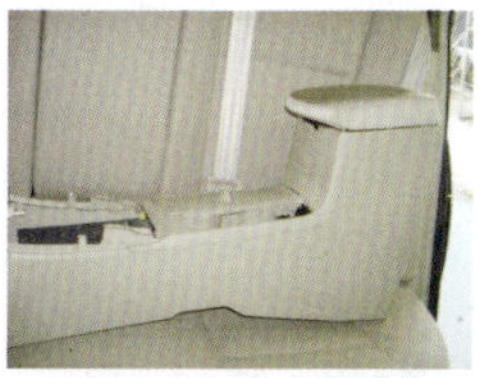	拆下后拆下地板控制台总成（2颗梅花螺丝钉、卡子）	
11.松开锁紧螺母	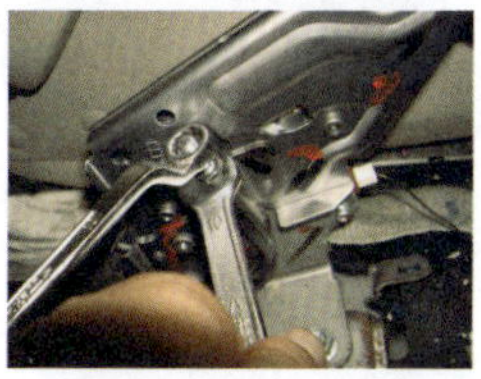	松开锁紧螺母（10#开口、梅花扳手配合，开口扳手固定调整螺母，梅花扳手松开锁紧螺母）	
12.旋转调整螺母		旋转调整螺母使驻车制动杠杆行程修正至规定范围内（驻车制动杠杆行程：200N时为6～9个槽口）（需多次试验）	
13.旋紧锁紧螺母		旋紧锁紧螺母（方法同松开锁紧螺母）扭矩：6.0N·m	
14.检查驻车制动是否卡滞	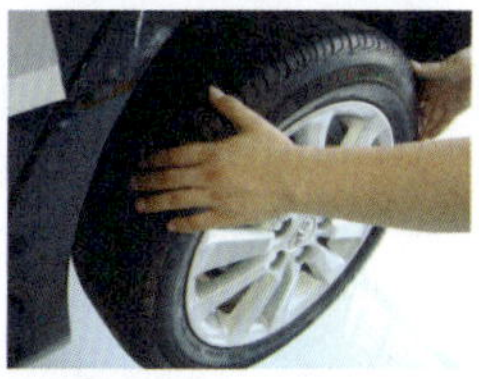	（1）发动机停机时，完全踩下制动踏板3～5次 （2）操作驻车制动杠杆3～4次，并检查驻车制动杠杆行程 （3）检查驻车制动是否卡滞 （4）将驻车制动杠杆行程调整至规定范围后，按相反顺序将零件逐一安装	

笔记

 任务评价

任务评价表

评价内容	赋分	序号	具体指标	分值	得分		
					自评	组评	师评
仪容仪表	15	1	工作服、鞋、胸卡穿戴整洁	5			
		2	发型、指甲等符合工作要求	5			
		3	不佩戴首饰、钥匙、手表等	5			
教学过程	60	4	驻车制动的作用与组成	15			
		5	驻车制动的类型与工作原理	15			
		6	驻车制动操作机构进行拆装	15			
		7	驻车制动操作机构进行检修	15			
职业素养	25	8	出勤情况	10			
		9	服从安排，积极参加组内活动	5			
		10	认真执行 6S 工作	10			
			综合得分	100			

 任务测评

1. 驻车制动器的功用是什么？
2. 简述驻车制动器的工作原理。
3. 简述汽车对驻车制动系统的要求。
4. 中央制动式驻车制动器检查与调整有哪些内容？
5. 车轮制动式驻车制动器检查与调整有哪些内容？

项目二　气压制动传动装置

项目导入

气压式制动传动装置是利用压缩空气作动力源的动力制动装置。制动时，驾驶员通过控制制动踏板的行程，便可控制制动气压的大小，得到不同的制动强度。其特点是：制动操纵省力、制动强度大、踏板行程小；但需要消耗发动机的动力、制动粗暴而且结构比较复杂。因此，一般仅在重型和部分中型汽车上采用。

任务一　气压制动传动装置结构认知

知识目标：
1. 能够了解气压制动传动装置的组成和管路布置。
2. 能够理解气压制动传动装置的工作原理。

能力目标：
1. 能对汽车气压制动系统进行正确的认知。
2. 能对汽车气压制动系统进行正确的维护保养。

情感目标：
1. 激发、满足学生的求知欲和好奇心，培养学生学习的兴趣。
2. 鼓励学生积极参与教学活动，使学生获得成功的体验，建立和增强学生学习专业知识的信心。

本任务为对汽车气压制动系统进行维护，包括空气压缩机调整、储气罐检查、制动气路检查、制动踏板调整、制动控制阀检查与调整、制动气室检查与调整等系列工作。

气压式制动传动装置是利用压缩空气作动力源的动力制动装置。制动时，驾驶员通过控制制动踏板的行程，便可控制制动气压的大小，从而得到不同的制动强度。气压式制动传动装置制动操纵省力、制动强度大、踏板行程小，但需要消耗发动机的动力，制动粗暴而且结构比较复杂。因此，一般用在重型和部分中型汽车上。

一、气压制动传动装置的基本组成

气压制动传动装置的组成与布置形式随车型而异，但总的工作原理相同。管路的布置形式也分为单管路和双管路两种。以解放 CA1092 型汽车双管路制动传动装置的组成和管路布置为例介绍。

如图 4-2-1 所示为解放 CA1092 型汽车双管路制动系统示意图。它由气源和控制装置两部分组成。气源部分包括空气压缩机、调压装置、双针气压表、储气筒、低压报警开关和安全阀等。控制装置包括制动踏板、制动控制阀等。

215

笔记

气压传动装置是利用一个双腔（或三腔）的制动控制阀，两个或三个储气筒，组成两套彼此独立的管路，分别控制两桥（或三桥）的制动器。

二、气压制动传动装置的工作原理

如图 4-2-1 所示，工作原理动画请扫二维码。发动机驱动的活塞式空气压缩机将压缩空气经单向阀压入储气筒，筒上装有安全阀和供其他系统使用的压缩空气放气阀。压缩空气在湿储气筒内冷却并进行油水分离，然后进入储气筒的前、后腔。储气筒的前腔与制动控制阀的上腔相连，以控制后轮制动，同时通过三通管与气压表及气压调节器相连；储气筒的后腔与制动控制阀的下腔相连，以控制前轮制动，并通过三通管与气压表相连。气压表为双指针式，上指针指示储气筒前腔气压；下指针指示储气筒后腔气压。以上为供气管路，管中常存有压缩空气，储气筒的最高气压为 0.83MPa。

气压制动传动装置工作原理

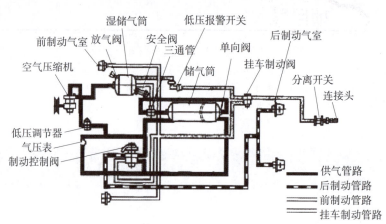

图 4-2-1 气压制动系统

当驾驶员踩下制动踏板时，拉杆带动制动控制阀拉臂摆动，使阀工作。储气筒前腔的压缩空气经阀的上腔进入后制动气室，使后轮制动；同时储气筒后腔的压缩空气通过阀下腔进入前制动气室，使前轮制动。当放松制动踏板时，制动控制阀使各制动气室与大气相通以解除制动。

三、气压制动传动装置的维护

以解放 CA1092 车为例进行维护。

1. 空气压缩机

（1）检查

① 汽车每行驶 3000km 时，应检查空气压缩机的皮带的松紧度：以 30～50N 的力按下皮带中间，检查其挠度 10～15mm；

② 充气性能检查：在发动机中速运转下，4min 内压力表读数应由 0 升至 0.4MPa，6min 内压力表读数应由 0 升至 0.8MPa；发动机停转 3min，气压表读数下降不得超过 0.01MPa。

（2）调整

① 空气压缩机皮带松紧度调整：松开压缩机底座支架上的固定螺栓，将调整螺栓按顺时针方向拧动，则皮带张紧，反之则松弛，调整合适后拧紧固定螺栓。

② 气压调节阀的调整：如图 4-2-2 所示，松开锁紧螺母，拧动调整螺钉，拧进则最高气压增大，反之则气压降低，调整合适后，拧紧锁紧螺母。

2. 储气罐单向阀

如图 4-2-3 所示，汽车每行驶 48000km 时，应拆下单向阀进行清洁和检查，如果阀门有阻滞、损坏或密封不严现象，即应修理或更换。

图 4-2-2 气压调节阀

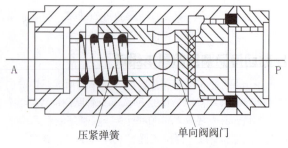

图 4-2-3 单向阀

3. 管路检查

气压制动管路不能有凹瘪及破损，各接头连接牢固、可靠。管路密封性要求：在气压为0.8MPa情况下，将制动踏板踩到底，待气压稳定后，观察3min后，气压降低值不得超过0.02MPa。

4. 制动踏板自由行程检查与调整

（1）检查。用脚轻踩制动踏板至刚有阻力为止，踏板下端所移动的距离即为踏板的自由行程，如图4-2-4所示，CA1092型汽车的自由行程为10～15mm。

（2）调整。拆下制动阀拉臂与制动踏板拉杆的连接销；拧松调整螺钉的锁紧螺母；转动调整螺钉来调整上阀门排气间隙为1.2～1.4mm,旋入调整螺钉,排气间隙减少,则制动踏板自由行程缩小,反之则增大；调整合适后拧紧锁紧螺母。

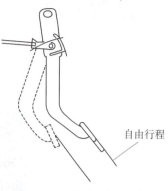

图 4-2-4 制动踏板自由行程

一、任务准备

（1）工作场景：理实一体化教室、气压制动传动装置的底盘实训台架一台。
（2）主要设备：气压制动传动装置的底盘实训台架一台、世达工具一套。
（3）辅助设备：抹布、工作台等。

二、实施步骤

作业内容	图解	具体操作方法及要求	完成确认
1.制动气室		能正确认知制动气室，了解制动鼓的结构、作用和工作过程	
2.空气压缩机		能正确识别空气压缩机，了解空气压缩机的结构、作用和工作过程	
3.制动控制阀		能正确识别制动控制阀，了解制动控制阀的结构、作用、工作原理及技术要求	
4.贮气筒		能正确识别储气筒，了解储气筒的结构、作用	

续表

作业内容	图解	具体操作方法及要求	完成确认
5.气压表		能正确识别气压表，了解气压表的结构、作用	
6.气压调节器		能正确识别气压调节器，了解气压调节器的结构、作用和工作原理	

任务评价

任务评价表

评价内容	赋分	序号	具体指标	分值	得分 自评	得分 组评	得分 师评
仪容仪表	15	1	工作服、鞋、胸卡穿戴整洁	5			
		2	发型、指甲等符合工作要求	5			
		3	不佩戴首饰、钥匙、手表等	5			
教学过程	60	4	无人员受伤及设备损伤事故	15			
		5	学生听课认真态度	15			
		6	操作完成情况	15			
		7	学生回答问题情况	15			
职业素养	25	8	出勤情况	10			
		9	服从安排，积极参加组内活动	5			
		10	认真执行6S工作	10			
			综合得分	100			

任务测评

1. 简述气压制动传动装置的基本组成。
2. 简述气压制动传动装置的工作原理。
3. 气压制动传动装置的空气压缩机有哪些检查调整内容？
4. 简述气压制动传动装置制动踏板自由行程的检查与调整。

任务二　气压制动传动装置的拆装与检修

知识目标：
1. 掌握空气压缩机、调压器的拆装与调整方法。
2. 掌握气压制动阀的拆装与调整方法。

能力目标：
1. 能正确拆装和调整空气压缩机、调压器。
2. 能正确拆装和调整气压制动阀。

情感目标：
1. 引导学生学会倾听、主动交流、相互合作、尊重他人，掌握科学的学习方法和养成良好的学习习惯。
2. 结合课程，培养学生正确的价值观，养成良好的道德素养。

本任务首先对汽车气压制动系统外部检查，然后对空气压缩机、比例阀、调压阀、制动控制阀、制动气室进行检修等工作，排除汽车气压制动失效故障。

一、空气压缩机

空气压缩机的作用是产生压缩空气，是整个制动系统的动力源。按其缸数可分为单缸与双缸两种。

1. 空气压缩机的结构组成

如图4-2-5所示，空气压缩机主要由缸体、曲轴箱、曲轴、活塞、连杆、气缸盖总成、空气滤清器等组成。

气缸体由铸铁制成，下端用螺栓与曲轴箱连接，缸筒外圆铸有散热片。气缸盖用螺栓紧固于缸体的上端面，其间装有密封垫。缸盖上的进、排气室分别装有进、排气阀，排气阀经管路与储气筒相通，进气阀经进气道与小空气滤清器相通，其上方装有卸荷装置。

压缩机的曲轴用两盘球轴承支承于曲轴箱前、后座孔内，前端与驱动皮带盘相连，由发动机的曲轴皮带盘通过三角带驱动。

2. 空气压缩机工作原理

如图4-2-6所示，当活塞自上止点下行时，吸开进气阀，外界空气即经空气滤清器、进气道、进气阀被吸入气缸。活塞上行时，进气阀在弹簧的作用下关闭，缸内空气即被压缩，压力升高。当压力升高到足以克服排气阀弹簧的张力与排气室内压缩空气的压力之和时，排气阀便开启，压缩空气经排气室和空气管送至储气罐。

3. 空气压缩机的检修

以东风EQ1090E型汽车单缸空气压缩机为例进行检修。

（1）拆卸

① 先拆下空气压缩机的进出油管接头及气接头，再拆下固定支架上的三个螺栓，将空气压缩机从发动机上取下；

② 将空气压缩机固定好，拆下缸盖总成和底板，解体连杆活塞组合件；

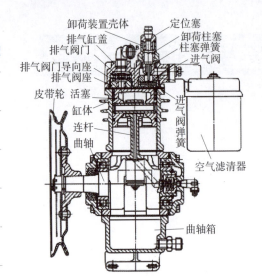

图 4-2-5 空气压缩机结构

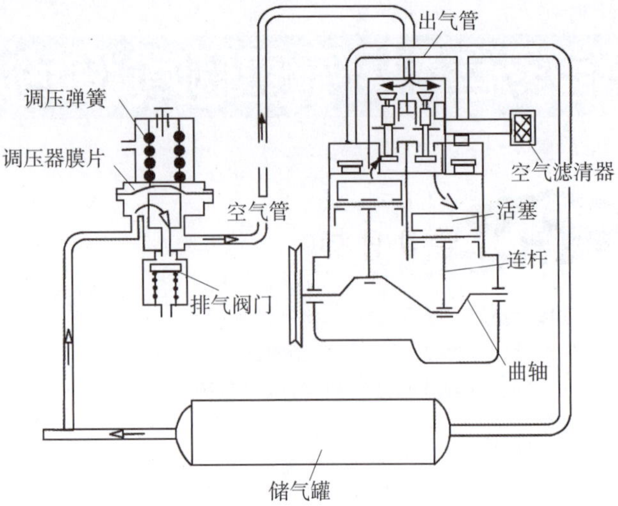

图 4-2-6 空气压缩机工作原理

③ 拆下皮带轮及曲轴；

④ 拆下活塞销挡圈，压出活塞销。

（2）检修

① 空气压缩机工作时，不应有过量的润滑油窜入储气筒；

② 检查空气压缩机时应详细检查活塞与活塞环的磨损、后盖与油堵的密封、回油管是否畅通以及连杆大端与曲轴的轴向间隙等，根据发现的问题进行维修。

（3）安装

空气压缩机的装配按上述相反的顺序操作，并注意下列事项：

① 装配前必须清洗拆下的零件；

② 活塞环的缺口应相互错开；

③ 连杆活塞组的安装应注意方向；

④ 各螺栓的拧紧力矩必须符合要求。

二、调压器

1. 调压器的作用

调压器是调节储气筒中压缩空气的压力，使之保持在规定的压力范围内，同时使空气压缩机能卸荷空转减少发动机的功率损失。

2. 调压器的结构组成

如图 4-2-7 所示，阀壳体上装有两个带滤芯的管接头，分别与空气压缩机上的卸荷室和储气罐相通。膜片及弹簧下座等机件用螺母紧固在一起，膜片的外缘被夹持在盖与壳体之间，构成膜片上、下两腔室。膜片上腔室经上盖上的小孔与大气相通；而下腔室经气体通道及管接头用气管与储气罐相通。调压弹簧上端通过上弹簧座支承在调压螺钉上；下端通过弹簧下座使膜片组件紧靠在壳体的环形凸肩上。空心管外圆柱面的中段与壳体的中心导向孔滑动配合，其间有密封圈，空心管的中心孔经上部的径向孔与膜片的下腔室相通，壳体下端腔室内装有排气阀及其压紧弹簧，并经孔 A 与大气相通。调压阀调节气压值可通过旋转盖上的调压螺钉，改变调压弹簧的预紧力来予以调整。

3. 调压阀工作原理

如图 4-2-7 所示，当储气罐内气压未达到规

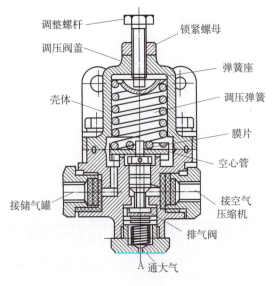

图 4-2-7 调压器结构

定值时，膜片下腔气压较低，不足以克服调压弹簧的预紧力，膜片连同空心管及排气阀被调压弹簧压到下极限位置，调压阀不起作用。此时，由储气罐至卸荷室的通路被隔断，卸荷室与大气相通，卸荷阀杆在最高位置，进气阀处于密封状态，空气压缩机对储气罐正常充气。

当储气罐气压升高到 0.7～0.74MPa 时，膜片下方气压作用力即克服调压弹簧的预紧力而推动膜片向上拱曲，使空心管和排气阀随之上移，直至排气阀靠在阀座上而关闭，切断卸荷室与大气通路，同时空心管下端面也离开排气阀，出现间隙，于是储气罐中的压缩空气便沿图中箭头所示路线充入空气压缩机的卸荷室，迫使卸荷柱塞下移，使进气阀门开启。这时气缸与大气相通，空气压缩机卸荷空转，储气罐内气体压力也不再升高。随着储气罐内的压缩空气不断消耗，调压阀膜片下面气压降低，膜片和空心管即在调压弹簧的作用下相应下移，当气压在 0.56～0.6MPa 时，空心管下端将排气阀打开。卸荷室与储气罐的通路被切断，而与大气相通，卸荷室的压缩空气即排入大气。卸荷阀在其弹簧的作用下升高，进气阀又恢复正常，空气压缩机恢复对储气罐充气。

三、制动控制阀

控制阀可控制从储气罐充入制动气室和挂车制动控制阀的压缩空气量，从而控制制动气室中的工作气压，并有渐进变化的随动作用，即保证制动气室的气压与踏板行程有一定的比例关系。

1. 制动控制阀的类型

制动控制阀的常见结构有串联活塞式和并联膜片式。如东风 EQ1090E 型汽车采用的是并联膜片式控制阀，解放 CA1092 型汽车采用的是串联活塞式控制阀。

（1）并联膜片式控制阀。如图 4-2-8 所示为东风 EQ1090E 型汽车采用的并联膜片式控制阀。主要由拉臂、上壳体、下壳体、平衡弹簧总成、滞后机构总成等组成。

拉臂用销轴支承在壳体上的支架上，可绕销轴摆动，支架上装有限位螺钉，用以调整最大工作气压。拉臂上还装有调整螺钉和锁紧螺母，用以调整踏板自由行程。

上壳体内装有平衡弹簧总成，可上下移动，壳体中央孔内压装衬套，推杆装入其中，能轴向移动，推杆上端与平衡弹簧座相抵，下端伸入等臂杠杆孔内，等臂杠杆两端压靠在两腔内膜片挺杆总成上。

下壳体下部孔中，安装两个阀门，两侧有四个接头孔，下方一个为进气孔，上方两个为出气孔。

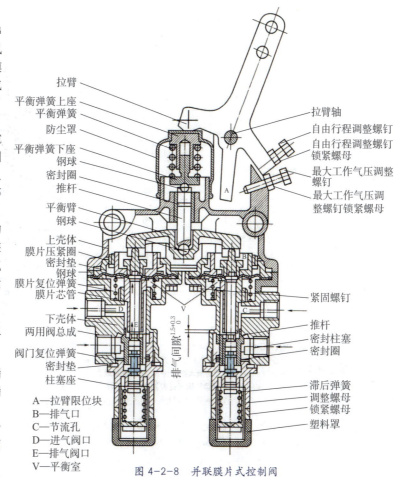

A—拉臂限位块
B—排气口
C—节流孔
D—进气阀口
E—排气阀口
V—平衡室

图 4-2-8 并联膜片式控制阀

制动时：踩下制动踏板，通过操纵臂使拉臂绕轴转动，拉臂将平衡弹簧和平衡臂压下，推压两腔室的膜片和芯管。由于后桥腔室中无推杆和滞后弹簧的作用力，因此芯管首先将排气阀口 E 关闭，继而打开通往后桥储气筒的进气阀口，压缩空气便经进气阀口充入后桥控制管路。随着平衡室 V 不断充气，气压升高，再加上膜片和芯管的下移使各回位弹簧的变形量增加，则反抗平衡臂下移的作用力将相应增大。此时，平衡臂对前桥腔室膜片、芯管组的压力也随之增大，平衡臂的右端也开始下移，芯管下移消除排气间隙后，推开前桥腔室的进气阀使前桥制动管路充气，同时，一部分压缩空气也经节流孔 C 充入后桥腔室的平衡室 V。

维持制动时：制动踏板踩下一定行程不动，经节流孔 C 进入平衡室 V 内的气压不断升高，当膜片下方压力（气压、回位弹簧及阀门弹簧）之和超过平衡弹簧的预紧力时，平衡弹簧便在其上端压力不变的情况下，被下压力推着向上压缩变形，膜片带动芯管上移。同时，阀门在其弹簧的作用下也随之上升，直到进气阀关闭，而排气阀仍处于关闭状态。制动阀处于平衡状态，压缩空气保留在制动气室中，即维持制动。

当需要增加制动强度时，可将踏板再踩下一定行程。这时，对平衡弹簧上的压力加大，膜片和芯管下移，平衡位置被破坏，进气阀重新开启，供给更多的压缩空气到制动气室，制动力被加大。此时，平衡气室的气压也随着增大，平衡弹簧又被压缩，直到膜片下方加大的总压力与膜片上方的压力达到新的平衡时，膜片和芯管即上移到使进气阀再关闭的位置，双阀又处于关闭状态，制动阀处于新的平衡位置。此时，各制动气室的气压较以前有所升高。

当需要减小制动强度时，可将踏板松回一定行程。这时，对平衡弹簧上的压力即减小，膜片和芯管在平衡气室的气压和回位弹簧的作用下随即上移，排气阀打开一定间隙，制动气室和管路中的部分压缩空气经芯管排入大气。随着压缩空气的排出，平衡气室的气压下降，平衡弹簧即伸张，重新迫使膜片和芯管下移，直到消除排气间隙，达到新的压力平衡为止，双阀又处于关闭状态。此时，各制动气室的气压较以前有所减小。

当将踏板踩到底时，操纵臂下臂与调整螺钉相碰，此时，对平衡弹簧的上压力最大，其上端的下移量也最大，膜片和芯管使进气阀开启的行程也最大。因此，必须多进压缩空气将平衡弹簧更进一步压缩，才能达到双阀关闭的平衡位置。此时，各制动气室的气压达到最大。通过调整螺钉的拧入或拧出，可使最大工作气减小或增大。

当完全放松制动踏板时，对平衡弹簧、膜片和芯管的上压力解除，膜片和芯管及平衡弹簧即在平衡气室内的气压和回位弹簧的作用下升起，排气阀即完全开启，各制动气室和平衡气室的压缩空气倒流，经芯管上的气孔和排气口排入大气，制动即完全解除。

（2）串联活塞式控制阀。图4-2-9所示为解放CA1092型汽车制动控制阀。它由上盖、上阀体、中阀体和下阀体等组成，并用螺钉连接在一起，其间装有密封垫。中阀体上的通气口A和B，分别接后桥储气筒和后桥制动气室；下阀体上的通气口A_1和B_2分别接前桥储气筒和前桥制动气室。上下活塞与壳体间装有密封圈。下腔活塞由大小两个活塞套装在一起，小活塞能对大活塞进行单向分离。上腔阀门滑动地套装在芯管上，芯管外圆有密封隔套。下腔阀门滑动地套在有密封圈的下阀体中心孔中。中空的芯管和小活塞制成一体。

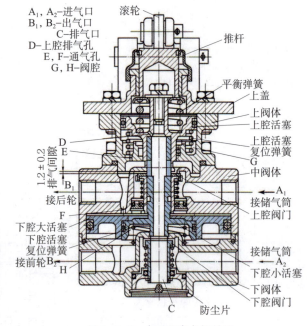

图4-2-9　串联活塞式控制阀

制动时，驾驶员将制动踏板踩下一定距离，通过滚轮、推杆使平衡弹簧及上腔活塞向下移动，消除排气间隙（上腔阀门与上腔活塞之间的间隙）而推开上腔阀门。此时，从储气筒来的压缩空气经进气口A、阀门与中阀体上的进气阀座间的进气间隙进入G腔，并经出气口B_1进入后制动气室，使后轮制动。与此同时，进入G腔的压缩空气通过通气孔F，进入下腔大活塞及小活塞的上方，使其下移推开下腔阀门。此时从前桥储气筒来的压缩空气经下腔阀门与下阀体的阀座之间形成的进气间隙进入H腔，并经出气口B_2充入前制动气室，使前轮制动。

当制动踏板保持在某一位置（即维持制动状态）时，压缩空气在进入G腔的同时由通气孔E进入上腔活塞的下方，并推动上腔活塞上移，使G腔中的气压作用力与上腔复位弹簧的张力之和与平衡弹簧的压紧力相平衡。与此同时，H腔中的气压作用力与上腔复位弹簧的张力之和与下腔活塞上方的气压作用力相平衡。此时上腔阀门和下腔阀门均关闭，G和H腔中的气压保持稳定状态，即为制动阀的平衡位置。

若驾驶员感到制动强度不足，可将制动踏板再踩下一些，此时上腔阀门和下腔阀门又重新开启，使中阀体的G腔和下阀体的H腔以及制动气室进一步充气，直至G腔中气压又一次与平衡弹簧的压力相平衡。而此时H腔中的压缩空气对下腔活塞向上的压力重新与下腔活塞上方的压缩空气对下腔活塞向下作用的压力相平衡。在这一新的平衡状态下，制动气室所保持的稳定压力比以前更高，同时平衡弹簧的压缩量和踏板力也比以前更大。

放松制动踏板时，操纵摇臂复位，芯管上移，平衡弹簧恢复到原来装配长度，上腔活塞上移到使其下端与上腔阀门之间形成排气间隙。后制动气室的压缩空气经 G 腔排气间隙和其下面的排气口 C 排入大气；与此同时下腔大活塞及下腔小活塞受回位弹簧张力的作用而上升，使下腔阀门与下阀体的阀座接触，从而关闭储气筒与前制动气室的通路。另一方面，由于下腔大活塞及下腔小活塞的上移，使小活塞的下端与下腔阀门之间也形成排气间隙。前制动气室的压缩空气经 H 腔排气间隙以及下腔阀门和排气口 C 排入大气中。

若前桥管路失效，控制阀的上腔室仍能按上述方式工作，因此后桥控制管路照常工作。当后桥管路失效时，由于下腔室的下腔活塞上方建立不起控制气压而无法动作，上腔平衡弹簧将通过上活塞推动小活塞及芯管使小活塞与大活塞单向地分离而下移，推开下阀门使前桥控制管路建立制动气压，并利用小活塞和平衡弹簧的张力相互平衡起随动作用。

2. 控制阀的检修

以东风 EQ1092 型汽车并列双腔膜片式制动控制阀为例进行检修。

（1）拆卸

① 从车上拆卸制动控制阀时，可先拆开制动控制阀与气管连接的螺母，拆掉拉臂与踏板拉杆的连接销，拆下制动控制阀与车架的连接螺栓、螺母以及制动开关接头上的导线，将制动控制阀从车上拆下。

② 解体制动控制阀时，可先拆下上体、下体的连接螺栓，卸掉拉臂与上体连接的拉臂轴，整个阀体即可解体。

③ 拧下柱塞座，松开螺母，拆下调整螺栓，即可解体下体。

④ 用卡簧钳卸掉挡圈，可将膜片总成解体。

（2）检修

制动控制阀在使用中最常见的损伤是密封不良、零件运动不灵活或调整不当等。拆检制动控制阀时可重点检查阀门与壳体接触的工作面是否有压伤痕迹；活塞上下运动是否灵活；制动阀上部挺杆运动是否灵活；橡胶零件是否老化和裂纹。

（3）安装

制动控制阀的装配按拆卸的相反顺序操作。

在制动控制阀的装配过程中，应进行必要的调整。并联双腔制动控制阀应进行以下调整：

① 排气间隙：在组装前、后两腔柱塞之前，用深度尺测量芯管至阀座平面之间的距离，前、后两腔的距离应相等，均为 1.5mm。若该间隙不符合要求，用拉臂上的调整螺钉进行调整，如图 4-2-9 所示。螺钉旋入芯管下移，排气间隙变小，则踏板的自由行程减小；反之，排气间隙变大。调整后，锁止调整螺钉。

② 最大制动压力：最大制动气压应为 539～589kPa。测量时，储气筒的压力应为 700～740kPa，此时制动拉臂应与壳体上调整螺钉接触。如果气压较低时，将壳体上的调整螺钉旋出，反复试验无误后，将锁紧螺母锁止。

③ 前、后腔的压力差：测量时，将压力表分别与前、后腔相通，踩下制动踏板至任一位置不动，旋转后腔调整弹簧的下弹簧座。旋入时，可使弹簧弹力增大，从而降低后腔的输出气压，应使后腔的输出气压比前腔低 9.8～39.3kPa。松开制动踏板，再踩到任一位置，如前后腔的压力差仍为上述数值，说明调整正确，最后将锁止螺母锁紧。

④ 制动控制阀装复后，应对制动阀的性能进行试验。串联双腔制动控制阀试验时，可在制动阀上、下进气口与储气筒之间各串入一个 1L 的容器和气压表，并用一个阀门控制气路的通断。首先通入压力为 70kPa 的压缩空气，待压力表的读数稳定后，将阀门关闭。此时只有串入的小容器中压缩空气与进气腔相通，压力表用来显示进气腔压力的变化。经 5min 试验后，气压表读数的降低不得大于 24.5kPa。否则，应检修或更换进气阀。打开阀门，使储气筒与制动控制阀相通，拉动制动拉臂至极限位置不动，然后关闭阀门，以小容器内的压缩空气检查两气腔的密封情况，在 5min 内，气压表读数降低不得大于 49kPa，否则应检查制动气室、芯管和排气阀是否漏气。

四、制动气室

1. 制动气室的类型

制动气室的作用是把储气筒经过控制阀送来的压缩空气的压力转变为转动凸轮的机械力。常用的制动气室有膜片式和活塞式两种类型。

（1）膜片式制动气室。如图 4-2-10 和图 4-2-11 所示为东风 EQ1090E 型汽车采用的膜片式制动气室。夹布层橡胶膜片的周缘用卡箍夹紧在壳体和盖的凸缘之间。盖与膜片之间为工作腔，借橡胶软管与制动控制阀接出的钢管相通，膜片的右方与大气相通。弹簧通过焊接在推杆上的支承盘将膜片推到左极限位置。推杆的外端借连接叉与制动器的制动调整臂相连。

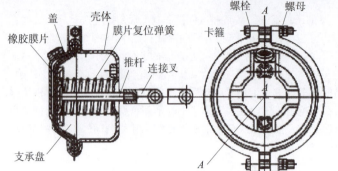

图 4-2-10 膜片式制动气室

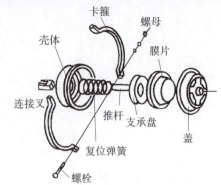

图 4-2-11 膜片式制动气室展开图

踩下制动踏板时，压缩空气自制动阀充入制动气室工作腔，使膜片向右拱，将推杆推出，使制动调整臂和制动凸轮转动而实现制动。放开制动踏板时，工作腔则经由制动阀的排气口通大气。膜片与推杆都在弹簧的作用下回位而解除制动。

（2）活塞式制动气室。如图4-2-12所示为JN1181C13型汽车前轮用的活塞式制动气室。冲压的壳体和盖用螺栓连接。活塞组件由活塞体、密封皮碗、密封圈、弹簧座和导向套筒等组成。推杆与活塞体接触的一端做成球头，因此其在轴向移动的同时还可以摆动。其工作情况与膜片式相同。

2. 制动气室的检修

以东风EQ1092型汽车膜片式制动气室为例进行检修。

（1）拆卸

① 旋下推杆连接叉。

② 卸下制动气室外壳与外壳盖连接螺栓，将盖与壳分开。

③ 逐次顺序取出橡胶膜片、推杆总成及回位弹簧。

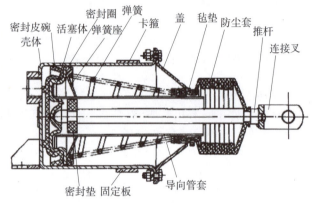

图 4-2-12 活塞式制动气室

（2）检修

① 膜片如有裂纹、变形或老化等情况，应予以更换。

② 弹簧发现明显的变形或严重锈蚀，应予以更换。

③ 左、右制动气室的弹簧张力应一致，不合规定时，应予以调整。

（3）安装

膜片式制动气室的装配按拆卸相反的顺序操作，装配完成后，在气压为0.882MPa的作用下，不得有漏气现象。

五、气压制动失效诊断

1. 汽车气压制动失效故障原因

（1）空气压缩机损坏后不工作。

（2）储气罐内无压缩空气。

（3）调压阀损坏后不能关闭。

（4）制动控制阀的进气阀不能打开，或排气阀不能关闭。

（5）气管堵塞，制动控制阀或制动气室膜片破裂漏气。

（6）制动踏板与制动控制阀拉臂脱节。

2. 汽车气压制动失效故障诊断与排除方法

（1）首先检查储气罐内有无压缩空气。若无压缩空气，则应查找有无漏气之处。如无漏气之处，则为空气压缩机故障，应进行检修。

（2）若空气压缩机工作正常，则应检查制动踏板与制动控制阀拉臂是否脱节，制动控制阀调整螺钉是否松动。如果上述情况都正常，则应拆检制动控制阀，并疏通气道。

一、任务准备

（1）工作场景：理实一体化教室、气压制动传动装置的底盘实训台架一台。
（2）主要设备：气压制动传动装置的底盘实训台架一台、世达工具一套。
（3）辅助设备：抹布、工作台等。

二、实施步骤

作业内容	图解	具体操作方法及要求	完成确认
1.拆下制动鼓		使用轮毂拉力器，将拆下外轮毂轴承和制动鼓	
2.拆制动蹄的回位弹簧		使用一字旋具拆制动蹄的回位弹簧	
3.拆下制动分泵		拆下制动分泵的固定螺栓	
4.拆下调整臂		使用开口扳手拆下调整臂	
5.取出凸轮轴		用双手取出凸轮轴	
6.拆下连接板		拔下制动蹄支承销连接板上开口销，取下连接板	
7.取出制动蹄		取下制动蹄摩擦片，左右做好记号	

笔记

任务评价表

评价内容	赋分	序号	具体指标	分值	得分		
					自评	组评	师评
仪容仪表	15	1	工作服、鞋、胸卡穿戴整洁	5			
		2	发型、指甲等符合工作要求	5			
		3	不佩戴首饰、钥匙、手表等	5			
教学过程	60	4	正确对空气压缩机、调压器的拆装与调整方法	15			
		5	正确拆装和调整空气压缩机	15			
		6	正确拆装和调整调压器	15			
		7	正确拆装和调整气压制动阀	15			
职业素养	25	8	出勤情况	10			
		9	服从安排,积极参加组内活动	5			
		10	认真执行6S工作	10			
综合得分				100			

1. 简述气压制动传动装置的空气压缩机的基本结构。
2. 简述气压制动传动装置的调压器的基本结构。
3. 常见的气压制动传动装置的制动阀有哪些类型?
4. 简述气压制动传动装置并联膜片式控制阀的基本结构。
5. 简述气压制动传动装置串联活塞式控制阀的基本结构。
6. 简述气压制动传动装置膜片式制动气室的基本结构。
7. 简述气压制动传动装置活塞式制动气室的基本结构。

项目三 液压制动传动装置

项目导入

液压制动传动装置是利用特制油液作为传动介质,将制动踏板力转换为油液压力,并通过管路传至车轮制动器。再将油液压力转变为制动蹄张开的推力,即产生制动作用。

任务一 液压制动传动装置的拆装与检修

知识目标:
1. 掌握液压制动系统的基本结构。
2. 掌握汽车液压制动系统工作原理以及液压制动回路。
3. 掌握液压制动系统主要部件的结构。

能力目标:
1. 掌握液压制动系统的维护。
2. 掌握液压制动传动装置主要部件的检修的正确方法和步骤要领。

情感目标:
1. 激发、满足学生的求知欲和好奇心,培养学生学习的兴趣。
2. 鼓励学生积极参与教学活动,使学生获得成功的体验,建立和增强学生学习专业知识的信心。

通过实物或图片能识别汽车制动助力器、制动总泵和分泵的基本结构,掌握制动助力器、制动总泵和分泵的工作原理。能够掌握制动液的检查、添加方法以及更换制动液的方法。

一、液压制动系统的基本结构

液压制动系统主要由车轮制动器和液压传动机构组成。

车轮制动器主要由旋转部分、固定部分和调整机构组成。旋转部分是制动鼓;固定部包括制动蹄和制动底板;调整机构由偏心支承销和调整凸轮组成,用于调整蹄鼓间隙。

液压传动机构主要由制动总泵、制动分泵、制动管路和制动液组成,如图4-3-1所示。

二、液压制动系统的工作原理

制动系统不工作时,制动摩擦片与制动盘之间有间隙,车轮和制动盘可一起自由旋转。

制动时,要是汽车减速,脚踏下制动器踏板通过推杆和总泵活塞,使总泵油液在一定压力下流入分泵,并通过制动卡钳上的分泵活塞推动使制动摩擦片向制动盘一侧移动,同时制动卡钳反方向移动,使得内外两块摩擦片压紧在制动盘上,产生摩擦力矩。制动盘的转动受到阻力,从而产生制动器制动力,如图4-3-2所示。

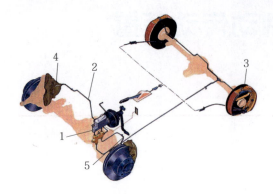

图 4-3-1 液压传动机构的组成
1-制动总泵；2-制动管路；3-制动分泵；
4-制动液；5-制动软管

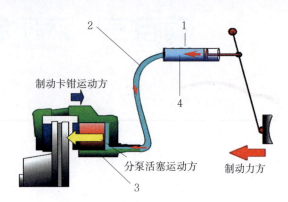

图 4-3-2 液压制动机构的工作原理
1-制动总泵；2-制动管路；3-制动分泵；
4-制动液

当放开制动踏板时，内外两块制动蹄返回原位，制动力消失。

三、液压制动回路

液压制动回路就是连接制动主缸与各个车轮制动轮缸的制动管路的布置形式。常见的液压制动回路有单回路、双回路两种。

1. 单回路液压制动管路

单回路液压制动管路是最简单的液压制动回路，同时也是最危险的。如果在该制动回路中发生泄漏，则车辆所有制动器都丧失制动能力，如图 4-3-3 所示。

2. 双回路液压制动管路

双回路液压制动管路的优点是每个制动回路都拥有各自独立的液压体系，即便一个回路出现了故障，另一个回路也能保持最低限度的制动效能。

常见类型有前后分开双液压回路（图 4-3-4）、交叉双液压回路（图 4-3-5）。

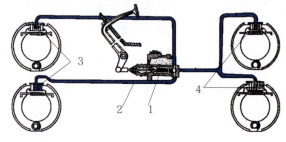

图 4-3-3 单回路液压制动管路
1-制动总泵；2-制动管路；3-前轮制动分泵；
4-后轮制动分泵

在前后分开双液压回路中，当一套管路失效时，另一套管路仍能保持低于正常时 50% 的制动效能。而在同样的情况下，交叉双液压回路则可以保持正常时 50% 的制动效能。

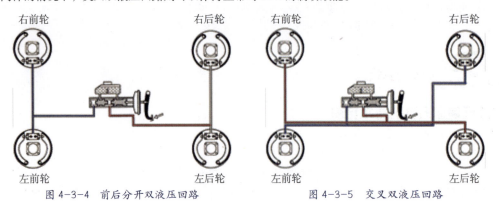

图 4-3-4 前后分开双液压回路　　图 4-3-5 交叉双液压回路

四、液压制动系统主要部件的结构

1. 制动助力器

为了提高汽车的制动效能，减轻驾驶员的劳动强度，采用液压制动传动机构的汽车多数装有制动助力装置。

根据制动助力装置的力源不同可分为真空助力器和液压助力器两种。

轿车都采用真空助力器。

（1）真空助力器的结构

真空助力器安装在驾驶室前面的发动机隔板上，即制动踏板和制动总泵之间，如图 4-3-6 所示。利用发动机工作时进气管的负压，吸引橡胶膜片，并由此产生吸引力推动制动总泵的活塞。由于该助力的存在，使得踩下制动踏板更加轻便。

橡胶膜片将空气室和真空室隔离，真空室与发动机进气管相通。回位弹簧安装在真空室的推杆上和推杆一起运动。橡胶阀门与在膜片座上加工出来的阀座组成真空阀，同时与控制阀柱塞的空气阀座组成空气阀。真空阀连接空气室和真空室，空气阀连接空气室和与外界空气，如图 4-3-7 所示。真空阀打开，空气室和真空室互通；真空阀关闭，空气室和真空室隔离。空气阀打开，外界空气进入空气室；空气阀关闭，空气室和外界空气隔离。

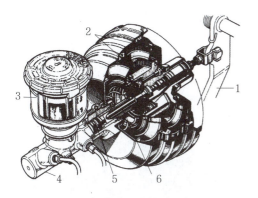

图 4-3-6 真空助力器的安装位置

1- 制动踏板；2- 橡胶膜片；3- 储液罐；
4- 制动总泵；5- 活塞；6- 推杆

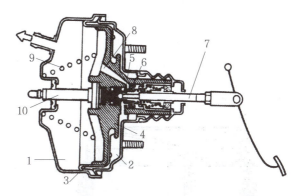

图 4-3-7 真空助力器的结构

1- 真空室；2- 空气室；3- 橡胶膜片；4- 活塞；5- 空气阀；
6- 真空阀；7- 制动踏板推杆；8- 空气通道；9- 回位弹簧；
10- 助力器推杆

（2）真空助力器工作情况

① 真空助力器不工作时，空气阀在弹簧作用下处于关闭状态，真空室和空气室内的空气被吸入发动机进气管，产生真空，如图 4-3-8（a）所示。

② 踩下制动踏板，真空阀关闭，空气阀打开。空气进入空气室，使空气室压力大于负压室压力，在压差作用下，橡胶膜片发生弯曲，助力器活塞和推杆朝制动总泵方向运动，和人力一起推动制动总泵活塞移动，产生制动油压，如图 4-3-8（b）所示。

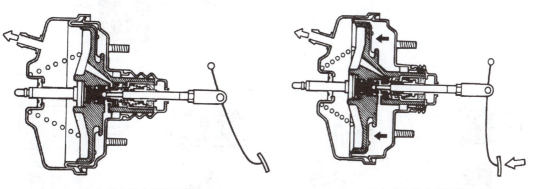

（a）真空助力器不工作　　　　　　（b）真空助力器工作

图 4-3-8 真空助力器工作情况图

③ 松开制动踏板，制动踏板推杆也往回移动，助力器活塞在回位弹簧的作用下恢复到初始位置，空气阀关闭，真空阀打开，使真空室和空气室相通。真空室和空气室内的空气被吸入发动机进气管，再次产生真空，为下一次助力做好准备。

2. 制动总泵

（1）制动总泵的结构

制动总泵的作用是将驾驶员作用在制动踏板上的机械能转换成液压能，从而液压能通过管路再输给制动轮缸。

目前，制动总泵都采用双腔式，如图4-3-9所示。总泵有两个相互独立的腔：前腔与后轮制动器相连；后腔与前轮制动器相通。

（2）制动总泵的工作过程

① 制动总泵不工作时，自由状态下即不踩刹车时，活塞在回位弹簧力下回位，补偿孔与旁通孔均保持开放，推杆与活塞之间有一间隙。

② 踏下制动踏板时，第一活塞前移，主皮碗盖遮住旁通孔，后腔封闭，液压建立；油液被压入前制动分泵轮缸，迫使第二活塞前移；主皮碗盖遮住旁通孔，前腔封闭，液压建立，向后制动分泵输液。

③ 释放制动踏板时，环形腔室内制动液经活塞顶部的小轴向孔，流入压油腔，以填补真空；同时，储液罐内制动液经补偿孔进入环形腔室，这样在活塞回位过程中避免空气侵入主缸。

（3）液位传感器

在储液罐内必须充装有适量的制动液。在储液罐盖上设置有液位传感器，如图4-3-10所示。

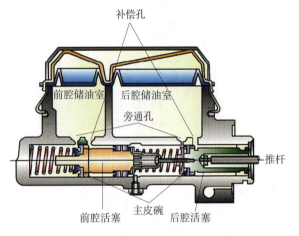

图4-3-9　制动总泵的结构

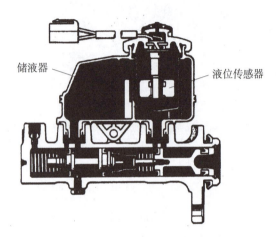

图4-3-10　液位传感器

当储液罐中的制动液液面低于下限刻度时，就会自动开启报警开关，使仪表台上报警灯点亮，如图4-3-11所示。

3. 制动分泵

制动分泵的作用是将制动油压转变为使制动摩擦片定向移动的动力。常见型式有双活塞式、单活塞式两种。

（1）制动分泵的结构

① 单活塞式制动分泵，如图4-3-12所示。

② 双活塞式制动分泵，如图4-3-13所示。

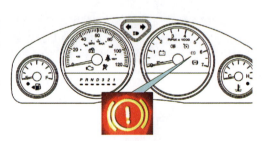

图4-3-11　制动液位警告灯

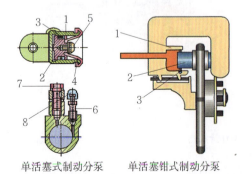

单活塞式制动分泵　　单活塞钳式制动分泵

图4-3-12　单活塞制动分泵结构图

1-分泵缸体；2-分泵活塞；3-皮碗；4-防护罩；5-调整螺钉；6-放气螺钉；7-进油管接头；8-橡胶护罩

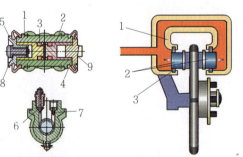

双活塞式制动分泵　　双活塞钳式制动分泵

图4-3-13　双活塞制动分泵结构图

1-分泵缸体；2-分泵活塞；3-皮碗；4-防护罩；5-调整轮；6-放气螺钉；7-进油管接头；8-顶块；9-支承盖

分泵缸体上有放气螺栓,能够将液压制动系统内混入的空气排出,以保证制动灵敏可靠。

（2）制动分泵的工作过程

制动时,高压制动液进入两活塞间油腔,分泵活塞在制动压力作用下,沿着缸体向两侧移动,进而推动制动蹄张开,实现制动,如图4-3-14所示。

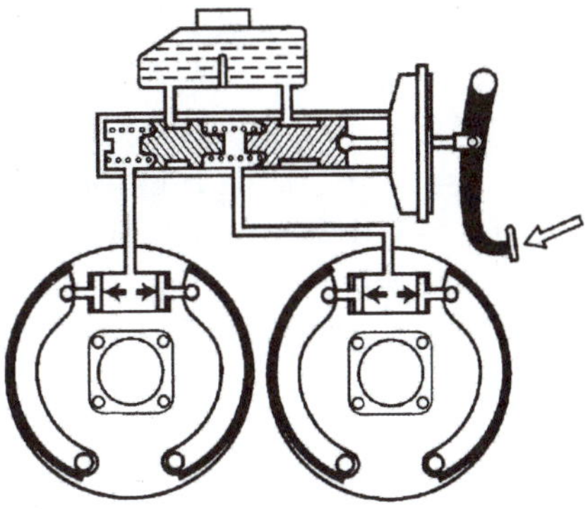

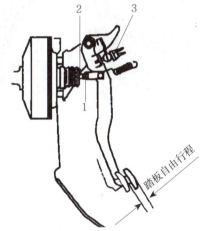

图4-3-14　制动分泵结构图

五、液压制动系统的维护

液压制动系统的维护包括管路检查、放气及制动踏板的调整。

1. 管路的检查

整个系统的管路、接头应无凹瘪、严重锈蚀、裂纹现象,连接应可靠无渗漏。金属管路用的管夹固定牢靠,不得与车架及其他部件相碰擦,在行车过程中不得产生较大振幅的振动。制动软管应无折叠,无脱皮、老化、膨胀等缺陷。否则应采取相应措施进行维修。

2. 液压制动系统空气排放

液压制动系统在使用过程中或在维修后发现进入空气,应及时排气。放气时,将一根胶管套在放气螺钉上,胶管另一端插入一个玻璃瓶内。连续踩下制动踏板,在踏板升高后踩下并保持不动。拧松放气螺塞,制动液连同空气一起从胶管流入玻璃瓶内,待制动液排出后,拧紧放气螺塞。再重复以上放气几次,直至将空气完全排出。排气应由远到近逐缸进行。排气时应随时检查制动主缸中的制动液面不可过低,否则空气会从制动主缸进入系统。

3. 制动踏板自由行程的调整

发动机熄火,踩制动踏板多次,以消除真空助力器内的残余真空。因为有真空度存在时,无法正确检查制动踏板的自由行程。踩下制动踏板,直至感到有阻力为止。测量该行程即为踏板自由行程,如图4-3-15所示。如果不符合要求,应改变主缸推杆的长度来进行调整。拧松推杆的锁紧螺母1,转动推杆至符合规定,最后将锁紧螺母拧紧。

六、液压制动传动装置主要部件的检修

1. 制动主缸与真空助力器的检修

上海桑塔纳LX型轿车采用的是对角布置的双管路液压制动系统,其制动主缸与真空助力器的结构,如图4-3-16所示。

在制动液充足的情况下,车辆制动性能不良,松开制动轮缸上的放气阀放气时出油无力,或车辆出现全轮制动卡滞现象,表明制动主缸损坏。使用中制动踏板沉重时,应检查真空助力器的工作性能。其方法是：发动机熄火后,用力踩动制动踏板数次,消除真空助力器中留有的真空,然后将制动踏板踩到一定位置保持不动,启动发动机,此时,应感到制动踏板有所下降,说明真空助力器良好,否则,表明真空助力器工作不良或失效。有条件时,也可用专用仪器对真空助力器进行检验。

图4-3-15　制动踏板自由行程的调整
1-锁紧螺母；2-推杆；3-制动灯开关

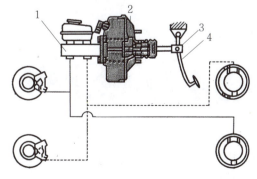

图4-3-16　制动主缸与真空助力器结构
1-制动主缸；2-真空助力器；3-连接叉；4-制动踏板

2. 前轮缸的检修

（1）轮缸的拆卸

① 放出制动液，取出制动钳体。

② 拆除制动软管，取下制动钳体及轮缸。

③ 在活塞对面垫上木块（以防损伤活塞），然后向轮缸进油口通入压缩空气，将活塞从缸筒中压出，如图4-3-17所示。

④ 从活塞上取下防尘罩，用螺钉旋具小心地从缸筒中取出密封圈。

（2）前轮轮缸主要零件的检修

活塞与缸筒配合面出现划痕、缸筒直径磨损超过0.10mm或缸筒与活塞的配合间隙大于0.15mm时，应更换制动钳总成。拆卸后，活塞密封圈及防尘罩应换用新件。

（3）前轮缸的安装

① 在活塞外表面及轮缸工作表面涂抹一层制动液，并将活塞密封圈装入缸筒的切槽中。

② 将防尘罩套到活塞底部（注意安装方向），如图4-3-18所示。然后用螺钉旋具把防尘罩的内密封唇边压入缸筒的槽口内，如图4-3-19所示。

③ 将活塞压入制动钳缸筒中。

④ 按拆卸的相反顺序将制动钳安装到车上。

图4-3-17 用压缩空气压出活塞　　　图4-3-18 在活塞上安装防尘罩　　　图4-3-19 将防尘罩的唇边压入缸筒槽口中
　　　　　　　　　　　　　　　　　1-防尘罩；2-活塞

3. 后轮缸的检修

（1）后轮缸的拆卸

① 放出制动液后，按照拆卸桑塔纳LX型轿车后轮制动器的方法拆除车轮、制动鼓及制动蹄。

② 拆下与后轮缸相连的制动管接头，拧下轮缸固定螺栓，从制动底板上取下制动轮缸。

③ 取下轮缸两端的防尘罩，按图4-3-20所示顺序取出轮缸活塞、皮圈及弹簧。

（2）后轮缸主要零件的检修

橡胶防尘罩破裂、密封圈出现膨胀卡滞或磨损严重造成轮缸漏油时，均应换用新件。缸筒磨损超过0.08mm或缸筒与活塞配合面出现划痕及锈蚀时，应更换轮缸总成。

（3）后轮缸的装配

① 将皮圈安装到活塞上（刃口向内），并在活塞及皮圈表面涂抹一层制动液油，然后将弹簧、轮缸活塞及防尘罩依次安装到缸筒中。

② 将后轮缸安装在制动底板上，并接好制动管路。

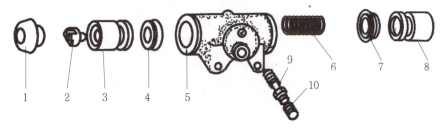

图4-3-20 后轮缸的分解

1-护套；2-活塞顶块；3,8-活塞；4,7-皮碗；5-缸体；6-弹簧；9-放气螺钉；10-防尘罩

单元四 汽车制动系统

一、任务准备

（1）工作场景：实训车间。
（2）主要设备：丰田卡罗拉轿车、油管扳手、手电筒、制动液收集器、车内四件套等。

二、实施步骤

（一）更换制动总泵

作业内容	图解	具体操作方法及要求	完成确认
1. 安装外三件套		（1）打开发动机舱盖，并正确支承 （2）安装左右两侧翼子板布、前格栅布	
2. 拔下空气流量计插接器		拔下空气流量计插接器	
3. 拆卸空气滤芯器上盖		（1）松开空气管卡箍螺栓 （2）取下空气滤芯器上盖	
4. 制动总泵下方铺开一块布		在制动总泵下方铺开一块布以防止制动液溢出到其他零件和油漆上	
5. 拆卸制动总泵上方的盖板		拆卸制动总泵上方的盖板	
6. 打开储液罐盖		打开制动总泵储液罐盖	
7. 吸除储液罐内制动液		用注油器从制动总泵储液罐内吸除制动液	

233

续表

作业内容	图解	具体操作方法及要求	完成确认
8. 拔下制动液液位传感器插接器		拔下制动液液位传感器插接器	
9. 松开制动管路		用10#油管扳手将制动管路松开 注意：如果使用开口扳手松开制动管路，则扳手会损坏制动管路扩口螺母	
10. 拆卸制动总泵固定螺母		使用工具（棘轮扳手＋短接杆＋12#套筒）拆卸制动总泵固定螺母	
11. 取下制动总泵		（1）拆下制动管路 （2）取下制动总泵 注意：不能弯曲制动管路	
12. 安装制动总泵		制动总泵安装步骤与拆卸步骤相反	
13. 制动总泵放气		1号同学—车内、2号同学—车外 ①1号同学打开车门，进入车内 ②2号同学向储液罐内加入制动液，使其达到最大容量线 ③1号同学踩下制动踏板后，并保持踏板被踩下的状态，并告知2号同学 ④2号同学用手指堵在总泵的出口上（两个出口同时堵住），并告知1号同学 ⑤1号同学松开制动踏板后，2号同学松开堵在总泵出口上的手指 ⑥重复第上面步骤直至液体从出口处流出 ⑦清除泼洒出的制动液 注意：用手指包着布覆盖在出口处以防止液体泼溅 如果储液罐内的液体排干，空气会进入总泵，因此切勿让总泵内的液体用光。如果总泵内的空气没有排出，则从制动系统的管路将空气排干需要花费很多时间	
14. 制动管安装		（1）轻轻扳动制动管路，快速安装在制动总泵上，用手将制动管螺母充分旋入 注意：操作速度要快以防止大量的制动液从出口处流出 禁止一开始就使用扳手将制动管螺母旋入 在安装制动管路时，不能弯曲制动管路 （2）用油管扳手把扩口螺母旋紧 注意：旋紧制动管路扩口螺母时必须小心谨慎	

续表

作业内容	图解	具体操作方法及要求	完成确认
15.制动管路排气		①2号同学在储液罐内装入制动液体，使其达到最大容量线 ②1号同学坐在驾驶员座椅上，2号同学操作举升机，举升起汽车 ③2号同学将聚氯乙烯软管连接到放气塞上，并给1号同学发送信号，告知准备工作已完成 ④1号同学要多次踩下刹车踏板。将刹车踏板踩到完全压下的位置 ⑤2号同学将放气塞放松大约1/4圈，进行排气。快速重新拧紧放气塞 ⑥重复第三步到第六步，直至制动液中的气泡消失	
16.检查制动踏板行程余量		排气后检查 （1）检查当制动踏板被完全压下后，制动踏板和地面之间是否有足够的距离，以及即使重复压下制动踏板后该距离是否变化 提示：当制动感觉过于柔软或者压下踏板后感觉不明显，则在制动系统管路内可能存在剩余的空气。再次排放空气 （2）检查放气塞是否被拧紧了，并重新安装放气塞帽 （3）将新的制动液装入制动主泵储液罐直至液面达到最大容量线 （4）空转发动机，压下制动踏板并检查排放塞是否有制动液泄漏 （5）清除掉放气塞周围漏出的制动液	
17.整理作业工位		①收回前格栅布，关闭发动机舱盖 ②取下车内四件套：挡位杆套、转向盘套、座椅套、地板垫 ③拔下点火钥匙，关闭车门 ④垃圾分类 ⑤清洁、整理工具车、工作台 ⑥清洁车辆、场地	

（二）更换制动分泵（制动卡钳）——左前轮

作业内容	图解	具体操作方法及要求	完成确认
1.用气动扳手拆卸轮胎螺母		拆卸轮胎 （1）操作举升机将车辆举升至中位 （2）使用气动扳手拆卸轮胎螺母（4只）	
2.做轮胎拆装记号		在轮胎上做好轮胎拆装记号	
3.两人合作拆卸轮胎		两人合作拆卸轮胎：拆卸最后一个轮胎螺母，移除轮胎	

续表

作业内容	图解	具体操作方法及要求	完成确认
4. 固定转子盘		拆卸制动分泵（制动卡钳）旋上两个轮胎螺母（对角），固定转子盘	
5. 用手扳转转向节		用手扳转转向节，方便制动卡钳拆装	
6. 松开制动卡钳固定螺栓		使用工具（14#梅花扳手、17#开口扳手）松开制动卡钳固定螺栓，并拆卸下面一只螺栓	
7. 翻转制动卡钳		翻转制动卡钳，并用钩子挂在悬架螺旋弹簧上	
8. 拆下制动摩擦片		拆下制动摩擦片	
9. 安装制动卡钳		重新安装制动卡钳，制动卡钳螺栓只需用手旋上	
10. 拆卸制动卡钳油管螺栓		使用工具（棘轮扳手、14#套筒）拆卸制动卡钳油管螺栓 注意：拆卸时，下方放置一块抹布，接住流下的制动液，防止制动液腐蚀地面，同时方便清洁工作	
11. 拆卸制动卡钳		（1）用干净抹布包裹油管接头，并加以固定 （2）拆卸制动卡钳螺栓，取下制动卡钳 注意：制动卡钳内残存的制动液不能随处滴漏，应倾倒在废油收集器中	
12. 弯钩卡入制动卡钳上的小孔内		安装新的制动分泵（制动卡钳） （1）安装制动摩擦片 （2）安装制动卡钳 （3）安装制动卡钳油管 注意：安装时应将油管接头的弯钩卡入制动卡钳上的小孔内，确保油管安装到位	

续表

作业内容	图解	具体操作方法及要求	完成确认
13. 紧固制动油管螺栓		使用工具（扭力扳手、14# 套筒）紧固制动油管螺栓：扭矩为29N·m	
14. 紧固制动卡钳螺栓		使用工具（扭力扳手、14# 套筒、17# 开口扳手）紧固制动卡钳螺栓：扭矩为34N·m	
15. 制动分泵（制动卡钳）排放空气		制动分泵（制动卡钳）排放空气 制动分泵排放空气的具体方法和步骤可参考"制动液的检查、添加与更换"中制动管路排放空气	
16. 检查是否有泄漏		检查制动管路、制动分泵、空气阀是否有泄漏	
17. 安装轮胎		具体操作步骤略 注意：轮胎安装时，对准拆装记号；轮胎螺母的拧紧扭矩为103N·m	
18. 结束工作		（1）操作举升机，降下车辆 （2）向制动总泵储液罐内补充制动液，液量不得超过上限（MAX）刻线 （3）关闭发动机舱盖	

任务评价表

评价内容	赋分	序号	具体指标	分值	得分		
					自评	组评	师评
仪容仪表	15	1	工作服、鞋、胸卡穿戴整洁	5			
		2	发型、指甲等符合工作要求	5			
		3	不佩戴首饰、钥匙、手表等	5			
教学过程	60	4	液压制动系统的基本结构	15			
		5	汽车液压制动系统工作原理以及液压制动回路	15			
		6	液压制动系统的维护	15			
		7	液压制动传动装置主要部件的检修的正确方法和步骤要领	15			

续表

评价内容	赋分	序号	具体指标	分值	得分 自评	得分 组评	得分 师评
职业素养	25	8	出勤情况	10			
		9	服从安排，积极参加组内活动	5			
		10	认真执行6S工作	10			
			综合得分	100			

1. 简述液压制动系统的基本结构。
2. 简述双回路液压制动管路的结构特点。
3. 简述液压制动真空助力器的结构及工作过程。
4. 简述制动总泵的结构及工作过程。
5. 简述制动分泵的结构及工作过程。
6. 液压制动系统有哪些维护项目？

任务二　制动液的检查与更换

知识目标：
1. 掌握汽车制动液述制动液的性能要求。
2. 掌握汽车更换换制动液的原因。

能力目标：
1. 掌握制动液的检查、添加方法。
2. 掌握更换制动液的方法。

情感目标：
1. 鼓励学生积极参与教学活动，使学生获得成功的体验，建立和增强学生学习专业知识的信心。
2. 引导学生学会倾听、主动交流、相互合作、尊重他人，掌握科学的学习方法和养成良好的学习习惯。

通过实物或图片能识别汽车液压汽车制动液的类型、理解制动液的性能要求，并能够掌握制动液的检查、添加方法以及更换制动液的方法。

单元四 汽车制动系统

知识链接

一、制动液

制动液，又叫刹车油，是汽车液压制动系统中传递制动压力的液态介质。

制动液用于汽车液压制动系统中，当液体受到压力时，便会快速而均匀地把压力传送到液体的各个部分，液压制动系统就是利用这个原理进行工作的。

制动液的优劣直接影响汽车行驶中的安全。

1. 制动液的性能要求

对制动液的性能要求是：

（1）黏温性好，凝固点低，低温流动性好。

（2）沸点高，高温下不产生气阻。

（3）使用过程中品质变化小，并不引起金属件和橡胶件的腐蚀和变质。

2. 制动液的规格

制动液如机油一样，也有等级之分。目前常见的有 DOT-3（图 4-3-21）、DOT-4（图 4-3-22）、DOT-5（图 4-3-23）。

图 4-3-21　DOT-3

图 4-3-22　DOT-4

图 4-3-23　DOT-5

DOT 是美国汽车安全标准规定标称，其数字越大，级别越高。DOT-3 与 DOT-4 的不同之处主要在于沸点不同，DOT-4 比 DOT-3 更耐高温。制动液的沸点见表 4-3-1 所示。

表 4-3-1　制动液沸点

工作情况	DOT-3	DOT-4
干	205°C 以上	230°C 以上
湿	140°C 以上	155°C 以上

3. 制动储液罐液面高度

制动液面必须达到标准，一般应处于储液罐最高与最低两标记之间，如图 4-3-24 所示。

正确的液面高度应在储液罐的上限（MAX）和下限（MIN）标线之间。若制动液面过低，应向储液罐内加入制动液至上限位置。若行驶中制动液面过低报警灯（图 4-3-25）发亮时，应立即添加制动液。

图 4-3-24　制动储液罐液面高度

图 4-3-25　制动液位警告灯（丰田卡罗拉）

239

笔记

4. 制动液缺少的原因

随着车辆使用，制动总泵储液罐会发生制动液缺少现象。其主要原因有以下三点：

（1）正常挥发，导致制动液缺少。

（2）制动摩擦材料的磨损，导致液压管路中制动液量的增加。

现代汽车都装有摩擦片自动调整机构，该机构可自动调整片与盘之间的间隙。因此，在使用过程中，制动液面可能略有下降，这种情况属于正常现象。

（3）制动管路发生泄漏，导致制动液缺少。

若短期内液面明显下降或降至最低标志以下，则表明制动系统内出现泄漏，此时，应立即进行检修。导致漏制动液的原因也有很多，如：管路老化、制动分泵、总泵、分配阀、储液罐泄漏等。

二、要更换制动液原因

1. 制动液在使用中易变质

车辆制动时，会有大量的热量传给制动液。长期处于这种高温条件下，制动液发生氧化变质，失去原有性能，是无法避免的。严重时会导致液压制动系统制动能力下降与丧失。

制动液色泽慢慢变化，就是制动液在变质，如图4-3-26所示。

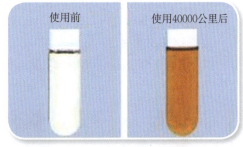

图4-3-26 使用前后的制动液对比

2. 制动液的吸湿性

制动液具有较强的吸湿性：吸纳周围环境中的水分。

随着时间的推移，在制动液中积累的水分越来越多，沸点越来越低。如再遭遇频繁制动，制动液温度上升，很可能会导致制动液沸腾，并产生气泡。另一方面，制动液中的水分会对制动总泵、分泵的缸体和活塞造成腐蚀，造成总泵泄漏、分泵咬死。

因此，应避免制动液长时间暴露在空气中，及时盖上制动储液罐密封盖。

3. 制动液的腐蚀性

制动液是腐蚀性液体，严禁接触人体和汽车漆面，如果接触必须即刻清洗干净。

4. 制动液更换周期

汽车生产厂家规定的制动液更换周期都有规定，一般为2年或车辆行驶4万公里。

一、任务准备

（1）工作场景：实训车间。

（2）主要设备：丰田卡罗拉轿车、油管扳手、手电筒、制动液收集器、车内四件套等。

二、实施步骤

（一）制动液的检查与添加

作业内容	图解	具体操作方法及要求	完成确认
1.打开发动机舱盖		（1）将车辆停放在水平路面上 （2）打开发动机舱盖，并正确支承	
2.安装前格栅布		安装前格栅布	

续表

作业内容	图解	具体操作方法及要求	完成确认
3. 检查制动液液面高度		使用工作灯或手电筒，检查制动总泵储液罐内制动液液面高度是否在上限（MAX）和下限（MIN）标线之间	
4. 检查制动总泵及管路	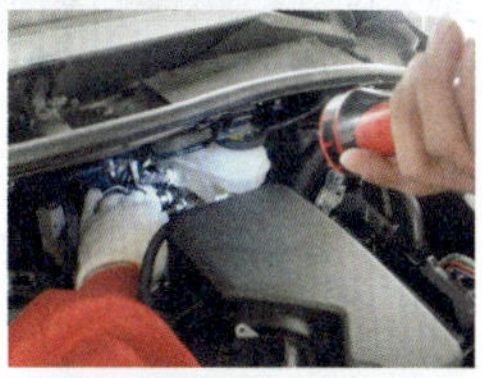	制动液添加的前提条件：经检查发现制动总泵储液罐内制动液面高度明显低于上限（MAX）标线 检查制动总泵及制动管、软管是否有泄漏	
5. 检查 ABS 系统管路	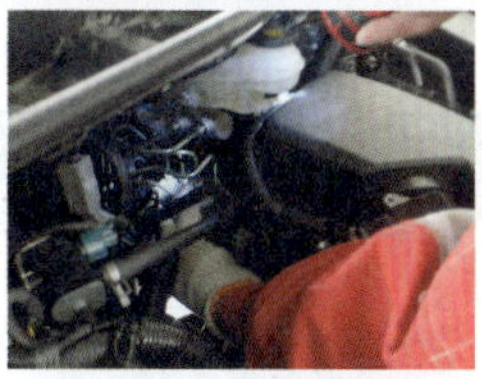	检查制动防抱死（ABS）系统是否有泄漏	
6. 将车辆举升至高位		操作举升机，将车辆举升至高位 注意：举升前，必须检查车辆在举升机上停放的稳定性	
7. 检查底盘的制动管路		检查底盘的制动路是否有泄漏	
8. 检查前、后轮制动分泵、管路		检查前轮、后轮制动分泵及管路是否有泄漏	
9. 打开储液罐的密封盖		打开制动总泵储液罐的密封盖	
10. 添加制动液		（1）添加制动液 （2）确认制动液量未超过上限（MAX）刻线 （3）迅速盖上制动总泵储液罐的密封盖 注意：制动液具有较强吸湿性。长时间打开储液罐的密封盖，会导致制动液变质	
11. 整理作业工位	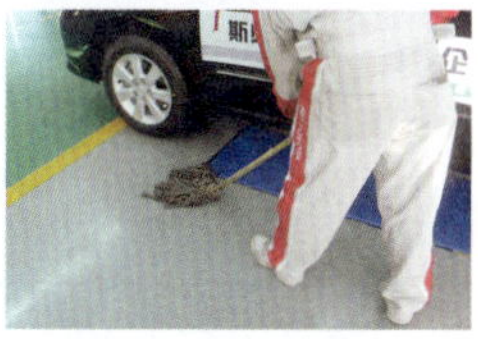	（1）收回前格栅布，关闭发动机舱盖 （2）垃圾分类 （3）清洁、整理工具车、工作台 （4）清洁车辆、场地	

笔记

（二）制动液的更换

要想顺利完成本任务，需三位同学进行配合，如图 4-3-27 所示。

1号同学在车内负责踩制动踏板。
2号同学在车下负责放制动液。
3号同学负责向制动储液罐内添加制动液。

图 4-3-27　1号、2号、3号三位同学的作业位置

作业内容	图解	具体操作方法及要求	完成确认
1. 操作举升机		（1）1号同学进入驾驶室内 （2）2号同学打开发动机舱盖，安装前格栅布 （3）3号同学打开制动总泵储液罐的密封盖，并准备好新的制动液 （4）2号同学操作举升机，将车辆举升至中位 注意：举升前，必须检查车辆在举升机上停放的稳定性	
2. 将制动液收集器到四个制动分泵		2号同学在四个制动分泵放气阀上各安装一个制动液收集器	
3. 松开四个制动分泵的放气阀		使用工具（8#和10#油管扳手）拧松四个制动分泵的放气阀。完成操作后，并告知1号同学	
4. 启动发动机，连续踩下制动踏板		（1）1号同学启动发动机，连续踩下制动踏板 （2）2号同学观察放气阀的出油情况，直到制动液不再流出。告知1号同学踩住制动踏板 （3）2号同学分别拧紧四个制动分泵上的放气阀	
5. 加注新制动液		3号同学向制动总泵储液罐内加注适量新制动液	

续表

作业内容	图解	具体操作方法及要求	完成确认
6.制动管路排放空气	气泡	（1）1号同学连续踩下制动踏板5～6次，然后踩住不放，同时按喇叭鸣笛 （2）2号同学立刻拧松右后轮制动分泵空气阀，排出空气，再瞬间拧紧；并告知1号同学 （3）如此重复（1）（2）项动作，直至制动液从空气阀以直线射出（喷油强劲且无气泡产生）为止 注意：1号2号两同学的配合非常重要。制动踏板未踩住，不得拧松空气阀；空气阀未拧紧，不得松开制动踏板 （4）3号同学在储液罐内制动液缺少后，适时加注适量新制动液 （5）排放空气的顺序是：右后轮—左后轮—右前轮—左前轮 （6）3号同学补充制动液时，液量不得超过上限（MAX）刻线	
7.制动管路排放空气后检查		（1）1号同学连续踩下制动踏板5～6次，然后踩住不放，同时按喇叭鸣笛 （2）2号同学检查四个放气阀是否存在泄漏现象，同时使用油管扳手检查放气阀是否拧紧 （3）装好空气阀防尘套 （4）残余制动液的清洁：用清水清洁溅在轮胎、车身以及皮肤上的制动液 注意：制动液具有较强腐蚀性	
8.整理作业工位		（1）收回前格栅布，关闭发动机舱盖 （2）垃圾分类 （3）清洁、整理工具车、工作台 （4）清洁车辆、场地	

任务评价表

评价内容	赋分	序号	具体指标	分值	得分		
					自评	组评	师评
仪容仪表	15	1	工作服、鞋、胸卡穿戴整洁	5			
		2	发型、指甲等符合工作要求	5			
		3	不佩戴首饰、钥匙、手表等	5			
教学过程	60	4	汽车制动液的要求	15			
		5	汽车制动液的特性	15			
		6	汽车制动液的检查	15			
		7	汽车制动液的添加与更换	15			

243

续表

评价内容	赋分	序号	具体指标	分值	得分 自评	得分 组评	得分 师评
职业素养	25	8	出勤情况	10			
		9	服从安排，积极参加组内活动	5			
		10	认真执行 6S 工作	10			
综合得分				100			

1. 简述制动液有哪些性能要求。
2. 简述制动储液罐液面高度的检查方法。
3. 制动液的更换有哪些注意事项？

项目四　防抱死制动系统

项目导入

有用户反映，自己的汽车在湿滑路段驾驶过程中，当快速踩下制动踏板时，总会感觉到制动踏板有抖动现象。而缓踩制动踏板时，上述现象则没有。不知是何原因，是不是汽车出了什么问题？

任务一　ABS 结构认知

知识目标：
1. 了解 ABS 的组成与基本原理。
2. 熟悉 ABS 的布置形式和特点。
3. 熟悉 ABS 的优、缺点。

能力目标：
1. 能正确辨识 ABS 的主要部件。
2. 描述 ABS 的结构与基本原理。

情感目标：
1. 激发、满足学生的求知欲和好奇心，培养学生学习的兴趣。
2. 鼓励学生积极参与教学活动，使学生获得成功的体验，建立和增强学生学习专业知识的信心。

防抱死制动系统（ABS）是现代汽车特别是轿车必备的装置，它能有效地保证汽车在湿滑路面上行驶的稳定性，从而保证行车的安全。

一、ABS 概述

ABS 既有普通制动系统的制动功能，又能防止车轮抱死，使汽车在制动状态下仍能转向，保证汽车的制动方向稳定性，防止产生侧滑和跑偏，是目前汽车上最先进、制动效果最佳的制动装置。近年来由于汽车消费者对安全的日益重视，大部分的车都已将 ABS 列为标准配备。

二、滑移率

汽车匀速行驶时，汽车的实际车速与车轮滚动的圆周速度（也称车轮速度）是相同的。在驾驶员踩制动踏板使车轮的轮速降低时，车轮滚动的圆周速度（轮胎胎面在路面上移动的速度）也随之降低，但由于汽车自身的惯性，汽车的实际车速与车轮的速度不再相等，使车速与轮速之间产生一个速度差。此时，轮胎与路面之间产生相对滑移现象，其滑移程度用滑称率表示。

1. 滑移率的计算

普通制动装置工作时：紧急制动时都会看到在水泥地面上有拖印，一般用滑移率（S_b）来表示制动过程中滑动成分有多少。

滑移率：$S_b = (V - r\omega) / V$

式中　V——车速；

　　　r——车轮的半径；

　　　ω——车轮的转速。

2. 制动时车轮的运动状态

汽车制动过程中轮胎的运动要经历纯滚动、边滚边滑、抱死拖滑三个阶段，如图 4-4-1 所示。

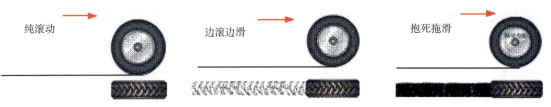

图 4-4-1　制动时车轮的运动状态

（1）纯滚动过程：路面印痕与胎面花纹基本一致。车速 V= 轮速 $r\omega$，S_b=0。

（2）边滚边滑过程：路面印痕可以辨认出轮胎花纹，但花纹逐渐模糊。车速 V > 轮速 $r\omega$，0 < S_b < 100%。

（3）抱死拖滑过程：路面印痕粗黑。轮速 $r\omega$=0，S_b=100%。

3. 汽车行驶对滑移率的要求

（1）在干燥硬实路面 S_b=15%～30%，轮胎与地面的纵向附着系数最大。

（2）在冰雪等湿滑路面上时：S_b=25%～50%，轮胎与地面的纵向附着系数最大。

（3）当 S_b=100%时纵向附着系数比其他滑移率情况下降低 20%～30%。且横向附着系数几乎为 0，丧失了抵抗外界的横向力。

（4）当 S_b=15%～25% 时,有最大的纵向附着系数和横向附着系数,车轮既能获得最大的制动力，又具有较强的抗侧滑能力，可获得最佳的制动效果。

三、ABS 组成和工作原理

1. ABS 的组成

通常，ABS 是在普通制动系统的基础上加装车轮速度传感器、ABS 电控单元、制动压力调节装置及制动控制电路等组成的，如图 4-4-2 所示。

2. ABS 的工作原理

制动过程中，ABS 电控单元不断地从前后轮轮速传感器获取车轮速度信号，并加以处理，分析是否有车轮即将抱死拖滑。然后电控单元根据各速度传感器送来的车速信号，向执行机构制动压力调节机构发出指示，调节各轮制动力的大小，以保证各轮都能获得最佳的制动力。

ABS 的工作过程可分为常规制动、制动压力保持、制动压力减小和制动压力增大等阶段。

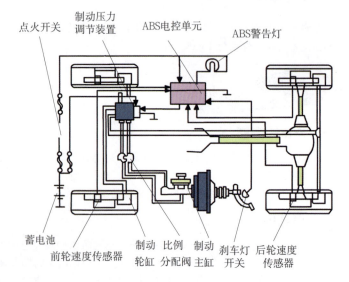

图 4-4-2　ABS 组成

（1）常规制动。如图 4-4-3 所示，在常规制动过程中，ABS 系统不工作，输入与输出阀线圈中无电流通过，输入阀打开，输出阀关闭，电磁阀处于"升压"位置。此时制动主缸与制动器轮缸相通，由制

单元四 汽车制动系统

动主缸来的制动液直接进入轮缸，轮缸压力随主缸压力的升高而升高。

（2）保压制动过程。如图 4-4-4 所示，当车轮滑移率 S_b 在 15%～25% 之间，ABS 系统工作，输入阀线圈中有电流通过而关闭，输出阀线圈中无电流通过也关闭，两电磁阀处于"保压"位置。此时制动主缸与制动器轮缸不通，由制动主缸来的制动液无法进入轮缸，轮缸制动液保持不变，轮缸压力也保持不变。

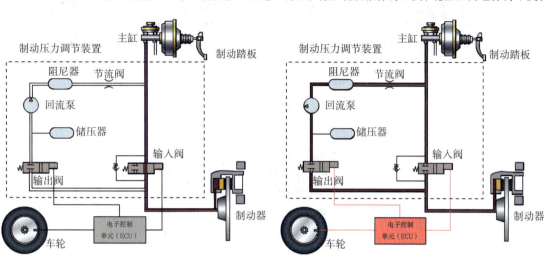

图 4-4-3 常规制动过程　　　　　　　图 4-4-4 保压制动过程

（3）减压制动过程。如图 4-4-5 所示，当车轮滑移率 S_b > 25% 时，ABS 系统工作，输入阀线圈中有电流通过而关闭，输出阀线圈中有电通过而打开，两电磁阀处于"减压"位置。此时制动主缸与制动器轮缸不通，由制动主缸来的制动液无法进入轮缸。轮缸与储压器相通，轮缸中的制动液一部分流回储压器，并经回油泵流回主缸，轮缸制动液减少，轮缸压力也相应减少。

（4）增压制动过程。当车轮滑移率 S_b < 15% 时，ABS 工作，增大制动压力，其增压过程与常规制动过程相同。ABS 制动过程请扫二维码。

四、ABS 的控制布置分布及控制通道

ABS 中，能够独立进行制动压力调节的制动管路称为控制通道。按照控制通道数目的不同，ABS 系统分为四通道、三通道、二通道和一通道四种形式，而其布置形式却多种多样。

1. 四通道控制形式

为了对四个车轮的制动压力进行独立控制，在每个车轮上各安装一个转速传感器，并在通往各制动轮缸的制动管路中各设置一个制动压力调节分通道，如图 4-4-6 所示。

图 4-4-5 减压制动过程

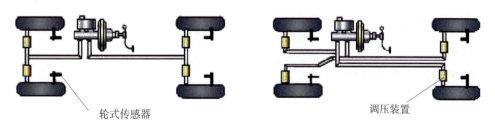

图 4-4-6 ABS 四通道控制形式

247

笔记

2. 三通道控制形式

三通道系统都是对两前轮的制动压力进行单独控制，对两后轮的制动压力按低选原则一同控制，如图4-4-7所示。

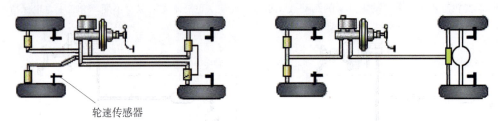

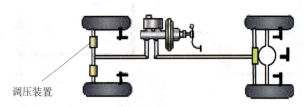

图 4-4-7　ABS 三通道控制形式

3. 二通道控制形式

二通道 ABS 多用于制动管路对角布置的汽车上，两前轮独立控制，制动液通过比例阀（P 阀）按一定比例减压后传给对角后轮。由于双通道 ABS 难以在方向稳定性、转向操纵能力和制动距离等方面得到兼顾，因此目前很少被采用，如图 4-4-8 所示。

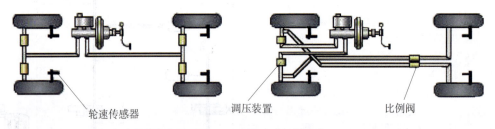

图 4-4-8　ABS 二通道控制形式

4. 一通道控制形式

所有一通道 ABS 都是在前后布置的双管路制动系统的后制动管路中设置一个制动压力调节装置，对于后轮驱动的汽车只需在传动系统中安装一个转速传感器，如图4-4-9所示。但由于单通道 ABS 能够显著地提高汽车制动时的方向稳定性，又具有结构简单、成本低的优点，因此在轻型货车上得到广泛应用。单通道 ABS 一般对两后轮按低选原则一同控制，其主要作用是提高汽车制动时的方向稳定性。在附着系数分离的路面上进行制动时，两后轮的制动力都被限制在处于低附着系数路面上的后轮的附着力水平，制动距离会有所增加。由于前制动轮缸的制动压力未被控制，前轮仍然可能发生制动抱死，所以汽车制动时的转向操纵能力得不到保障。

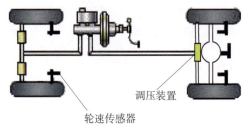

图 4-4-9　ABS 一通道控制形式

五、制动防抱死装置的特点

（1）缩短了制动距离。当控制 S_b=15%～25% 之间，地面的附着力最大，从而缩短了制动距离。

（2）提高了制动稳定性。防抱死装置避免了车轮制动时车轮抱死情况下出现的侧滑、摆尾、掉头等情况。

（3）具有故障自诊断能力。在防抱死装置出现故障后，能自动切断防抱死制动装置，恢复普通的制动装置工作。

六、ABS 维护

1. 传感器的维护

（1）传感器维护

① 关闭点火开关，拆下车轮，检查传感器安装有无松动；传感头和齿圈是否吸有磁性物质和污垢；传感器导线是否破损、老化；插接器是否连接牢固和接触良好，如有锈蚀、脏污，应清除，并涂少量防护剂，然后重新将导线插入连接器，再进行检测。

② 传感头与齿圈齿顶端面之间间隙可用无磁性厚薄规或合适的硬纸片检查。传感头和转子之间的间隙应为 0.3～1.1mm，如图 4-4-10 所示。

（2）齿圈的维护

① 齿圈与车轮旋转件之间应装配牢靠，不得有松动。

② 齿圈若磁化严重，应进行退磁处理或更换。

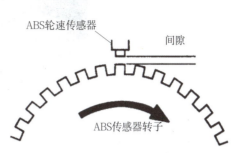

图 4-4-10 传感器间隙检查

2. ECU 的维护

控制器是 ABS 的核心部件。但出于技术保密的考虑，控制器又是不可修复件。有的控制器，只要打开，就会损坏。因此，日常对控制器的维护就显得十分重要。要特别注意的是：

（1）装夹牢靠。

（2）避免碰撞。

（3）避免高、低温冲击。

（4）避免雨水、灰尘侵蚀。

（5）插座与插头连接牢固。

（6）在进行焊接操作时注意将 ECU 线束拔下。

3. ABS 导线的维护

ABS 的导线及其联络要保证 ABS 有良好的抗外界电磁场干扰的能力，为了便于使用，ABS 的导线颜色也有严格的区分之规定。因此导线不可随意更改，特别是控制器与传感器间的导线要有一定的屏蔽作用，更不可随意更改。ABS 导线不得松脱、碰伤、插头连接要牢固。

一、任务准备

（1）工作场景：实训工厂、ABS 挂图。

（2）主要设备：ABS 零部件。

二、实施步骤

作业内容	图解	具体操作方法及要求	完成确认
1. ABS 控制单元		能正确认知 ABS 控制单元的类型，了解 ABS 控制单元的结构、作用及技术要求	
2. 轮速传感器		能正确认知轮速传感器的类型，了解轮速传感器的结构、作用及技术要求	

续表

作业内容	图解	具体操作方法及要求	完成确认
3.制动压力调节装置		能正确认知制动压力调节装置的类型，了解制动压力调节装置的结构、作用及技术要求	

任务评价表

评价内容	赋分	序号	具体指标	分值	得分		
					自评	组评	师评
仪容仪表	15	1	工作服、鞋、胸卡穿戴整洁	5			
		2	发型、指甲等符合工作要求	5			
		3	不佩戴首饰、钥匙、手表等	5			
教学过程	60	4	ABS 组成和工作原理	15			
		5	ABS 的控制布置分布及控制通道	15			
		6	ABS 系统的认知	15			
		7	ABS 系统的维护	15			
职业素养	25	8	出勤情况	10			
		9	服从安排，积极参加组内活动	5			
		10	认真执行 5S 工作	10			
			综合得分	100			

1. 什么是"滑移率"？
2. 汽车行驶对"滑移率"有什么要求？
3. 简述 ABS 的结构及工作过程。
4. 制动防抱死装置的特点是什么？
5. ABS 传感器有哪些维护内容？

任务二　ABS轮速传感器的检查与更换

知识目标：
1. 能叙述出ABS轮速传感器的作用、结构。
2. 能叙述出ABS轮速传感器类型与工作原理。

能力目标：
1. 能正确使用V.A.G1552检测轮速传感器故障。
2. 通过操作，学会ABS轮速传感器的检查与更换。

情感目标：
1. 鼓励学生积极参与教学活动，使学生获得成功的体验，建立和增强学生学习专业知识的信心。
2. 引导学生学会倾听、主动交流、相互合作、尊重他人，掌握科学的学习方法和养成良好的学习习惯。

通过实物或图片能识别ABS轮速传感器，会分析ABS轮速传感器的工作过程，然后对ABS轮速传感器进行检修等工作，排除汽车ABS轮速传感器不良故障。

一、车轮速度传感器的作用

车轮速度传感器的作用是接受车速传感器输送的车速信号，并将车速信号转换成电信号传送到电控单元。

二、车轮速度传感器的分类及工作原理

车轮转速传感器有磁脉冲式和霍尔式两种。

1. 磁脉冲式

由传感头和齿圈两部分组成，传感头由永磁铁、极轴、感应线圈等组成，如图4-4-11所示。

工作原理：如图4-4-12所示。齿圈6旋转时，齿顶和齿隙交替对向极轴。在齿圈旋转过程中，感应线圈内部的磁通量交替变化从而产生感应电动势，此信号通过感应线圈末端的电缆1输入ABS的电控单元。当齿圈的转速发生变化时，感应电动势的频率也变化。ABS电控单元通过检测感应电动势的频率来检测车轮转速。

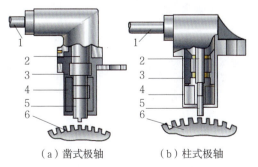

图4-4-11　磁脉冲式车轮转速传感器
1-电缆；2-永磁铁；3-外壳；4-感应线圈；5-极轴；6-齿圈

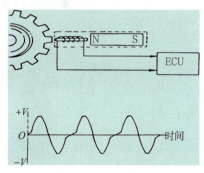

图4-4-12　工作原理

2. 霍尔式

由传感头和齿圈组成,传感头由永磁体、霍尔元件、电子电路等组成,如图 4-4-13 所示。

永磁体磁力线通过霍尔元件通向齿圈,当齿隙正对霍尔元件中心时,穿过霍尔元件的磁力线分散,磁场较弱;当齿顶正对霍尔元件中心时,磁力线集中,磁场较强。齿圈转动时,磁场强弱发生交替变化,从而引起霍尔电压的变化。

优点是输出信号幅值不受转速影响;频率响应高;抗电磁干扰能力强。

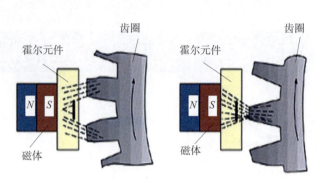

图 4-4-13 霍尔式车轮转速传感器

一、任务准备

（1）工作场景：

（2）主要设备：桑塔纳 2000 整车、V.A.G1552 故障诊断仪、世达工具一套、万用表等。

二、实施步骤

作业内容	图解	具体操作方法及要求	完成确认
1.准备好相关的工作		车辆进入工位前,将工位卫生清理干净,排除障碍物,准备好相关的工具、物品、耗材等	
2.拉紧驻车制动装置		将车辆停放在举升机的中央位置,拉紧驻车制动装置,并将变速器置于空挡。再将转向盘套、换挡手柄套、座椅套、地板垫进行安装,铺设	
3.操纵举升机		将举升机上的车辆举升到离地适当的高度。拔下轮速传感器导线插头。并从减振器卡箍内脱出传感器线束。（注意：拔插轮速传感器导线插头时应关闭点火开关,防止损坏电控单元；拔轮速传感器导线插头时严禁使用一字旋具等类似工具进行撬动,防止损坏插头和电器元件）	
4.拆卸传感器		用内六角扳手拧松轮速传感器的固定螺栓。取出固定螺栓后,用手转动拔出轮速传感器,并将工具以及轮速传感器放好。（注意：轮速传感器应放好,否则会损坏轮速传感器）	

续表

作业内容	图解	具体操作方法及要求	完成确认
5.万用表		用万用表测量轮速传感器的感应线圈的电阻值（注意：电阻值应为1.0～1.3kΩ，如测量值不在规定范围内，更换轮速传感器）	
6.轮速传感器		将轮速传感器的传感头用棉布擦干净，以防止传感头脏污会影响轮速传感器的感应灵敏度和输出电压信号失准	
7.安装传感器		将轮速传感器插入转向节上的轮速传感器孔中。用手旋入轮速传感器固定螺栓，用内六角扳手拧紧螺栓（力矩为10N·m），最后将传感器插头插到插座上 放下举升机，清理工具、仪器，清洁场地	

任务评价表

评价内容	赋分	序号	具体指标	分值	得分		
					自评	组评	师评
仪容仪表	15	1	工作服、鞋、胸卡穿戴整洁	5			
		2	发型、指甲等符合工作要求	5			
		3	不佩戴首饰、钥匙、手表等	5			
教学过程	60	4	车轮速度传感器的作用及分类	15			
		5	车轮速度传感器的工作原理	15			
		6	车轮速度传感器的检查	15			
		7	车轮速度传感器的更换	15			
职业素养	25	8	出勤情况	10			
		9	服从安排，积极参加组内活动	5			
		10	认真执行6S工作	10			
			综合得分	100			

1. 车轮速度传感器的作用是什么？
2. 简述车轮速度传感器的分类及工程过程。

参考文献

[1] 陈家瑞. 汽车构造（下册）. 北京：机械工业出版社，2005.
[2] 周林福. 汽车底盘构造与维修. 北京：人民交通出版社，2011.
[3] 陈社会. 汽车底盘理实一体化教材. 北京：人民交通出版社，2011.
[4] 蒋红枫. 汽车构造与拆装（底盘部分）. 北京：机械工业出版社，2015.
[5] 王征. 汽车行驶与转向系统检修. 北京：机械工业出版社，2014.
[6] 黄关山. 汽车悬架及转向系统维修. 北京：人民交通出版社，2011.
[7] 关文达. 汽车构造. 北京：机械工业出版社，2004.
[8] 卢永胜. 汽车底盘构造与维修. 南京：江苏教育出版社，2004.